西安外国语大学资助立项教材

金融科技系列教材　　总主编 李村璞

金融科技与现代金融市场

张伟亮 主编

西安交通大学出版社
XI'AN JIAOTONG UNIVERSITY PRESS

内容简介

本书是一本从金融科技的角度认识现代金融市场的教材,紧扣金融科技内涵,系统阐释金融科技的发展、金融科技与主要金融机构的关系,以及金融科技的基础技术,使读者可以系统掌握金融科技与现代金融市场之间的关系。

本书共包含十章,内容涵盖全球金融科技的发展、金融科技与主要金融机构的关系、第三方支付、金融科技与资产管理、区块链、众筹、金融科技基础技术、金融科技与风险识别及监督等。本书既可作为普通高等院校金融科技专业的理论课教材,也可作为经济学专业、财经类专业和工商管理类专业的核心课教材。同时,本书注重基本知识、基本理论和基本管理技能的阐述,并力图规范化、准确化和简洁化。

图书在版编目(CIP)数据

金融科技与现代金融市场 / 张伟亮主编. — 西安:西安交通大学出版社,2023.6

金融科技系列教材

ISBN 978-7-5693-3278-0

Ⅰ.①金… Ⅱ.①张… Ⅲ.①金融-科学技术-高等学校-教材 ②金融市场-高等学校-教材 Ⅳ.①F830

中国国家版本馆 CIP 数据核字(2023)第 101728 号

书　　名	金融科技与现代金融市场
	JINRONG KEJI YU XIANDAI JINRONG SHICHANG
主　　编	张伟亮
责任编辑	王建洪
责任校对	祝翠华
装帧设计	伍　胜
出版发行	西安交通大学出版社
	(西安市兴庆南路 1 号　邮政编码 710048)
网　　址	http://www.xjtupress.com
电　　话	(029)82668357　82667874(市场营销中心)
	(029)82668315(总编办)
传　　真	(029)82668280
印　　刷	陕西奇彩印务有限责任公司
开　　本	787 mm×1092 mm　1/16　印张 11.25　字数 280 千字
版次印次	2023 年 6 月第 1 版　2023 年 6 月第 1 次印刷
书　　号	ISBN 978-7-5693-3278-0
定　　价	42.80 元

如发现印装质量问题,请与本社市场营销中心联系。

订购热线:(029)82665248　(029)82667874

投稿热线:(029)82665379　QQ:793619240

读者信箱:793619240@qq.com

版权所有　侵权必究

金融科技系列教材

编写委员会

总 主 编：李村璞

编委会成员：庞加兰　田　径　王新霞

　　　　　　　高　妮　康俊民　刘昌菊

　　　　　　　熊　洁　杜　颖　黄仁全

　　　　　　　张伟亮

策　　　划：王建洪

序

  金融科技系列教材终于要出版了,这是西安外国语大学经济金融学院组织编写的第一套教材。我相信很多读者一定会有一个疑问,外语类院校中一个非主流的经济金融学院怎么能编写出一套合格的金融科技系列教材呢?对于这个疑问的回答,也就形成了这篇序言。

  西安外国语大学经济金融学院是一个年轻的学院,学院设立刚刚10年时间。学院的老师很年轻,平均年龄36岁,这是我们的优势,也是我们的劣势。在强手如林的国内经济学界,我们要想有一点显示度,必须要励精图治,精心策划。我们这群年轻人经过认真的调研和考量,在众多的领域内选定了金融科技作为主攻方向。2018年,学院就开始了全面的筹划和实施,首先要解决的是"人"的问题。金融科技是一个新兴的领域,人才的培养并没有及时地跟上,同时一个地处西部的外语类院校要想引进金融科技的专业人才是非常困难的。我们凭借着热情和冲动,凭借着涉猎了几本书籍的薄弱基础,怀揣着对金融科技的懵懂认识,先后引进了无人驾驶汽车方向的博士、地对空导弹方向的博士、卫星图像识别方向的博士、计算机算法方向的博士,以及三个数学方向的博士和十几个金融方向的博士,按照我们初步的设想,金融科技的教学研究团队基本形成。团队形成后,首先想到的就是编写教材,一是团队想率先建立金融科技的教材体系,占领这个空白的领域;二是想系统性地梳理总结相关的内容,希望编写教材成为团队学习提高的过程。团队参考了很多学者前期的成果,很有收获,同时团队也觉得要面向市场需求,要搞清楚金融科技在相关领域的发展状态。2019年夏天,学院资助五名优秀学生前往美国华尔街,开展了为期一个月的金融科技实习活动,反馈的信息让我们清晰地触摸到了金融科技在现实商业活动中的应用状况,正是基于市场中的应用和现实需求,产生了这套金融科技系列教材体系的雏形。

  这套金融科技系列教材既考虑了市场的真实需求,也是三年来教学环节反复实践的结果。这个系列由9本教材组成,包括《金融科技的语言基础——Python语言基础及金融应用初步》《大数据时代·金融营销》《大数据与金融导论》《智能金融》《金融科技概论》《区块链金融》《金融科技与现代金融市场》《量化投资技术》

《监管科技》。在编写这套教材的初期,我们就赋予了它"全媒体的概念",希望把这套教材打造成一个金融科技的全媒体学习平台,而不仅仅是一套纸质的教科书,第一版不一定能实现我们的目标,但这是我们努力的方向。

对于一个外语类院校的经济金融学院来说,编写一套金融科技教材应该是可以骄傲一回的,当我们站上讲台时,我们可以骄傲地对学生说,你们的老师一直在努力追求卓越。这套教材也许有很多不尽如人意的地方,也许还会有错误,我们真诚希望得到您的指正。

李村璞

2021 年 7 月于长安

前　言

科技发展催生了创新与变革。信息通信技术在金融领域的应用，促进了金融科技创业企业的产生。这些企业提供的金融服务，颠覆了传统金融服务业，改变了行业生态与格局。是普惠金融的需求引发了金融科技的发展，还是金融科技的发展带动了普惠金融的实现，这是一个见仁见智的问题。但是，一个不争的事实是，在全球普惠金融事业风起云涌之际，金融科技发挥了巨大的作用，展现出前所未有的蓬勃生机，金融和科技已经像一对孪生兄弟一样难分难舍。

从历史上看，技术进步总是不断地推动金融变迁。由于金融科技的发展，金融机构之间的联系更加紧密，竞争的深度与广度早已今非昔比，金融创新层出不穷。从全球来看，金融科技发展形成了"三巨头三模式"各领风骚的态势。中国金融科技用户全球第一，人口总量也有绝对优势，数字支付用户超过8亿人，为全球最多。这使得中国形成市场拉动的模式，侧重金融科技应用与体验提升。而美国是技术驱动的模式，英国则更注重监管体系完善与整体生态优化。对比10年前与当今全球市值前十的公司可以发现，当今市值十强公司中科技行业占据7席，"硅谷完胜华尔街"，这意味着，科技将成为所有金融服务的"底盘"。鉴于金融科技如此深远的影响，我们有必要系统讲授金融科技对现代金融市场的影响。然而，目前市场上尚未有一本专门的教材系统讲解金融科技与现代金融市场方面的知识，这正是本教材编写的目的。

《金融科技与现代金融市场》是一本从金融科技的角度认识现代金融市场的教材。本教材的一个显著特色是，紧扣金融科技内涵，系统阐释金融科技的发展、金融科技与主要金融机构的关系，以及金融科技的基础技术，使读者可以系统掌握金融科技与现代金融市场之间的关系。

本教材共包含十章内容。第一章为全球金融科技的发展，主要内容为金融科技的起源与历史、技术的宏观发展情况和政策情况，以及金融科技全球市场格局。第二章为金融科技与商业银行，主要内容为商业银行的产生和发展、金融科技与商业银行转型，以及金融科技与商业银行创新。第三章为金融科技与证券行业，主要内容为证券行业的产生和发展、金融科技与证券业转型、金融科技与证券业

1

创新,以及证券业金融科技未来展望与面临的挑战。第四章为金融科技与保险业,主要内容为保险市场概述、保险公司营销、金融科技与保险业转型、金融科技与保险业创新,以及保险业金融科技面临的挑战。第五章为第三方支付,主要内容为第三方支付概况、第三方支付运营模式、第三方支付对金融业的影响,以及第三方支付存在的风险与发展趋势。第六章为金融科技与资产管理,主要内容为资产管理概述、资产管理核心技术,以及金融科技对资产管理的影响。第七章为区块链,主要内容为区块链概况、数字货币、智能合约,以及区块链的未来。第八章为众筹,主要内容为众筹简介、众筹模式、众筹对金融市场的影响,以及众筹风险。第九章为金融科技基础技术,主要内容为大数据、人工智能、云计算,以及物联网。第十章为金融科技与风险识别及监督,主要内容为金融科技发展中的风险、金融科技与改善风险管理、合规科技,以及监管科技。

本教材既可作为普通高等院校金融科技专业的理论课教材,也可作为经济学专业、财经类专业和工商管理类专业的核心课教材。本教材注重基本知识、基本理论和基本管理技能的阐述,并力图规范化、准确化和简洁化。

西安外国语大学经济金融学院李村璞教授、庞加兰教授、王新霞副教授对本教材的编写给予了充分的指导,刘冉、王俪霏、高熙、李汶骏、王海川、吕天翼、柯鸿晖、王明宇、苏科宇等同学也参与了本教材的资料查找、内容核对等工作,在此一并表示感谢。最后,特别感谢我的爱人王晓敏,是她给予了我无尽的支持,才让这本教材尽早完稿。

金融科技与现代金融市场的内容浩如烟海,同时受作者学识、教育背景以及所掌握信息和资料方面的制约,教材中的疏漏与不妥之处在所难免,还恳请读者给予批评指正。

编 者
2023 年 2 月

目 录

第一章 全球金融科技的发展 ... 1
第一节 金融科技的起源与历史 ... 1
第二节 技术的宏观发展情况和政策情况 ... 3
第三节 金融科技全球市场格局 ... 10

第二章 金融科技与商业银行 ... 14
第一节 商业银行的产生和发展 ... 14
第二节 金融科技与商业银行转型 ... 16
第三节 金融科技与商业银行创新 ... 22

第三章 金融科技与证券行业 ... 32
第一节 证券行业的产生和发展 ... 32
第二节 金融科技与证券业转型 ... 36
第三节 金融科技与证券业创新 ... 40
第四节 证券业金融科技未来展望与面临的挑战 ... 49

第四章 金融科技与保险业 ... 52
第一节 保险市场概述 ... 52
第二节 保险公司营销 ... 54
第三节 金融科技与保险业转型 ... 57
第四节 金融科技与保险业创新 ... 62
第五节 保险业金融科技面临的挑战 ... 67

第五章 第三方支付 ... 69
第一节 第三方支付概况 ... 69
第二节 第三方支付运营模式 ... 74
第三节 第三方支付对金融业的影响 ... 79
第四节 第三方支付存在的风险 ... 84
第五节 第三方支付发展趋势 ... 86

第六章 金融科技与资产管理 ... 88
第一节 资产管理概述 ... 88
第二节 资产管理核心技术 ... 90
第三节 金融科技对资产管理的影响 ... 92

第七章 区块链 ·· 102
    第一节 区块链概况 ·· 102
    第二节 数字货币 ·· 105
    第三节 智能合约 ·· 110
    第四节 区块链的未来 ·· 114

第八章 众　筹 ··· 117
    第一节 众筹简介 ·· 117
    第二节 众筹模式 ·· 119
    第三节 众筹对金融市场的影响 ··· 123
    第四节 众筹风险 ·· 125

第九章 金融科技基础技术 ··· 130
    第一节 大数据 ··· 130
    第二节 人工智能 ·· 137
    第三节 云计算 ··· 142
    第四节 物联网 ··· 150

第十章 金融科技与风险识别及监督 ·· 156
    第一节 金融科技发展中的风险 ··· 156
    第二节 金融科技与改善风险管理 ·· 158
    第三节 合规科技 ·· 159
    第四节 监管科技 ·· 163

参考文献 ·· 168

第一章　全球金融科技的发展

第一节　金融科技的起源与历史

一、金融科技的概念

"金融科技"(financial technology,FinTech)一词由两个互补领域的词合成而来：金融服务和基于先进技术的解决方案。由于金融科技覆盖业务广泛,业界对其尚无一个公认的定义。在《牛津辞典》中,金融科技被定义为"用于支持和提供银行及金融服务的计算机程序与其他技术"。维基百科把金融科技定义为"通过使用软件提供金融服务的一系列金融业务"。金融科技企业创业的目的通常在于打破现有金融体系和公司较少依靠软件的状态。著名投资银行高盛将金融科技定义为"金融公司以技术为基础,并且专注于金融产品与服务价值链上的一部分或大部分"。此外,金融稳定理事会在2016年3月首次发布的金融科技专题报告中对金融科技的定义是"技术带来的金融创新,它能创造新的业务模式、应用、流程或产品,从而对金融市场、金融机构或金融服务的提供方式造成重大影响"。

可以看到,虽然业界对金融科技定义的侧重点有所不同,但总是包含金融业务与其所依赖的技术手段。因此,我们可以认为金融科技是指借助于通信和信息技术,通过创新和颠覆性的商业模式所进行的主动性金融服务；或者说金融科技就是由使用新型金融技术支持和提供金融服务的组织构成的产业。金融科技强调了科技对金融创新、金融服务和效率带来的显著影响,两者紧密结合并形成众多新的金融业态。

与互联网金融相比,金融科技的范围更加广泛。金融科技并非简单的"互联网上做金融",更准确地说,它是在互联网平台下,通过新的底层技术、新的路径思维对传统金融领域的各项业务、流程进行的破坏性创新。它应用的技术也不仅仅是互联网,大数据、智能硬件、智能数据分析、人工智能、区块链等前沿技术,也都是金融科技的基础。

二、金融科技的发展阶段

现代金融科技按不同的发展重心和特点可以分为三个阶段：FinTech 1.0 由发达国家推动,重基础设施建设,金融市场全球化；FinTech 2.0 由发达国家推动,体现为传统金融机构引入科技,金融市场数字化,互联网科技公司的涌现和不断发展为之后 FinTech 3.0 打下基础；FinTech 3.0 则引入了移动互联网技术,创业公司和科技公司开始提供金融服务,发展中国家也逐步参与进来,在其中扮演越来越重要的角色。

(一)FinTech 1.0(1866—1966 年)：金融全球化

金融科技的起源可以追溯到19世纪,1838年电报投入使用,1866年世界第一条大西洋海底电缆成功铺设,这两项技术创新奠定了19世纪后期金融全球化的基础。在当前的物联网时代,已经很难想象那种信息跨地区、跨洲传输极为困难的无连接世界。在跨洋电缆完成以前,欧洲和美洲的通信依靠船来完成。除了耗费时间较长,还面临着暴风雨和船舶倾覆造成信息传达延迟和丢失的风险。因此,这两项创新对金融全球化的意义是不言而喻的。

第二次世界大战期间,金融全球化的进程受到阻碍,但是科技却在战争时期快速发展,如通讯加密技术和密码破解系统等。1946年通用电子计算机的诞生,极大地加快了金融电子化的步伐。银行是最早采用计算机的行业之一,最早的计算机商用框架就是为一家银行设计的。采用这一手段,银行加强和加快了早已存在的业务流程。1967年,巴克莱银行在英国恩菲尔德安装了世界上第一台自动取款机(ATM),人们通过这台电子通信设备可以确确实实地进行交易。得益于这一机器的出现,金融服务变得更为便利,人们不再被银行柜台所束缚。ATM是金融领域应用新技术的成果之一,由机器替代人工,大大降低了金融机构的服务成本。从某种角度上说,ATM的出现开创了金融科技时代。除此之外,20世纪50年代美国出现信用卡、1964年美国施乐公司发明传真机、1966年万事达卡国际组织的前身成立并创造了新的信用卡体系等硬件与软件上的创新,为日后金融科技的发展奠定了基础。

(二)FinTech 2.0(1967—2008年):金融数字化

ATM是第一个显示了科技与金融之间内在联系的发明,在此之后,科技与金融的关系实际上是逐渐疏远的。金融产业数字化的道路尚在开发之中。经过近20年的技术进步、应用渗透、商业创新和生态演化,数字经济不断发展。进入20世纪80年代,IT业在摩尔定律的"福泽"之下迅猛发展,从软件到硬件均取得了举世瞩目的成就。1981年,IBM推出具有划时代意义的个人电脑。1984年,苹果公司推出配有图形界面操作系统的麦金塔电脑,同年微软推出了可在麦金塔电脑上运行的办公软件。这些看似与金融业无关的成就,实则昭示着IT业蕴藏着推动金融业新一轮变革的潜能。

在支付领域,银行自动清算业务(BACS)、纽约清算所银行同业支付系统(CHIPS)和环球同业银行金融电讯协会(SWIFT)的陆续成立,为国际金融交易提供了清算上的后盾。在证券交易领域,1971年成立的纳斯达克(NASDAQ)实现了股票的自动报盘,降低了股票买卖差价,提高了场外市场的流动性。

1987年为金融科技产业发展的转折点,香港大学教授、原亚太经济合作组织顾问道格拉斯·阿纳认为其主要原因体现在两个方面:

(1)奥利弗·斯通导演的电影《华尔街》塑造了一个使用移动手机的投资银行家的典型形象。

(2)"黑色星期一"发生,股市暴跌。导致其发生的一个原因被认为是程序交易:基于事先设定的条件自动执行的一揽子股票交易。简而言之,当价格达到阈值,计算机将会自动进行股票买卖。

"黑色星期一"的发生解释了科技与金融之间的密切联系及潜在风险,这引起了监管者的高度关注,他们为此制定了新的规则,重新树立了补偿协议,以保持相关金融产品的一致性,并促进各国监管者们谋求合作机制,为监管科技打下了基础。

20世纪90年代,互联网的发展以及美国富国银行和荷兰ING集团在互联网银行方面的尝试标志着金融领域向数字技术的靠拢。此外,传真、电子邮件和即时通信工具对电报的替代大大提升了通信的便利性,金融业进入一个全球紧密关联的时代,也为此后的 FinTech 3.0 打下了基础。

(三)FinTech 3.0(2009 年至今):金融移动化

传统金融业与 IT 业的亲密接触无疑取得了令人震惊的成就,IT 业的进步极大地提高了金融机构的业务处理能力。然而,令银行家们万万没有想到的是,进入 21 世纪后,新兴的互联网技术威力如此巨大,互联网公司竟然跨界进军金融业,并且迅速做大规模,成为金融业的"搅局者"。1994 年比尔·盖茨在接受《新闻周刊》采访时,将银行系统比作恐龙,并预言银行客户将流失到其他高科技金融服务企业。进入 21 世纪后,比尔·盖茨的预言似乎开始应验。2005 年,P2P(点对点)借贷平台 Zopa 在英国诞生。紧接着,在美国出现了 Prosper、Lending Club 等 P2P 借贷平台以及 Kickstarter 众筹平台等互联网金融公司。

2008 年席卷全球的金融危机使传统的金融界陷入僵局,金融科技却快速发展。金融危机的失业效应为金融科技提供了人才资源,金融机构则试图通过科技手段提高盈利能力,公众对以银行为代表的传统金融机构的不信任也为金融科技公司提供了广阔的市场空间。此外,2008 年还见证了智能手机的革新,移动数据传输速度的加快,为 FinTech 3.0 在移动终端领域的开拓提供了广阔的舞台。

2013 年被普遍认为是中国互联网金融元年。2013 年 6 月 13 日,阿里巴巴旗下支付宝与天弘基金合作推出货币基金理财产品余额宝。仅用一个月的时间,余额宝资产规模就突破 100 亿大关,顿时掀起一股全民理财的潮流。到 2014 年 2 月 17 日,余额宝用户规模突破 8100 万,资产规模超过 4000 亿元。这是什么概念呢?中国人民银行公布的 2013 年银行间债券市场总共发行的地方政府债券也不过 3500 亿元;2014 年初整个货币基金行业也只有 9000 亿元的规模。2016 年 8 月,国务院发布《"十三五"国家科技创新规划》,规划中明确提出促进金融科技产品和服务创新,建设国家金融科技创新中心,等等。这标志着金融科技产业正式成为国家政策引导方向。政府的全方位扶持,对金融科技的发展无疑是重大利好。通过规划发展,金融科技产业在应用场景落地上获得了最有力支持。

在 FinTech 3.0 阶段,金融科技的科技感不断强化。金融科技产业在以人工智能、区块链、云计算和大数据为代表的技术核心驱动下,涉足支付结算、财富管理、接待融资、零售银行和保险等领域。"科技创新"正在代替"金融模式创新"。

第二节 技术的宏观发展情况和政策情况

一、大数据

2011 年以来,大数据一词被越来越多地提及,人们用它来描述信息大爆炸时代所产生的海量数据,并以新的方式方法使用这些数据,获得相应的产品或服务。

大数据概念第一次被提出来是在 2008 年 9 月 4 日。谷歌成立 10 周年之际,《自然》推出了大数据专辑,包括 8 篇大数据专题文章和 1 篇编者按,但并未对大数据给出明确的定义。

时至今日,对大数据的定义有很多,但侧重各不相同。总体来看,对大数据的定义一般从数据体量、复杂性程度、价值三个角度展开。第一种定义是从数据体量入手,认为大数据是指那些规模已经大到传统的数据库软件无法采集、存储、管理和分析的数据集。第二种定义是从复杂性程度入手,认为大数据的第一属性是复杂,"大"不是数据量大,而是复杂性更大。数据源排列数量巨大,使得进行有效的查询非常困难,并且由于其复杂的相关关系,数据清洗很困难。第三种定义从价值入手,认为大数据是当今社会所独有的一种新型的能力,以一种前所未有的方式对海量数据进行分析,从而获得巨大价值的产品和服务或深刻的洞见。因此,大数据有三层内涵:一是数据量巨大、来源多样和类型多样的数据集;二是新型的数据处理和分析技术;三是运用数据分析形成价值。

瑞士洛桑国际管理学院发布的2017年度《世界数字竞争力排名》显示,各国数字竞争力与其整体竞争力呈现出高度一致的态势,即数字竞争力强的国家整体竞争力也很强,同时也更容易产生颠覆性创新。以美国、英国和日本等为代表的发达国家一向重视大数据在促进经济发展和社会变革、提升国家整体竞争力等方面的重要作用,重视提升从海量和复杂数据中获取知识、挖掘价值的能力,进而推动科学与工程领域创新步伐的加快,捍卫本国数据主权,力争在数字经济时代抢占先机。

美国是率先将大数据从商业概念上升至国家战略的国家。2012年白宫科技政策办公室发布《大数据研究和发展倡议》,把大数据视为战略资源,抢抓大数据技术与产业发展先发优势。2014年,美国发布《大数据:把握机遇,守护价值》白皮书,重申要把握大数据为经济社会发展带来创新驱动的重大机遇。2016年,美国发布《联邦大数据研发战略计划》,形成涵盖技术研发、数据可信度、基础设施、数据开放与共享、隐私安全与伦理、人才培养以及多主体协同七个维度的系统顶层设计,打造面向未来的大数据创新生态。

英国在2012年将大数据作为八大前瞻性技术领域之首。2017年11月,英国发布《产业战略——建设适应未来的英国》白皮书,内容涉及人工智能和大数据经济。2018年4月底,英国又发布《工业战略:人工智能》报告,立足引领全球人工智能和大数据发展,从鼓励创新、培养和集聚人才、升级基础设施、优化营商环境以及促进区域均衡发展五大维度提出一系列实实在在的举措。

此外,日本、韩国和印度等国家也将发展大数据作为重要的国家战略。例如,2016年底韩国发布了《智能信息社会中长期综合对策》,积极应对第四次工业革命的挑战,并将大数据产业定义为九大战略产业之一。印度则将大数据产业发展视为实现经济赶超的黄金机遇。

经过多年发展,大数据的体量、分析速度与种类都在急剧变化。可穿戴设备、智能家居等智能硬件的兴起,再次扩充了数据的维度,使得可获得的数据维度扩展到了线下。非结构化数据体系下,传统数据分析模型对于多维度、多形态的数据存在不适用的情况,人工建模+数据已经难以满足数据分析需求,大数据+机器学习是金融数据计算分析的未来。目前,大数据已经发展到公司及第三方处理分析大量终端用户数据的阶段,为金融科技公司提供了良好的数据基础,进而促进了个人征信、授信、风控以及保险定价等金融领域的发展。

阅读材料1-1

阿里巴巴采用大数据打假

提到淘宝,很多人首先想到的一个词可能就是"假货"。2016年5月,国际反假联盟(IACC)暂停了阿里巴巴的会员资格,原因是该联盟其他各大品牌对阿里巴巴的打假承诺感到担忧,而这距阿里巴巴加入国际反假联盟仅一个月时间。

实际上,阿里巴巴对打假从来没有松懈过。为了改变淘宝在公众心目中的尴尬形象,其在打假方面可谓是煞费苦心。然而,面对制假售假战场战略转移,即由过去的以线下为主转移到以线上为主的新特点,利用传统线下打假的方式和手段必然扑空,甚至出现假货越打越多的局面。

面对这种情况,阿里巴巴使出最具优势的撒手锏,将大数据运用到打假上。用阿里巴巴创始人的话来说,这么多年来,用传统的手段、机制和措施打假,"打而不绝,越打越多",是时候让互联网公司用互联网的办法、用大数据技术来解决问题了。

阿里巴巴发布的《2015年阿里巴巴知识产权保护年报》披露,凭借多年积累,阿里巴巴防控系统实时分析数据的速度已达每秒1亿次,成功阻止上亿件涉假商品信息在淘宝发布。通过海量数据分析、提炼、归纳、建模,可直接处理涉假行为,或将涉假信息提供给执法机关并协助开展线下打击活动。海量大数据挖掘,将使得制假售假行为无处遁形。

打假是融入企业道德血液中的,特别是对于网络平台类企业。像阿里巴巴这样的企业不仅会自觉维护企业自身品牌,而且会认识到维护数亿用户权益就是维护自己的根本利益,用户和消费者是其能生存的根基。

当然,阿里巴巴的平台模式天然注定了其打假防假的难度。同时,作为一个平台企业,阿里巴巴在打假上不可能孤军奋战。只有企业、工商部门、司法部门、国际组织等共同努力,才能取得成效,而大数据利器则让打假斗争如虎添翼。

二、区块链

提到加密数字货币,就一定绕不开它的底层技术——区块链。对非专业人员而言,"区块链"是比较陌生的词汇。但是,它又是资本竞相追逐的对象。全球知名的咨询和市场研究机构纷纷预言了区块链对各行各业的颠覆性潜力。各个行业的领军企业纷纷研究和布局区块链技术,全球60多家顶级银行组成了关注于银行间清算、结算的区块链联盟R3,安联保险等15家保险业巨头组成了保险业区块链联盟B3i(区块链保险行业项目)。

简单来说,区块链就是一个带有开放式分类账的分布式数据库,这意味着数据不会存储在单台计算机上,而是存储在点对点(P2P)网络中的许多不同计算机(称为"节点")上,这代表了金融服务激进的范式转变。区块链的民主化原则激发了金融市场的想象力,具体如下:

一是去中心化。由于拥有去中心化的共识机制和共享式数据存储,区块链网络的各个节点可以不依赖第三方机构就能实现信息验证、传递和存储。这个特点可以广泛地运用于现实场景,减少中间环节,降低成本,提高效率。

二是透明性。区块链通过共享数据以及对数据一致性的共识,实现了数据的公开透明。系统参与者可以通过公开的接口查询区块链数据,开发相关应用。

三是隐私保护。尽管区块链具有透明性的特征,但是由于去中心化的特点和加密技术的使用,用户身份和其他隐私信息可以得到技术层面的保护。

四是难以篡改。数据一旦被区块链记录,就会在全网传播并存储。由于数据广泛分布在全网节点中,任何人单方面篡改数据几乎是不可能的,共识使通过恶意手段推翻全网数据的难度极大。

五是高可用性。由于区块链去中心化的特点,故不可能通过摧毁一个中心节点使整个系统瘫痪,也不可能由于某个节点原因影响整个系统的功能和安全。

六是自治性。区块链采用公开透明的共识机制,使得系统中的所有结点都能够在去信任的环境中自动分享数据、达成共识,对人的信任变成了对机器和算法的信任。

七是智能化。基于以上提到的区块链特征,再加上计算机语言可编程的性质,人们可以很容易地根据具体应用场景的需要,在区块链上创建和部署智能化合约,根据相应的控制条件执行复杂的逻辑。

金融在不确定环境中进行资源的时间和空间配置。在这个过程中,信息不对称是不可避免的,其中既有资金提供者和资金使用者之间信息沟通不顺畅的原因,也有市场参与主体资产定价和风险定价能力差别的原因。区块链的一系列特征,如去中心化的共识机制、安全、保护用户隐私等,可以极好地应用于金融服务的场景。因此,在区块链技术的发展中,金融服务一直是政府、金融机构、研究咨询机构重点关注的领域,集中体现在数字货币、清算、结算、审计、跨境支付、票据业务等方面。

尽管从理论上看,区块链能大大降低金融业基础设施的成本,其技术的延展性也十分广泛,但是目前区块链技术仍在发展之中,高频校验、技术标准、法律法规等相关问题亟待解决,相关应用能否真正落地具有极大的不确定性。因此,各国普遍对区块链技术本身持支持态度,积极推动区块链的研究工作,但也采取了一些严格的监管、审查和风险提示措施。例如,中国的区块链技术处于初步发展阶段,部分相关应用,如比特币、首次币发行(ICO)等已被明令禁止。

阅读材料1-2

区块链技术改变金融市场格局

2015年5月,《华尔街日报》报道,纳斯达克-OMX集团正在测试区块链技术,该技术有机会颠覆传统的金融交易方式,变为与比特币类似的交易方式。如果该技术取得成功,纳斯达克-OMX集团希望将其运用到股票市场,这或将改变全球资本市场格局。

稍早之前,纽约证券交易所宣布投资比特币交易平台Coinbase,高盛集团则投资比特币消费者服务公司Circle,大型贸易公司DRW控股有限责任公司则表示,其旗下的子公司已经开始尝试加密货币交易。同时,和纳斯达克类似,由原摩根大通高管Blythe Masters领衔的Digital Asset Holdings公司也在开发一种基于区块链系统的证券和资金转移系统。

黄金交易方面,欧洲清算银行有限公司在基于区块链技术的黄金交易测试中取得重大进展,2017年4月12日正式宣布完成了第二阶段的平台测试,并在2017年推出基于区块链的黄金交易产品。

身份识别上,几家区块链初创企业正尝试利用区块链创建在线身份,ShoCard就是其中的代表之一。根据ShoCard的说法,所有的身份数据都经过加密和哈希化处理,然后存储在区块链里,因此身份数据不会被篡改,与此同时,能够达到银行系统的安全信任级别。Uniquid也是一家与ShoCard类似的初创公司,它弥补了人类身份验证机构和数字身份验证实体之间的鸿沟,考虑到了对设备、云服务和人员进行身份验证,目标是为相关联的设备、云服务以及人员提供身份和访问管理服务。

三、云计算

按照美国国家标准与技术研究院对云计算的定义,云计算是一种服务,由一个可支配的共享资源池组成,用户能够按需使用资源池中的网络、服务器、存储设备、应用和服务等资源,几乎不需要花费任何精力去管理。相比传统的自建或租用数据中心方式,云计算让我们能够像使用水、气、煤、电一样使用IT基础服务。

在云计算出现之前,传统的IT部署架构是"烟囱式"的,即"专机专用"系统。在这种部署架构下,一个应用系统部署在一个服务器上,再配套存储设备和网络链接。如果用户希望建设一个属于自己的网站,需要先找IT服务商租用硬件设备,通过每年支付一笔昂贵的租金获得网站的计算、存储和网络资源,之后网站的建设、维护都要自己负责。应用系统较多、规模较大的企业,如互联网公司、银行等,往往会自己建立数据中心,购置服务器、存储设备等硬件。在有新的系统要上线的时候,通过分析资源需求,确定基础架构所需的计算、存储网络等设备的规格和数量。在这种部署模式下,硬件的配置和应用系统所需要的IT资源很难完全实时匹配。例如,在"双11"时,各购物网站的业务量猛增,对硬件资源的需求也相应增加,但是在常规情况下并不需要这么多的资源。如果按照"双11"当天的资源需求量来配置IT资源,就会造成在平时对资源的极大浪费。相同的问题也出现在每年的"春运"中。

云计算利用虚拟化技术的云基础架构有效解决了传统基础架构的问题。相比传统部署架构,云基础架构在原有的计算、存储、网络硬件层的基础上增加了虚拟化层和云层(见图1-1)。通过将基础硬件设备虚拟化,屏蔽了硬件层自身的差异性和复杂度,形成统一资源池,并通过云层对资源进行统一调度,支持不同应用系统实时的动态资源需求,实现真正的按需配置资源。这不仅提高了资源的利用效率,而且有效降低了应用系统对硬件的依赖性,保障了系统稳定性。

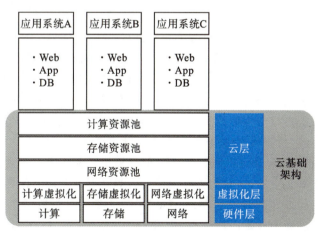

图1-1 云计算架构

云计算有三种服务形式:IaaS(infrastructure as a service,基础即服务)、PaaS(platform as a service,平台即服务)、SaaS(software as a service,软件即服务)。IaaS公司为用户提供场外服务器、存储和网络硬件,为用户减少了装修机房、购置硬件设备、部署网线等工作,节省了用户硬件维护和租用办公场地的费用,且用户可以在任何时候利用这些硬件运行其应用。PaaS

公司在网络上提供各种开发和分发应用的解决方案,如虚拟服务器和操作系统,这不仅节省了用户在硬件上的费用,也让分散的工作室之间的合作变得更加容易。SaaS 公司的大多数服务通过网页浏览器接入,任何远程服务器上的应用都可以通过网络来运行。在三种服务形式中,IaaS 作为云计算的基础层,技术壁垒和产品标准化程度最高,市场发展速度最快,在全球范围内都属于云计算行业的必争之地。

云计算深化了产业改造,大大降低了"独角兽"企业进入金融科技领域的门槛,而采用云计算技术的金融科技企业也成功地降低了行业服务的价格。云计算被看作是继 PC、互联网之后的第三次 IT 浪潮,已经成为信息产业发展的重要支撑。云计算技术发展已经进入成熟期,金融云的应用也正在向更加核心和关键的"深水区"迈进,将更加关注安全稳定与风险防控。

阅读材料 1-3

Nationwide 采用云计算促进公司发展

在过去约 80 年时间里,Nationwide 从一个小型投保人设立的互助企业保险公司发展成了美国最大的保险和金融服务公司之一,拥有 3.8 万名员工。总部位于俄亥俄州哥伦布市的这家财富 500 强公司是公共部门退休计划的第一大提供者,也是美国大型汽车保险公司。Nationwide 的 3000 个分布式服务器效率低下且成本高昂,为了提高业务灵活性和防止组织成本继续增加,Nationwide 开始了虚拟化之旅,最终产生了"云"。它们将分布式服务器整合到在大型机上运行的 Linux 虚拟服务器上,为其所有不同的工作负载创建了一个多平台私有云。这种云部署减少了 80% 的电力、冷却和地面空间需求,在分布式服务器方面节省了开支,仅在开始实行前三年就节省了 1500 万美元。

四、人工智能

人工智能被定义为"一种受到人类感知、思考、推理和行动方法启发但有所区别的科学和计算机技术"。通俗地说,人工智能是对人类智能进行模仿的各种科学技术的总称。

以前,人工智能仅仅是出现在科幻电影中的名词,但一场举世瞩目的围棋人机大战使其为世人所熟知。2016 年 3 月,谷歌旗下公司 DeepMind 基于深度强化学习算法开发的 AlphaGo 程序对阵世界顶级围棋高手李世石。在此之前,人们普遍认为,机器想要取胜人类,只能穷尽并选择其中最好的可能选择。围棋的穷举解空间高达 10^{172},即使穷尽整个宇宙的物质也存储不下围棋的所有可能性,所以围棋也被称为人类对计算机的智慧堡垒。DeepMind 正是利用这一点,试图利用围棋来证明人工智能科技可以使计算机具备人类思考意识,有望在未来布局到游戏、医疗、机器人等多个领域,从而更好地服务人类。李世石作为代表人类的一方,承担起捍卫人类智慧堡垒的任务。遗憾的是,AlphaGo 以 4∶1 的比分战胜了李世石,而这场比赛仅仅是人工智能对人类胜利的开始。2017 年初,化身为 Master 的 AlphaGo 在围棋对战平台轮番挑战各大围棋高手,包括柯洁在内的中日韩围棋高手均被挑落马下。在 2017 年 5 月的"中国乌镇围棋峰会"上,Master 再次以 3∶0 战胜柯洁。

这些热门事件点燃了投资界对人工智能的热情,不少默默耕耘的人工智能创业公司也搭上了 AlphaGo 的顺风车,成为资本竞相争抢的新宠。机器判断已经不仅在完全博弈的经济中领先人类,甚至在非完全博弈中也有逼近甚至超出人类级别的准确性,同样的突破也出现在德州扑克、股票交易等非完全博弈中。

全球范围内，许多国家和地区高度重视人工智能，不断加强顶层布局，为人工智能技术的创新应用提供了良好的政策环境。美国、德国、英国、法国、日本等都已经发布了人工智能战略。2018年4月，英国政府公布了《产业战略：人工智能领域行动》，就发展人工智能事宜制定了具体的实施政策。在中国，人工智能在2017年上升至国家战略，2018年人工智能被写入政府工作报告。2018年10月，中共中央政治局就人工智能发展现状和趋势举行第九次集体学习，再次释放出中央面对人工智能战略高度重视的信号。截至2018年底，超过20个省份发布了30多个人工智能专项扶持政策。2019年，我国新一代人工智能技术加大推进力度，加快实施重大科技项目，建设一批国家级新一代人工智能创新发展试验区。

人工智能在金融领域中的应用，相较于大数据而言，核心突破在于深度学习、智能分析和最终的智能决策。大数据、云计算、区块链等技术都是支撑人工智能上层技术的基础。从目前人工智能在金融领域的应用趋势来看，人工智能已经覆盖营销、风控、支付、投顾、投研、客服等各金融应用场景，主要趋势体现在以下三个方面：

一是人工智能由外围向核心业务渗透，由感知向决策类应用扩展。近年来，国内外较早布局人工智能的金融机构已经尝试将人工智能应用贯穿于整个业务体系。从银行业业务的生命周期看，已经由外围的厅堂机器人、在线客服、电话智能导航、柜面人脸识别等场景，逐渐渗透至产品开发、营销、风险管控、客户管理与客户服务等核心流程。在保险业，人工智能为前端营销、承保、核保、理赔等核心业务流程提供多样化支持，同时慢慢渗透至资产管理等环节。此外，相同的过程也在资产管理、投顾等领域发生。

二是人工智能推动金融行业向数字普惠化转变。通过人工智能构建基于企业运营场景数据驱动的金融服务，为解决中小企业"融资难""融资贵"以及持续发展等问题提供了一条创新路径。通过人工智能分析，可以快速建立多维度的授信准入规则及依据订单分析预测动态授信额度，企业准入后自动纳入实时贷中风控及智能贷后管理系统，实现中小微企业从前到后全流程的供应链内金融信贷智能管理。同时，基于企业数据结合企业业务发展诉求，为企业输出人工智能技术和提高其应用能力，促进企业创新发展和转型升级。

三是人工智能引领监管科技潮流。监管科技是与金融监管、合规与风控相关的各种信息技术及其应用，既包括运用新技术提高对传统金融业的监管效率、降低监管成本，又包括运用新技术监管新业态，如互联网金融等。当前金融机构面临的风险具有隐蔽性、波动性和挑战性等特征，因此监管科技是未来金融科技发展的主要方向之一。在监管科技方面，人工智能的应用场景包括反洗钱、交易反欺诈、申请反欺诈、智能催收、智能进件审核、申请信用评分、逾期预警、差异化催收等。

阅读材料1-4

旷视科技

旷视科技是一家应用面部识别系统的典型公司，其在深度学习、机器视觉领域进行了深入的技术研发，并专注于泛金融、泛安防等领域的研究。开发者平台Face＋＋成立于2011年底，个体应用开发者通过免费接入Face＋＋的应用程序编程接口（API）为自己的应用赋予面部识别功能，同时Face＋＋利用API接口不断地搜集人脸数据，打磨其深度学习模型，进一步提高识别精度。旷视科技FaceID人脸核实解决方案如图1-2所示。目前，旷视科技已经和蚂蚁集团合作，实现了支付宝的刷脸支付，并开始应用于医保、养老金等多个需要验明身份的领域。

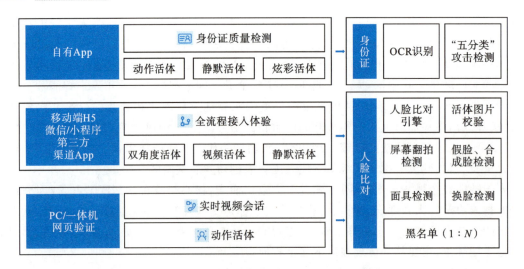

图1-2　旷视科技FaceID人脸核实解决方案

第三节　金融科技全球市场格局

金融科技全球发展存在两种机制：一种是中国模式，属于爆发式增长模式，通过市场需求的拉动加上技术应用的创新实现发展，这样的模式在印度、肯尼亚等国家都得到了很好的实现；另一种是美国模式，属于渐进式发展模式，依靠技术推动实现创新，但存在市场需求不够旺盛、消费者的体验不佳等问题。

一、英国

近年来，英国金融科技产业快速发展。从金融科技渗透的行业来看，根据安永金融科技数据库统计，半数以上的英国金融科技公司聚焦于银行支付，另有约20%集中在信用和贷款行业。其中，投资倾向于后者，这也反映了P2P作为替代性金融（alternative finance）在英国贷款中的地位。伦敦是英国的金融科技中心，也是欧洲最成功的金融科技中心之一。伦敦有历史悠久的大型银行的创投基金，聚焦金融科技的天使投资人、创投资本家，以及新型金融融资工具如众筹集资和P2P借贷等，这些都是金融创新公司早期阶段营运资金的重要来源。近年来，受益于国家政策，一些伦敦之外的城市凭借着逐渐成熟的商业环境以及较低的运营和生活成本，吸引了越来越多的金融科技公司和人才。以曼彻斯特为代表，其是英国巴克莱银行（Barclays Bank）和劳埃德银行（Lloyds Bank）的技术根据地，除了AccessHay和DueCourse等优秀的金融科技公司，还拥有众多加速器项目以及活跃的投资机构。

英国的优势主要来自三大方面：第一，悠久的殖民统治历史为英国全球分工及合作奠定了坚实的基础。英国自1496年就开始了全球扩张策略，《国富论》也提及了英国的财富来源主要为全球分工及贸易。殖民文化造成的意识形态的一致性，也给英国金融科技产业的发展带来了实质性的优势。一方面，英国企业在国外投资并购方面、文化方面或意识形态方面的阻力不大，增长的金融科技企业并购交易规模、更高级别的并购活动以及交易地域的多样性，表明金融科技板块在全球范围内走向成熟。另一方面，英国也具有吸引国际资本的强大力量，促进了本国金融科技产业的发展。第二,英国政府在金融科技产业方面的积极布局是优于其他西方发达国家的。第三,英国的教育培养体系十分完善,为金融科技产业的人才输送提供了强有力的支持。

近年来,英国正在成为全球互联网金融中心。英国目前在金融科技领域的成功绝大多数可以归功于良好运营的生态圈。英国在金融科技行业中人才、资本以及需求的储备已经很充裕,并且英国为金融科技良好发展所提供的政策环境,使得英国在世界各国金融竞争中占据优势。

二、美国

美国的金融科技市场十分成熟,各细分领域的企业融资规模相对均衡。其中,支付领域的企业融资规模占比最高,达到30%。FinTech这个名词更早在1980年初就已经在华尔街业界使用,且FinTech业界也是在美国特殊的行业发展环境下自发成长的,政府并未介入。

美国金融市场经过逾百年的发展,能够提供比较完善的、全方位的产品和服务。发展年代较早的银行金融机构实力雄厚,优势巨大,竞争也十分激烈。同时,传统的银行金融机构一直非常积极地在利用互联网等科技进行金融服务的创新。

美国的金融科技发展地域分布比较集中,最有代表性的是硅谷和纽约。美国的金融科技从硅谷起源,硅谷拥有相对成熟的金融科技专才,且金融科技生态系统内完善的互连结构,使得创业企业能够从具备金融科技投资经验的大型风险投资基金中获益。纽约是全球金融中心,紧密依托华尔街庞大的资本基础和既有的金融市场专才,涌现出一批金融科技机构。硅谷的最大优势是科技创新,众多的金融科技独角兽企业在此孵化而生,且GAFA(Google、Apple、Facebook、Amazon)四大企业也将持续在金融科技领域扩大投资。美国顶级的金融科技公司有很多,比如总部设在芝加哥的Avant专注在线借贷领域,为介于优级信用和次级信用之间的人提供服务。还有一些企业在金融细分领域中较有影响力,比如专注于互联网保险的Oscar Health,以及专注于财富管理的Wealthfront。

美国的优势来自两大方面:第一,基础科学的研发能力位于国际前列。近些年,美国政府加大了在STEM(science、technology、engineering、mathematics)方面的研究支持力度,且积极推进交叉学科体系的设计与落实。这将对美国金融科技业的发展具有深远意义:一方面,美国是科技创新的先驱者,比如,美国的大数据研究是国际一流的,原因在于美国占有科技研发的先发优势;另一方面,科技人才的培养及积累,特别是创新科技人才的培养也是至关重要的。第二,美国企业的商业能力以及企业的战略规划能力较强。商业能力表现在美国企业能够快速地将基础研究(发明)迅速地转化为商业或社会价值,也就是说,基础研究(发明)能够快速转化成先进的生产力。战略的规划能力体现在企业能够提前聚焦,优化企业的资源分配,打有准备的仗。例如,智能手机、商业智能服务等商业新趋势大多数是美国优先发现的。

三、新加坡

新加坡是世界领先的金融中心和世界金融科技领域具有领先地位的有力竞争者。新加坡在政府支持、资金来源、创新中心建设和监管沙盒设立等方面都做得非常出色。新加坡的经商便利程度较高,英语作为商务语言的优势使其成为全球金融资本进入亚洲市场的首选门户。

2016年是金融科技在新加坡飞速发展的一年,与金融科技相关的活动层出不穷。目前已有超过300家金融科技起步公司落户新加坡,超过20家跨国金融机构和科技企业在新加坡设立创新实验室和研究中心,其中过半数都是在2016年设立的。新加坡有很多顶级的金融科技公司,比如 Bluzelle、Dragon Wealth、Fastacash、MatchMove Pay、Moolah Sense、Crowdonomic、Otonomos、Fitsense 等。在新加坡,电子钱包在现阶段难以动摇传统信用卡的主导地位,在 P2P 的运营受到了前所未有的严格监管下,区块链金融却能茁壮成长,毫无疑问,这里存在着诸多的机遇和挑战。

四、澳大利亚

澳大利亚的金融科技行业正在快速发展,澳大利亚是金融科技的"后起之秀"。毕马威的一份报告称,澳大利亚拥有先进的互联网银行和移动终端产业,是全球金融市场进入亚洲生态经济区的理想入口。2016 年,澳大利亚的金融科技投资额大幅度上升,25 项交易共产生 6.56 亿美元投资。据相关人士介绍,澳大利亚从 2012 年金融科技仅融资 5100 万美元,到 2016 年融资超过 6 亿美元,已经创建了一个健康、活跃的金融科技行业。

澳大利亚有很多世界顶尖的金融科技公司,相关数据显示,全球前 100 的金融科技公司澳大利亚有 9 家。其中,Prospa、Tyro 和 SocietyOne 进入了前五十强。由于澳大利亚仍严重依赖采矿业,2015 年 12 月开始的国家创新与科学发展规划,若能够全面实施,则可能有助于澳大利亚经济朝着更高的方向发展创新,以弥补一些差距,特别是在风险资本的可用性和通过信息通信技术创造新的商业模式方面。2019 年伊始,澳大利亚新兴金融科技生态系统获得政府关注,联邦政府出资 5 亿英镑致力于相关产业的创新。

五、中国

北京是中国金融科技行业的监管部门所在地,拥有在科技与信息工程领域世界排名前茅的众多高校,同时金融科技企业数量较多。上海是中国的金融中心,也是互联网经济比较发达的区域,金融科技发展具备良好的基础,是金融科技企业竞争的必争之地。深圳是中国金融机构的云集之地,互联网创业的氛围也非常浓厚,为金融科技发展奠定了基础。根据毕马威 2016 年发布的"中国领先金融科技公司 50 强榜单",北京、上海、深圳分别有 21、15、7 家金融科技公司入围了 50 强。

中国香港特别行政区具备发展金融科技的优质"土壤",拥有较为完善的法制、充裕的专才、发达的信息资讯以及投资初创企业的多方资金渠道等优势。中国台湾地区正在积极发展金融科技行业,其拥有金融体系完善、征信体系健全、资讯基础雄厚、用户对新科技的尝试意愿较高等优势。近期中国台湾地区金融管理委员会通过大幅放宽金融业转投资金融科技相关产业限制,以推动中国台湾地区金融科技行业的发展。

六、印度

印度是世界增速较快的主要经济体,也是金砖国家和 G20 成员。2016 年,莫迪政府提出"印度崛起"的口号,正式从国家政策的高度助力印度创业风潮,以期在印度全国范围内建立创业创新的生态系统,且在境内推出了一系列针对互联网的友好政策,包括统一支付系统(UPI)、建立身份系统 Adhaar,以及打造数字战略,并将其写入政府预算报告。印度金融科技在区块链、支付、P2P、智能投顾、普惠金融、技术驱动的银行综合服务、互联网金融安全与生物识别方面存在众多的亮点和潜力。

印度互联网支付的参与方包括电信系、电商系、银行系、钱包公司系、支付银行系,各自都有代表性企业。印度征信行业尚处于探索阶段,拥有巨大的长尾市场。近年来,印度尝试了几项指导方针和改革，如向小型金融银行、支付银行发放多种差异化银行牌照，并引入统一支付界面，将印度无银行账户的人口纳入正式金融服务目录，强化了支付生态系统。

开放的数字经济要蓬勃发展，强有力的政府支持是一个关键组成部分。为了推动印度走向数字经济，政府在监管机构的支持下正积极致力于创建一个进步的数字生态系统。总体来看，印度的金融科技整体处于初创期向成长期过渡阶段，巨大的潜力正逐步释放，并受到资本市场的狂热追捧。

思考题

1. 金融科技的发展分为哪些阶段？有什么标志性事件？
2. 金融科技全球发展的两种机制是什么？代表性国家都有什么特征？
3. 你在现实生活中接触过什么样的金融科技？请简要说明。

第二章　金融科技与商业银行

第一节　商业银行的产生和发展

一、商业银行的起源

银行业的历史非常久远。早在公元前 2000 年的巴比伦,以及古代的希腊和罗马,就有了银钱业主和货币兑换商。这些早期的金融活动家通常聚集在寺庙周围,为各国的朝拜者兑换当地的货币,或者替他们保管货币。除了货币的兑换和保管之外,他们还为往来的客商提供异地支付服务。例如,甲地的 A 客商要向数百公里外的乙地 B 客商支付一笔款项,他就可以直接把钱交给甲地的银钱业主,由该银钱业主开具文书,通知他在乙地的代理人向客商 B 支付这笔款项,从而避免了客商 A 长途携带货币去乙地的风险和麻烦。中国古代也曾经有过钱庄、银号、票号,从事汇兑、放债业务,但由于封建社会的漫长,未能实现向现代银行业的转化。

银钱业主和货币兑换商通过从事货币的兑换、保管以及异地支付业务,积聚了大量的货币。部分聪明的银钱业主和货币兑换商率先发现,很少出现所有客户同时取走自己存款的情况,这些商人手中总能沉淀一部分货币。因此他们只需将所收存款的一部分留在自己手中,以备日常的提款需要,其余的可以放贷出去,收取利息,这就是部分存款准备金制度的起源。为了获得更多的存款来支撑发放更多的贷款,银钱业主和货币兑换商开始向存款者支付利息,而非针对这些存款索要保管费,以吸引人们在他们这里存储货币。贷款利率和存款利率之间的差值,便是银钱业主和货币兑换商的利润。当他们这么做时,古代银钱业就开始慢慢向商业银行转变。

近代银行起源于文艺复兴时期的意大利。当时的意大利处于欧洲各国国际贸易的中心地位。在威尼斯和其他几个城市出现了从事存贷、汇兑业务的机构,它们经营贷款业务,但主要面向政府,并具有高利贷的性质。它们除了买卖外国货币外,还接受活期和定期存款。活期存款的过户通常是根据存款人的口头通知进行的。这些经营货币的商人通常坐在长板凳上进行交易,所以意大利人便将他们称为"banco",即坐在长板凳上的人,英文的"bank"一词由此而来。相应地,"bankruptcy"(破产)一词,则是源于存款人砸坏无力偿债的银行家的长板凳这一意大利习俗。在这些银行家中,最著名的是佛罗伦萨的梅迪西家族。该家族在 1397 年建立了世界上第一家银行——梅迪西银行,并在此后的一个多世纪里,控制了整个意大利的银行业。

然而,近代银行经营的那种高利息、以政府为主要对象的贷款业务无法满足日益发展的资本主义工商业的需要,客观上要求建立能够服务于资本主义生产的银行业。这一变化首先出现在英国。

英国的银行家起源于为顾客保管金银的金匠。当时的货币完全是金币和银币。同样地,他们也只会保留一定比例的存款来应付顾客的提款要求。此外,他们经常应顾客的委托,代为保管金银,并签发保管收据。起初,这些收据只用作收据本身的用途,但久而久之,它们进入流通,成为变相的支付手段。渐渐地,为了转让方便,这些收据的金额开始走向标准化,并最终演变成了整数金额的私人银行券,即由银行家发行且可以随时兑现的流通券,这就是纸币的前身。此外,金匠也可以遵照顾客的书面指示,将其保管的金银移交给第三方,这种书面指示即银行支票的前身。早期英国银行业贷款同样大部分面向政府,并具有高利贷的性质。1694年,在政府的支持下,英国成立了第一家股份制商业银行——英格兰银行。它规定的正式贴现率为4.5%至6.0%,大大低于早期银行业的贷款利率,这意味着高利贷在金融领域的垄断地位遭到了动摇。英格兰银行的成立标志着现代银行制度的产生。其他主要资本主义国家也于18世纪末至19世纪初建立起规模巨大的股份制银行。

二、商业银行的职能

(一)信用中介

这是商业银行最基本的职能,也是最能反映商业银行业务经营活动特征的职能。商业银行一方面吸收社会闲置、分散的资金,主要是通过支票存款、储蓄存款和定期存款来筹措资金,另一方面又把吸收进来的资金分配运用出去,主要用于发放商业贷款、消费贷款和抵押贷款等,从而充当资金盈余者和资金短缺者之间的中介。其作用在于变小额资金为大额资本,变短期资本为长期资本,以促进国民经济的持续、稳定发展。

(二)支付中介

这是商业银行为商品交易的货币结算提供一种付款机制。其实质是通过存款在账户上的转移,代理客户支付货款和费用,为客户兑付现款等,成为货币保管人、出纳和支付代理人。但这种代理支付,既不包收也不垫付。在现代经济中,各种经济活动所产生的债权债务关系都要通过货币的支付来清算。由于现金支付的局限性,以商业银行为中心的非现金支付手段发挥了巨大的作用,既节约了流通成本,又加速了货币资金周转和结算过程,同时还给商业银行带来了一定的盈利空间。

(三)信用创造

这个职能是在信用中介和支付中介的基础上发展起来的,而非现金结算和部分准备金制度的建立,又为商业银行的信用创造提供了条件。在这种制度下,商业银行利用吸收的存款来发放贷款,不以现金或不完全以现金形式支付给客户,而是把贷款转移到客户的存款账户上,这样就增加了商业银行的存款资金来源,最后在整个银行体系中形成数倍于原始存款的派生存款,从而扩大了货币供应量。但是商业银行的这种信用创造并不是无限制的,它受到很多因素的影响:一是原始存款的规模大小;二是贷款的需求程度;三是中央银行的存款准备金率、商业银行的备付金率以及贷款付现率大小等。

(四)金融服务

这是在信用中介和支付中介的基础上派生出来的又一个职能。随着社会经济的发展,人们对金融的需求越来越大,对商业银行提供的金融服务要求越来越高,而计算机技术在银行领域的广泛应用,又为商业银行的服务提供了广阔空间,如信息咨询、资信调查、财务顾问、代理融通、现金管理、代收代付业务等。这些业务的开展,一方面扩大了银行与社会各界的联系,增加了客户资源;另一方面也为商业银行带来了可观的服务费收入。

第二节　金融科技与商业银行转型

一、商业银行转型背景

随着客户金融行为与日常生活场景的联系日益紧密,并由线下快速向线上迁移,商业银行的传统、实体优势不再显著。"这个行业不赚钱,而且大多数的模式都行不通。""只有有能力每年至少产生 150 亿美元盈利的大银行,才能在未来承受高额的运营成本,而能活下来的银行只有五分之三。"这是全球管理咨询公司麦肯锡经过对全球各大银行的分析得出的报告,该报告被形象地称为"银行业死亡笔记"。接着,毕马威会计师事务所也发布了一份报告,称到 2030 年,银行将消失,全球百万银行员工面临失业。2016 年 10 月 24 日,美国财经网站报道,银行业的数字化正悄悄拉开大幕,美国大银行大幅关闭网点。中国银行业协会原常务副会长也很早就预言,未来若干年中国 20 多万个银行物理性网点或将不复存在。

从全球宏观层面看,至少有以下三个方面对传统银行非常不利。

第一,针对全球经济低迷,各个经济体,特别是欧洲、日本、澳大利亚等发达经济体采取的负利率、零利率等超低利率政策将银行经营逼到了死角,其利润空间被大大压缩,吸收资金的价格竞争力被大大削弱。2018 年上半年,全球经济持续复苏,但是在中美贸易摩擦等复杂因素的影响下,增速有所放缓。

第二,全球对银行业金融业务的监管力度加大,标准提高,使其违规成本大幅度提高,处罚金动辄百亿美元,其生存环境与空间越来越不宽松,银行业务被束缚。巴塞尔银行监管委员会正着力完成金融危机后制定的《巴塞尔协议Ⅲ》的修订工作。这一协议包括了资本充足率、压力测试、市场流动性风险考量等方面的标准,以应对在 2008 年前后的次贷危机中显现出的金融体系监管不足,而修订中的协议强化了资本充足率的要求,这正是欧洲和日本银行业感到不满的一点。此外,随着金融科技的发展,过度的金融创新使得实体经济发展与虚拟经济发展脱钩,过度杠杆、监管缺位以及衍生品泛滥为金融监管敲响了警钟。服务实体经济、防范金融系统性风险、推进改革成为银行监管主题,银行业监管基调日渐严格。

第三,如摩根大通银行首席执行官所说的:"硅谷已经加入战局——千百个初创企业裹挟着人才与资金虎视眈眈,希望成为传统银行的替代者。"身处金融科技高速发展的时代,商业银行面临的竞争对手已经远远不止其他商业银行。商业银行在支付转账、储蓄、贷款、信贷资产、理财等各项金融业务领域中都面临着来自其他金融机构和非金融机构的竞争。新型金融科技公司快速崛起,通过建立以客户体验为导向、以数据为核心、以互联网高效率扩张为手段的新型商业模式,逐步打破了传统银行的业务垄断格局。金融科技下的市场布局如图 2-1 所示。

在以上三个方面的影响下,商业银行的传统盈利模式遇阻,银行经营所面临的市场竞争环境也发生了巨大转变,传统商业银行增长动能不足。中国银保监会公布的官方数据显示,2018 年银行业金融机构实现净利润 1.8 万亿元,较上年同期增加 825 亿元。2019 年上半年实现净利润 1.1 万亿元。虽然净利润总体规模有所增长,但增速却从 2014 年的 9.65% 大幅下滑到 2018 年的 4.72%,银行资产收益率(ROA)和资本收益率(ROE)也处于下降趋势。2019 年第二季度,银行业景气指数为 40.6%,比上季度降低 0.6 个百分点,比上年同期提高 4.2 个百分点;银行盈利指数为 66.7%,与上季持平,与上年同期相比降低 0.3 个百分点。银行盈利能力

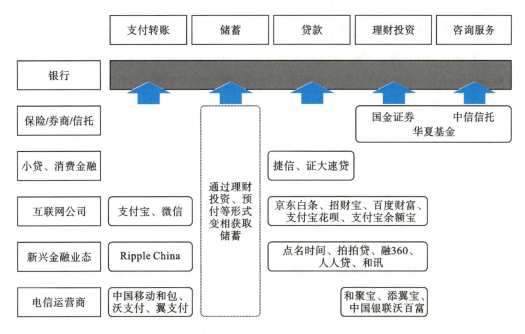

图 2-1 金融科技下的市场布局

的下降与银行业当前息差持续收窄、金融脱媒趋势等密切相关。受经济增速下行、投资回报率下降、存款利率完全放开和基准利率下调等因素的影响,商业银行净息差由 2014 年的 2.70% 收窄至 2019 年上半年的 2.18%(见图 2-2)。存贷利差不断收窄,加剧了商业银行竞争,刺激其寻求新业务范围的扩张,也对银行的风险管理能力和金融创新能力提出了更高的要求。据麦肯锡预计,到 2025 年,全球金融科技企业带来的冲击可能导致商业银行的消费金融领域收入降低 40%,支付领域收入降低 30%,中小企业贷款领域收入降低 25%。此外,财富管理、按揭贷款等领域也将受到明显的冲击。

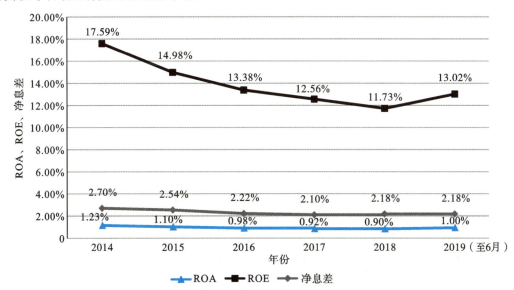

图 2-2 我国商业银行 2014—2019 年 6 月盈利指标及净息差

二、商业银行科技发展路径

20世纪在应用IT技术以前,商业银行体系的运转高度依赖人工作业。随着社会进步,高速发展的社会经济产生巨大的资金流动、支付结算、股票交易等需求,迫使商业银行必须尽快提高后台业务处理效率。在电子计算机、通信线路和磁盘介质的帮助下,千千万万的商业银行从业人员从繁重的手工作业中被解放出来,作业效率也成倍提高。更重要的是,电子计算机的介入显著减少了人工失误带来的损失,受到各商业银行的欢迎。我们称这一时期为"金融后台业务电子化时期"。

伴随着20世纪80年代开始的经济全球化进程,即使后台业务已经高度电子化的商业银行业仍然无法满足每时每刻都在发生的金融需求。银行柜台人员疲于应付大量顾客的同质化需求,有时难免有些怠慢,造成客户流失,而单纯依靠扩大营业网点、增加柜台人员成本又太高。商业银行为了分流银行营业网点的压力,开始提供自助银行服务。自助银行服务开展的一大标志,就是各大商业银行开始广泛部署ATM。1973年末,美国银行业共拥有1935台ATM;到1993年末,这一数字上升至94800台,是1973年的49倍。随着ATM逐渐普及,商业银行前台业务的电子化突飞猛进。在支付领域,商业银行业也开始了电子化的尝试。20世纪80年代末,POS(销售终端)电子资金转账、电子钱包智能卡、建立在电子数据交换基础上的企业之间交易付款自动化等新的金融产品相继出现,极大地促进了支付方式的变革。1998年对美国前100的商业银行个人银行业务支付渠道的调查表明,传统网点的交易币种从56%下降至41%,电子支付渠道的交易比重则从28%上升至31%。此外,商业银行前台业务的电子化也极大地节约了商业银行的人力资源,在减少柜台人员方面的作用更为明显。因此,商业银行前台业务电子化对银行降低经营成本、提高效率和效益起到了良好的促进作用。值得注意的是,技术升级带来效率提升,致使商业银行出现了第一次失业潮。但与此同时,借助于IT,许多新型商业银行业务产品发展起来了。

20世纪90年代初,英国科学家、"万维网之父"蒂姆·伯纳斯·李成功通过Internet实现了HTTP代理与服务器的第一次通信。商业银行作为最早引进IT的行业之一,自然不会错过这一波互联网浪潮。借助互联网的飞速发展,技术洞察力一向敏锐的商业银行开始积极拓展互联网服务渠道,将标准化的银行业务搬到互联网上办理,开始纷纷搭建自己的网上银行。如美国富国银行自1992年起开始建设网上银行,如今已经拥有完善的网络银行服务体系,其在2013年成为全球市值最高的银行,获得了包括巴菲特在内的诸多投资者的青睐。如果说ATM实现"7×24"全天候的自助银行服务,跨越了时间,那么网上银行更是将服务的便捷性演化到极致,跨越了空间,无远弗届。通过网上银行,人们可以随时随地享受诸如转账汇款、网上支付等银行服务。后来,甚至出现了没有实体营业网点的纯粹的网上银行,颠覆了传统的经营模式,如成立于1995年10月的美国安全第一网络银行(SFNB)。

2007年后,随着通信技术的发展和智能手机等移动电子设备的普及,商业银行在移动支付端快速布局,满足客户的移动金融需求。移动支付不仅可以使人们在任何时间、任何地点处理多种金融业务,而且极大地丰富了商业银行服务的内涵,使银行能以便利、高效而又较为安全的方式为客户提供各项服务。2015年后,大数据、云计算、区块链、人工智能等新一波科技浪潮席卷金融市场,商业银行面临新的产品创新与业务模式重构的挑战。

三、商业银行金融科技发展现状

全球银行业正在迈入第四个重大发展阶段——数字化时代,这一阶段最重要的发展主题就是数字化转型。麦肯锡开展的国际银行业调查显示,全球领先银行已经将税前利润的17%~20%用作研发经费布局颠覆性技术,加速数字化转型。例如,花旗银行在走出金融危机的阴影后,认识到依赖并购并维持增长的战略是行不通的,必须大力强化自身的数字能力,才能应对数字时代客户行为和竞争格局的剧变。花旗银行于2012年提出了"移动优先(mobile first)"战略,并在2017年进一步提出"打造数字银行"的新战略,着重关注用户核心需求,强化自身数字化能力,积极拥抱外部伙伴。花旗银行2017年利润比2010年上升了49%,数字化转型成果斐然。摩根大通从2012年首次发布移动银行起就开始全面构建数字银行,秉承"移动优先,万物数字化"的战略启动转型,实施了一系列举措,包括打造领先的数字化体验、布局生态圈、创新数字产品、打造技术型组织的能力。摩根大通每年投入近100亿美元用于支持数字化转型,全行22万名员工中有25%的人员有技术或数据背景。通过数字化转型,摩根大通2017年总收入较十年前翻了一番,利润提升了3倍。2018年第二季度活跃数字用户4700万名,相比2015年增长19%。同时,其数字化转型也得到了资本市场的认可,股价较2008年上升了170%。此外,新加坡星展银行、澳大利亚联邦银行等全球领先银行在金融科技发展背景下,也在大力推进数字化转型(见表2-1)。

表2-1 全球领先银行大力推进数字化转型

银行	数字化转型方式
花旗银行	移动优先:简单化、全球化、数字化
摩根大通	秉承"移动优先,万物数字化"战略,全面构建数字银行
美国第一资本金融公司	以"信息决策"战略为基础,积极推动"科技为先"战略
荷兰银行	分阶段构建泛欧一体化银行,打造无缝式客户体验
意大利联合圣保罗银行	持续开展零售多渠道转型、大数据、数字化工厂、全面IT转型等举措
西班牙对外银行	推动传统业务的数字化转型、优化客户体验、布局金融科技、投资开放银行,以期成为全球数字银行领军者
西班牙国际银行	"油轮和快艇"战略:推动传统业务(油轮)数字化进程,并建立独立运营的平台(快艇)来推动数字化创新
巴克莱银行	技术驱动打造生态圈银行
汇丰银行	开展渠道数字化、产品数字化创新,并运用大数据、新型IT架构及新兴金融科技来全面推动业务模式和组织的数字化转型
澳大利亚联邦银行	打造简单而优质的银行:推动渠道的数字化升级,推动数字化产品创新,聚焦现有业务,提升客户体验
新加坡星展银行	围绕核心市场拓展生态系统,利用数字渠道抢占新市场,同时积极推动"甘道夫计划",布局科技,推动创新文化

我国商业银行也在全方位积极拥抱金融科技发展潮流，加大信息科技基础投入，加速人工智能、区块链、云计算、大数据等领域金融科技布局。早在20世纪90年代，金融业在国民经济中的战略地位就已经得到重新认识，金融电子化被列为国民经济的基础性建设项目。国家计划委员会、国家科学技术委员会将金融电子化项目列入我国重点科技攻关项目。"八五"期间全国金融系统投入的电子化资金超过了100亿元，各商业银行都投入巨额资金发展自己的电子化。

1996年，招商银行率先在国内推出了自己的网上银行"一网通"，并逐步向公司和个人提供信息查询、银企对账、代发工资、网上购物等金融服务。1997年4月，招商银行开通了交易型网站，拉开了我国网上银行发展的帷幕。到2002年末，在国内开展交易型网上银行业务的网上银行达到31家，其中中资银行21家。此后，商业银行金融科技推进速度不断加快。2018年，交通银行信息科技投入较上年增长6.1%。招商银行2018年信息科技投入65.02亿元，同比增长35.17%，是该行当年营业收入的2.78%。全行累计申报金融科技创新项目931个，其中301个项目已经投产上线。同时，招商银行董事会决定将增设的"金融科技创新项目基金"额度由"上年税前利润的1%"提升至"上年营业收入的1%"，加大力度推进实施"创新驱动、零售领先、特色鲜明的中国最佳商业银行"战略。平安银行将"科技引领"作为全行首要发展战略，科技投入大幅增长，2018年IT资本性支出25.75亿元，同比增长82%，全行科技人力较上年末增长超过44%。

在金融科技发展背景下，企业和居民的资产配置日趋多元化、金融脱媒趋势加速以及银行业政策监管趋严等内外部因素使得商业银行难以依靠传统的经营模式发展，需要寻找新的利润增长点。场景化获客、通过科技手段满足客户需求、提升运营效率和服务质量，正是金融科技能够与商业银行相结合的领域。尽管金融科技所产生的金融服务发展迅猛，但其不可能完全覆盖商业银行的所有业务，商业银行的主体地位在短期内也不会因为金融科技的发展而动摇，更大的可能性是商业银行通过与金融科技的深度融合来加速其转型升级。具体而言，各国商业银行在金融科技上的着力点可大致概括为三点：

第一，借助金融科技开展新业务，优化服务模式。例如，把轻管理、轻运营做到极致，持续深耕"轻型银行"战略，大力发展智能网点、智能客服。布局以移动支付为代表的新型电子支付业务，依托于大数据、云计算、区块链和人工智能等信息技术向更多公众提供低门槛、高匹配的理财投资产品，扩大智能投顾的应用范围等。

第二，探索创新经营模式。例如，基于网络的中间业务，发展电子银行、移动银行、直销银行、银行系电商平台底层新的经营渠道和模式，积极介入应用场景建设，大力推动批量获客并增加客户黏性。

第三，加强银行金融科技综合生态建设。一方面，积极与外部金融科技公司合作，签订各类框架性的战略合作协议，成立各类实验室。例如，工商银行与京东金融签署了金融业务合作框架协议，建立"七大创新实验室"，构筑新一代业务、IT和数据架构，打造"数据化、智能化、智慧化"的经营管理和金融服务体系；农业银行与百度共建"智能银行"和金融科技联合实验室；中国银行与腾讯携手成立金融科技联合实验室；交通银行与苏宁共同设立"交行·苏宁智慧金融研究院"；等等。另一方面，成立银行系的金融科技公司，加强金融科技基础设施建设，从而引领未来核心技术。例如，平安集团成立平安金融壹账通，兴业银行设立兴业数字金融服务股份有限公司，招商银行成立招银云创，建设银行成立建信金融科技等。这些金融科技公司主要从事软件科技、平台经营及金融信息服务等，以服务整个集团和进行科技创新能力输出。

阅读材料 2-1

金融科技战略由支撑发展走向主动赋能，银行数字化转型将进入深水区

近年来，商业银行为促进自身金融科技转型，满足市场科技服务需求，应对互联网金融科技公司竞争，开启了成立金融科技子公司的大幕。《金融时报》记者注意到，截至2020年末，共有12家银行成立了金融科技子公司。

招联金融首席研究员认为："银行成立金融科技子公司，是顺应金融科技发展大势。金融科技战略正在由落子布局到精耕细作，由支撑发展走向主动赋能。"

当前，金融科技已经成为商业银行数字化转型当中的重要驱动力和关键支撑力。工商银行相关负责人表示，随着5G、量子计算、多方安全计算等数字化技术快速发展，银行数字化转型加速发展，数据资源价值将更为凸显，商业银行数字化转型未来将向业务全面数据化、产品服务更智能化、银行服务全面开放化与生态化方向发展，数字化转型将进入深水区。

（一）银行系科技子公司加速扩容

2015年12月，兴业银行成立"兴业数字金融服务（上海）股份有限公司"，开创了商业银行成立金融科技子公司的先河。

苏宁金融研究院高级研究员认为，从金融数字化角度来看，银行对于科技的要求越来越高，银行设立金融科技公司一方面保证银行在金融科技方面独立运营，另一方面也能够更好地服务于母行并且向外拓展业务。

招联金融首席研究员表示，银行设立金融科技公司能够更好地对银行科技人员进行单独激励，发挥子公司优势，实行市场化薪酬以及其他激励手段，比如股权、期权激励等，这在母行体系内是很难做到的。通过成立金融科技子公司，找到一块创新试验田，以此为契机，可更好地推进金融科技发展，推进数字化转型。在条件成熟时，通过子公司将银行的科技优势、业务优势对外输出，赋能金融业，可为整个金融行业甚至非金融行业提供服务。此外，通过子公司方式为银行业的体制机制改革创新进行一些探索，既能保持母公司总体运营的稳定，又能在特定范围内进行改革探索，更容易建立容错、试错机制，使改革创新的风险更为可控。

（二）由落子布局到精耕细作

银行系金融科技子公司依托母行优势及自身发展特点，搭建起各自的金融科技产品体系，在服务集团内部的基础上，开展技术输出服务。

一位股份制银行科技子公司负责人告诉《金融时报》记者，比起互联网系科技公司，银行系金融科技子公司在业务及服务方面更占优势，因为银行更懂银行。

"银行系金融科技公司对金融业务理解深刻，风险偏好、技术研发更贴近银行业实际，并且背靠母行资金资源多。但是银行系金融科技公司也有它的劣势：一方面，市场化的机制没有建立起来，这些市场化机制包括激励约束机制，比如薪酬等；另一方面，银行系金融科技公司对市场的理解要弱一些，缺少一些市场化的基因。"招联金融首席研究员认为。

因此，如何找准定位，走出一条符合自身实际、可持续的发展之路是银行系金融科技子公司必须思考的问题。

中南财经政法大学数字经济研究院执行院长认为："依靠银行起家的金融科技公司，未来需要充分发挥深耕银行业务多年、熟悉监管合规性的优势，结合银行业务重塑银行生态，基于银行打造创新型场景化服务，重视客户体验和互联网运营能力的提升，这样才能取长补短，在

金融科技领域取得突破。"

此外，专家建议，银行系金融科技公司未来应进一步适应市场化节奏和步伐，以市场金融服务需求为导向，进一步优化创新机制和管理体制。同时，以提高金融科技公司运营效率为核心，采用扁平化的管理模式，将银行金融科技公司打造成真正可以实现独立运营的市场主体。在激烈的市场竞争环境下，银行系金融科技公司应充分整合和挖掘背后的集团资源优势，依托独有的资源优势打造核心产品，在某一技术领域进行深度研发，通过差异化竞争实现长期生存发展。

(三) 2021年银行数字化转型将提速

2019年8月，中国人民银行印发的《金融科技(FinTech)发展规划(2019—2021年)》(以下简称《金融科技发展规划》)提出，到2021年，建立健全我国金融科技发展的"四梁八柱"，进一步增强金融业科技应用能力，实现金融与科技深度融合、协调发展，明显增强人民群众对数字化、网络化、智能化金融产品和服务的满意度，推动我国金融科技发展居于国际领先水平。

数字化转型成为各大金融机构创新驱动的重要环节，主要体现在获客、渠道运营、风控管理、产品建设等领域以及围绕大数据、金融云等构建自身的金融科技基础设施方面。

对于商业银行如何深化数字化转型，工商银行相关负责人表示，未来商业银行应围绕"数据＋技术＋平台"夯实数字化转型基础，不断创新产品服务、运营管理、风控等业务领域，持续推进数字化转型，同时加强外部合作，提升业务合规性与技术领先性。

首先，商业银行应持续推进数据保护及治理，完善数据体系，提升数据处理能力并强化数据创新应用，做实、做强、做活数据资产，夯实数据基础，发挥数据生产资料价值，创造业务价值。

其次，结合未来技术发展趋势看，商业银行应该重点加速推进信息系统软硬件国产化，加强金融科技研究，推动IT系统架构转型，为业务创新提供数字化能力，支撑业务经营转型发展。

最后，银行业应积极参与金融行业技术与应用标准的制定推广，参与权威机构的创新工作，加强与金融科技公司、头部企业、知名高校等产学研合作，借助外部力量提升业务合规性、技术规范性与领先性。

第三节　金融科技与商业银行创新

一、金融科技背景下对商业银行的关键要求

新技术层出不穷，而且与消费者的生活紧密结合。对于全球25亿未享受或未充分享受到银行服务的消费者来说，金融科技可以把银行服务带给这些消费者。同时，金融科技也会使全球4500多万家未充分享受到银行服务的中小企业拥有更大的财务灵活性。本书从客户、投资者、银行三者的角度分别看待对商业银行的关键要求。

(一) 从客户视角看对商业银行的关键要求

在零售端，未来商业银行应当能够做到以下五点：

第一，全方位的定制体验，可以使客户对他们的资金和金融生活有一个全面、直观的了解，其中包括他们的账户、存款余额、交易、未偿还贷款、定期支付、养老金缴款、公积金以及证券账户的情况。为不同的客户群体量身定制服务，如小型商户和非正式商户、大众富裕阶层、青年人群、出境旅行者或低收入客户。此外，为客户提供贷款利率较低的可信赖贷款源。

第二，端到端的数字化，可以为客户提供全数字化体验，包括无纸化应用和充分了解你的

客户(KYC)流程,还可以提供直观交互式的数字财务规划师,组织客户的财务生活并优化其资源,如即时现金流需求、储蓄、医疗费用、教育、退休生活、投资等。客户能够以电子方式申请抵押贷款,为家庭住宅保险、责任保险、医疗保险和旅游保险提供更有竞争力的保险合同,并将信用检查程序扩展到社交媒体。此外,还可以提供与商业银行活动有关的报告文件,如税务报表等。

第三,移动先行,支持本地移动设备的电子支付解决方案,包括国内和国际的支付和汇款、自动账单支付以及 P2P 支付和转账。

第四,提供无缝的外汇服务,提供多种货币账户规避汇率波动风险,如提供一整套对冲外汇风险的工具,包括远期合约、现货合约、掉期和期权等。

第五,提供生物特征识别技术,将其作为核心凭证的用户就像使用个人身份识别码(PIN)或密码一样,可以登录验证身份,为用户提供额外的保护措施。

(二)从投资者视角看对商业银行的关键要求

金融科技为商业银行带来的变革是银行业务发展过程中的必经之路,带来的投资机会也令人兴奋。与传统银行相比,商业银行借助金融科技通过多种方式创造价值,具体体现为以下五点:

第一,数字支付,包括国内和国外的移动和在线支付,以及移动 P2P 支付。数字支付能够增加银行收费和利息收入,并向更广泛的客户群体提供更加多样化的服务。

第二,数字钱包,这对于建立在增值服务基础上的数字商务和生态系统是至关重要的,并且还降低了客户的交易成本和银行业务的融资成本。

第三,数字销售与银行产品的重新设计。人工智能通过社交媒体等渠道辅助银行产品的销售,这与电子商务领域消费者偏好和行为的变化趋势相契合,特别是针对年轻一代和精通技术的客户来说尤其重要。

第四,数字投顾。商业银行借助金融科技转型为可信赖的财务管理者,明确客户的财务生命周期需求。在这种信赖关系中,客户依赖商业银行数字投顾服务,根据个人目标和偏好优化投资组合。

第五,智能大数据。先进的分析技术使商业银行将数据进行更为深化地处理,更有针对性地为客户提供服务。

(三)从银行视角看对商业银行的关键要求

就本质而言,金融科技背景下的商业银行是金融科技公司与传统银行的混合体。在这种情况下,商业银行的成败通过其采用的技术和分析方法来衡量,而非通过产品线来衡量。对商业银行本身的关键要求主要体现为以下五点:

第一,构建全新的 IT 基础架构,提供最先进的风险管理技术,优化银行资产负债表,实现显著高于传统银行的资本回报率,同时采用现代监管技术,确保实时遵守不断变化的银行业法规。

第二,采用最先进的数据库技术,应对呈指数增长的数据、新的互联网技术和分析方法。目前的发展潮流是数据库技术基于分布式账簿框架来设计。

第三,采用先进的数据分析系统。商业银行拥有丰富的客户数据,透过这些数据银行可以预见客户未来的选择。商业银行必须能够实时评估收集到的客户交易,并使用深度学习和其他概率算法把交易关联起来,预测客户未来行为。此外,商业银行还必须根据客户的偏好和法律要求制定客户隐私保护政策。

第四，采用人工智能技术，从纷杂的数据中自动选择最佳处理方法，使银行能够动态采用新信息，了解客户完整的财务状况，包括信贷价值、债务能力、风险偏好等。人工智能还可以快速适应客户需求，在适当的时间提供最合适的产品，并随着客户的需求变化而动态更新。

第五，采用全栈业务模式，这对全方位改善客户体验至关重要。这种业务模式可以促进银行在监管框架下的合规性，强制执行洗钱和欺诈预防措施，保障客户的安全。一般而言，智能欺诈检测和补救系统要比常规方法更有效。

二、银行系金融科技子公司

银行系金融科技子公司是指商业银行控股或持股的以金融科技为主要业务的子公司。2015年以来，在市场拉动和外部竞争等因素的推动下，国际商业银行通过成立金融科技子公司的方式进行金融科技转型和布局，以进一步实现内部转型孵化、突破传统体制以及输出金融科技。

金融科技子公司是商业银行布局金融科技的先行者。在股权结构方面，我国银行系金融科技子公司主要分为外部合资型和全资持有型两类。外部合资型是指银行作为控股股东，与其他外部机构共同出资成立金融科技子公司，其优势在于兼顾各方在银行、证券以及支付系统中的研发特长，可充分借助合作机构的技术、资源及人员优势共同发展。全资持有型是指银行为金融科技子公司的唯一出资方，持有100%的股份。全资持有型的优势是银行可对公司进行统一化管理，集团内部联系更为紧密。银行系金融科技子公司如表2-2所示。

表2-2 银行系金融科技子公司

金融机构	金融科技子公司	注册成立时间	股权占比	注册资本/万元
兴业银行	兴业数金	2015年11月10日	兴业财富资产管理有限公司持股51%	50000
平安集团	金融壹账通	2015年12月29日	深圳平安金融科技咨询有限公司持股44.3%	120000
招商银行	招银云创	2016年2月23日	深圳市金尊投资发展有限公司持股100%	5000
光大银行	光大科技	2018年12月20日	中国光大集团股份公司持股100%	10000
建设银行	建信金科	2018年4月12日	建银腾晖（上海）环保股权投资管理有限公司持股100%	160000
民生银行	民生科技	2018年4月26日	民生置业有限公司持股100%	20000
华夏银行	龙盈智达	2019年5月30日	华夏银行股份有限公司深圳分行工会委员会持股100%	2100
工商银行	工银科技	2019年3月25日	工银国际投资有限公司持股100%	60000
北京银行	北银金科	2019年5月18日	北银置业有限公司持股100%	5000

银行系金融科技子公司依托母行优势，建立起自身产品体系，提供有效的科技支撑，在前台、中台、后台全方位为银行运营提供战略规划、流程优化、内部管理、整体咨询等服务。在前台，通过智能认证、客户识别和管理等提供高效、精准的前端服务；在中台，搭建起存、贷、汇等业务系统和交付平台，提升中台运营的智能性和敏捷性；在后台，搭建安全、稳定的IT架构和技术平台，支撑整体业务流程。银行系金融科技子公司产品体系及主要优势如表2-3所示。

表2-3 银行系金融科技子公司产品体系及主要优势

公司名称	产品体系	主要优势
兴业数金	"4朵云"的产品体系 (1)针对中小型银行的"银行云"解决方案 (2)针对政企客户和小微企业客户的"普惠云"解决方案 (3)为证券、基金等非银行金融机构提供的"非银云"解决方案 (4)面向兴业银行集团以及所有外部客户提供的安全可靠的全方位云计算资源和服务"数金云"	(1)兴业银行同业业务优势。将自身的IT能力作为同业合作的一部分，并以"银银平台"为载体，正式开始IT输出 (2)银行业内IT输出方面的口碑优势。兴业银行参与编写《银行业金融机构信息科技外包风险监管指引》《银行业信息科技非驻场集中式外包制度》，牵头起草《中小银行信息系统托管维护服务规范》，成为行业内信息科技外包规范的引领者
金融壹账通	(1)针对中小银行的智能银行云服务 (2)针对保险公司的智能保险云服务 (3)为证券、基金等金融机构提供的智能投资云服务 (4)将部分科技组件通过开放API的方式打造开放平台，为金融机构提供相应服务	(1)平安集团致力于零售智能银行的发展新模式，打造以"SAT(社交媒体+客户端应用程序+远程服务团队)+智能主账户"为核心的智能化、移动化、专业化的零售银行服务 (2)客户构成优势。除了中小银行、证券、基金等金融机构外，保险公司也成为重要客户群体；依托平安集团8000万名保险客户，以及陆金所、橙e网、跨境e金融、理保云等一系列场景化服务，平安银行本身具有批量获客优势 (3)平安银行综合化经营优势。通过区块链、大数据、人工智能在系列场景化服务中的探索、改进，平安银行探索出成熟的金融科技应用模式
招银云创	(1)包括云灾备解决方案、大数据平台解决方案在内的金融基础云服务 (2)包括互联网投融资、营销、支付在内的金融业务云服务 (3)专项咨询与服务，包括IT规划与数据中心规划、管控一体化规划等 (4)全方位整合招银系金融领域的科技能力，并整合零售银行、交易银行、消费金融、直销银行(投融资)等领域的服务能力，以金融云的方式一并向招银系和金融同业输出	(1)科技优势。招行构建了混合云架构，新建分布式交易平台，目前总体核心账务平台峰值处理能力达到3.2万笔/秒。招行大数据基础设施牢固，数据湖涵盖全行各类服务数据，并在此基础上构建了通用机器学习的算法库及人工智能运算深度学习技术。同时，招行具有20多家国内先进数据中心的管理经验 (2)服务优势。招行在零售银行、交易银行、消费金融、直销银行(投融资)等领域的服务能力在业内具有较为明显的优势

续表

公司名称	产品体系	主要优势
光大科技	(1)在总行层面成立云缴费事业中心,主要承担光大云缴费平台的对外合作、品牌建设、市场营销、平台建设、便民金融产品研发、大数据运用等职能,尝试推进业绩考核独立、激励机制独立等,以盘活业务推进的能动性 (2)光大云缴费科技有限公司的目标是致力于构建"大集团+生活+服务"普惠生态系统,持续打造目前国内最大的开放式缴费平台	(1)光大银行在依托金融科技优化金融产品和服务的同时,不断强化创新领域的配置和投入。推出云缴费平台,将复杂繁乱的业务集中在一起,制定统一的接入和输出标准,与全国范围内数百家机构达成合作,开拓全新的B2B2C服务模式,为用户提供一键式缴费服务,云缴费平台成为光大银行科技输出的重要载体 (2)光大集团具有全牌照优势,能为各类金融机构开展技术服务。此外,光大集团还拥有包括旅游、制药、环保在内的实体,有利于与金融企业和互联网金融科技公司共同打造生态圈,更好地为客户服务
建信金科	(1)一些标准单一产品的输出,如风险计量、人脸识别等 (2)通过搭建综合平台,解决客户在定价与报价、资金交易、客户管理方面的问题 (3)依托"新一代"核心系统为客户输出整体系统解决方案和提供专项咨询等服务	(1)技术优势。系统全面竣工并成功上线,率先建成国内最大的金融私有云,其可信度、业务服务能力等在业界具有较大优势 (2)业务优势。在"新一代"核心系统带来的技术支撑下,建行在金融产品创新、营销、运营、风险管理、数字化服务方面的业务能力得到全面优化,"新一代"技术优势正逐步显现为业务优势 (3)G端客户优势。建行因其国资背景,通常更能受到政府、事业单位等G端客户的青睐。尤其是近年来建行积极响应国家号召,切实履行国有大行的社会责任,打造住房租赁平台"CCB建融家园",全力推动住房租赁市场健康发展,使G端客户关系良好
民生科技	(1)在渠道端,通过远程银行、PaaS平台、API接口等方式提供渠道整合与能力共享 (2)在产品端,通过分布式核心账户、信贷、支付等核心系统,以及客户管理、财富管理、大数据平台等产品,提供业务支撑服务 (3)在零售、对公、智能运营、风控等方面将沉淀多年的金融业务及技术经验,搭配成熟的产品组合,为客户提供最专业的解决方案	(1)民生银行的创新意识强、创新效率高,将"科技金融"列为三大发展战略之一,加速推进科技金融建设,以"数据+技术"双轮驱动改革转型,着力打造数字化智能银行 (2)在互联网金融领域,民生银行打造了手机银行、直销银行、移动支付、网络支付、网上银行、微信银行六大网络金融平台,提供了日益丰富、便民惠民的互联网金融产品服务矩阵,构建了"金融+科技+生活"的互联网金融生态圈,满足了客户的差异化金融服务 (3)在技术领域,民生银行大力发展新兴科技,优化底层技术。分布式核心金融云平台上线并顺利实施了12万个直销银行电子账户的"上云升级"

商业银行成立金融科技子公司主要基于三个方面的因素。从自身发展方面来看,成立金融科技子公司是商业银行内部孵化金融科技竞争力的重要手段,市场化机制有利于突破商业银行传统体制带来的制约,便于银行科技输出,打开全新的服务市场。从市场需求方面来看,

中小型金融机构缺乏自主转型能力,亟须借助外力获得金融科技转型支持。从外部竞争方面来看,互联网金融科技公司在金融科技服务市场上占据较大的市场份额,与商业银行进行正面竞争。

与互联网系金融科技公司相比,银行系金融科技子公司拥有一定的优势。行业资源方面,银行系金融科技子公司对金融行业运营以及中小型金融机构需求的理解更为深刻。在金融核心业务系统的搭建、咨询输出等方面比互联网系金融科技公司更具有行业优势,更容易打开金融机构的服务市场。集团资源方面,银行系金融科技子公司除了能够为金融机构客户群提供技术支持以外,还可以在技术上叠加集团化的资源、经验、战略与服务。同时,结合银行自身平台服务,可以直接输出融合场景和渠道的产品。监管合规方面,商业银行在金融信息服务领域掌握了关键的标准制定资源,在保护私有数据托管合规性等方面具有天然优势。线下资源方面,商业银行通过庞大的物理网点积累了丰富的线下客户资源,并具备线下运营能力。银行系金融科技子公司能够顺应上述特点,在提供线上金融科技服务上更加贴合线下金融服务要求。

但是,与互联网系金融科技公司相比,银行系金融科技子公司也存在一定劣势。首先,组织架构不够市场化。银行系金融科技子公司虽为独立运营的法人机构,但发展初期仍然受到母行管理机制的影响,业务决策流程往往较多,需要进行层层权限审批。而金融科技发展日新月异,市场瞬息万变,对业务决策效率要求较高,故银行系金融科技子公司在公司治理方面仍有很大的调整空间。其次,业务场景不够深入。商业银行长期以来奉行"以产品为中心"的经营模式,忽视了市场需求的变化。在场景类金融逐渐成为金融服务重要手段的背景下,商业银行在第三方支付、消费金融等方面的渗透率仍然达不到互联网系金融科技公司的水平,极大限制了其线上获客的能力。最后,底层技术开发不足。与互联网系金融科技公司相比,银行系金融科技子公司主要是在金融场景上叠加技术,更注重通过技术手段搭建平台,构建金融生态圈,在底层技术上的研发能力和专利水平相对较低。

阅读材料 2-2

民生科技有限公司

2018年5月,民生银行成立金融科技子公司——民生科技有限公司,定位于"立足母行、服务集团、面向市场",着力探索市场化的科技开发模式,提升母行和集团的科技水平,并在此基础上对其他金融机构进行金融科技输出,加快推动科技创新对金融服务的促进作用。民生科技借助民生银行沉淀多年的金融业务及技术经验,搭配成熟的产品组合,为民生银行集团及合作伙伴提供全体系的数字智能化、数字人性化金融科技综合服务。在渠道端,通过远程银行、PaaS平台、API接口等方式提供渠道整合与能力共享。在产品端,通过分布式账户、信贷、支付等核心系统和客户管理、财富管理、大数据平台等产品,提供业务支撑服务。同时,民生科技在零售、对公、智能运营、风控等方面将沉淀多年的金融业务及技术经验,搭配成熟的产品组合,为客户提供最专业的解决方案。

三、智能网点

随着银行业务数字化水平不断提升,银行网点客流量、交易量正在萎缩。与此同时,由于租金和人工成本的上升,网点的投资回报率正在不断下滑。未来银行是否还需要网点?网点应当如何定位?这些问题成为全球各大银行关注的核心问题。

客户行为变化以及新技术的涌现并未宣告银行网点的终结,而是预示着"智能网点"的到来。智能网点利用科技促进销售,显著改善客户体验。如果应用得当,智能网点可以改变银行的运营方式,大幅降低面积要求,同时改变与客户的互动,使销售目标更精准,相关性更强,服务到销售的转化率更高。从成本节约和销售增长方面来衡量,智能网点可以令网点效率提升60%~70%。虽然很多银行已经在着手部署智能网点的相关要素,但实现智能网点的建设并非采购安装几台新设备这么简单,它主要基于三个方面:一是与智能网点相关的前沿技术已经变得更廉价、更可靠、更容易获取,银行应当对这些技术进行无缝整合;二是在各地采用全新的、无柜员、无台面的网点模式;三是应用数字化技术和先进分析法提升网点运营效率,包括个性化、数据驱动的销售以及实时业绩管理与技能培训。

智能网点出现的意义不仅仅是重新设计和革新客户互动方式,还要求银行从根本上改变对网点及其人员的认知及支持方式。数字化技术不是原有实践和流程的点缀,它应当深入到客户互动和员工的日常工作中。智能网点的目标是将超过90%的简单客户活动变成自助或半自助式,让销售和服务流程简洁、统一、无纸化,并应用新一代分析技术提供真正与客户相关的个性化产品或服务。

在智能网点的建设过程中,智能客服的发展和应用尤为重要。智能客服是在借助自然语言处理技术、深度学习、虚拟现实技术(VR)、增强现实技术(AR)和全息投影技术等新兴技术的基础上建立起来的一套面向行业应用,适用于进行大规模知识处理、自然语言理解、知识管理、自动问答和推理等专业技术服务的系统。目前,商业银行的智能客服开发主要以人工智能技术应用为主,常见于智能语音质检、智能语音导航、实体智能机器人、在线客服机器人和智能外呼系统。

传统客服与智能客服的对比如表 2-4 所示。

表 2-4 传统客服与智能客服对比

客服类型	优点	缺点
传统客服	(1)人性化、解决方案的针对性强 (2)有温度的互动交流	(1)一线岗位工作强度大 (2)经营成本高,简单重复劳动 (3)易受个人情绪干扰,客服素质参差不齐
智能客服	(1)全天候,服务成本低,便捷、高效 (2)响应速度超快,支持海量业务量 (3)驱动人工服务向高价值服务转型	(1)程式化服务,应急能力弱 (2)受制于智能知识库的维护升级

阅读材料 2-3

中国各银行智能网点快速发展

当前,中国领先商业银行正在大规模改造现有网点。2018 年以来,银行网点离柜率接近 88.67%,实现了线上办理大部分业务。建设银行等领先银行甚至已经开始了无人网点的尝试。2018 年 4 月,建设银行在上海建立国内首家无人银行,该无人银行融合了 AR/VR 技术、生物识别以及全息投影等多项人工智能科技。其中,生物识别技术广泛应用在无人银行的出入闸机、智能机器人、VR 看房、VIP 室以及各种金融自助设备上,全程无须任何柜员参与,且不需要携带任何证件，凭借自身生物特征即可完成。为了抓住金融科技带来的机遇，其他银行网点也正在加快自身的数字化转型。各银行智能网点发展情况如表 2-5 所示。

表 2-5　各银行智能网点发展情况

银行	智能网点发展情况
工商银行	完善"智能＋人工、线上＋线下、远程＋近场"等服务供给，推进网点优化建设。截至 2018 年末，完成智能化改造网点 15410 个、智能设备 75756 台
建设银行	加快推进网点数字化，集成现代科技打造数字化智慧银行网点和数字化展厅，运行智慧柜员机 49687 台，为客户提供线上线下一体化智能服务
中国银行	(1) 全面推进以智能柜台为核心的新一代网点智能化建设 (2) 2018 年，智能柜台完成 9 次迭代升级，投产 41 大类、186 子类服务场景，基本建成涵盖基础金融、重点销售、线上线下协同、国际化特色以及对公业务五大产品的智能服务体系
农业银行	(1) 统筹推进以布局调整、分区优化为重点的网点"硬转"和以流程优化、模式创新为核心的网点"软转"，提升网点智能化、轻型化水平 (2) 截至 2018 年末，完成"硬转"网点 2089 个、完成"软转"网点 10988 个 (3) 全面提升网点设备智能化水平，2018 年末在线运行现金类自助设备 9.69 万台、自助服务终端 4.48 万台，日均交易量 2240 万笔
交通银行	(1) 加快网点智能化、轻型化建设步伐，保持全行高覆盖、多触点、优服务的线下网点布局优势；打造"综合型旗舰网点为骨干，轻型智能网点为主体，无人银行为触点"的线下网体系 (2) 2018 年，境内行自助设备总数达 2.06 万台，离行式自助银行总数达 2621 个，离行式自助银行与非特色人工网点配比为 1.02：1，自助渠道交易笔数达 3.30 亿笔，自助渠道交易金额达 2.76 万亿元
浦发银行	(1) 加快网点智能化建设，落实减柜增智工作方案，创新推出 i-Counter 智能柜台，优化厅堂动线，促进柜面业务迁移和人员释放，网点零售业务分流率近 90% (2) i-Counter 智能柜台：通过对生物识别、音/视频、无线等新技术的运用，对传统银行业务流程进行再造，促进网点业务由柜面向智能机具的迁移，提升客户服务效率和网点工作效能，助力网点数字化转型升级
兴业银行	应用"兴业慧眼"，实现厅堂 VIP 客户识别应用，支持网点差异化服务和精准营销

2018 年 9 月，招生银行在官方 App 中推出了以语音识别与人工智能为基础的智能语音助理"小麦"。用户可以通过语音输入指令，快速办理转账、理财收益查询等常规业务。该创新应用突破了用户的传统交互体验，提高了客户服务的差异性。民生银行于 2018 年 9 月发布线上银行"远程银行 1.0"，力求提供一种"有温度的线上银行服务"，并推出"云管家"客户服务模式，即围绕客户对各种产品的咨询和服务进行整合，提供"管家式"的客户服务。中信银行于 2018 年 10 月也推出了我国第一款利用手机银行进行纯语音办理业务的产品，客户只需在手机银行中"说"出需求，基于腾讯云智能语音技术的手机银行即可为客户提供相应服务。

四、互联网银行

互联网银行是以云计算、大数据等为核心技术，以互联网为核心渠道，为用户提供线上金融服务与产品的一种新兴模式。它依靠强大的网络、数据、资源和技术提供一系列基于互联网的综合金融服务,具有重线上轻线下、高度依赖流量和场景等特点。互联网银行可以为客户提供全面和充分的产品,数字化属性突出。

2015年1月4日,时任国务院总理李克强在深圳前海微众银行敲下电脑回车键,卡车司机徐某就拿到了3.5万元贷款。这是深圳前海微众银行2014年5家试点民营银行中第一个筹备完毕后开业的银行,是第一家具有互联网金融意义的银行。它既无营业网点,也无营业柜台,更无须财产担保,而是通过人脸识别技术和大数据信用评级发放贷款。

微众银行业务体系如图2-3所示。

图2-3 微众银行业务体系

互联网公司纷纷参与设立民营银行,目前已有近20家民营银行获批,业务主要包括供应链金融、草根信贷、产业链金融,以及O2O银行、B2B金融服务、生活互联网＋金融等。其中,接近一半直接定位成互联网银行。除了微众银行外,最具代表性的还有网商银行、新网银行等。

阅读材料2-4

网商银行的成立与优势

网商银行是由阿里巴巴集团作为母公司,由蚂蚁科技集团股份有限公司、上海复星工业技术发展有限公司、万向三农集团有限公司和宁波市金润资产经营有限公司共同发起设立的,持股比例分别为30％、25％、18％和16％。网商银行的主要服务领域为小微企业融资、年轻人创新创业以及农村普惠金融三类,采用"小存小贷"模式开展业务,以"网商贷""企业网银"等小微产品为核心产品。网商银行背靠阿里巴巴集团,在蚂蚁集团的基础上开展金融业务,拥有蚂蚁小贷、芝麻信用等金融产品经验,还能够得到阿里巴巴集团的数据和技术支持。网商银行不仅数据来源较广,拥有大量消费数据及用户数据,而且在技术方面具有保障,为提升自身的风控水平打下了基础。阿里巴巴在淘宝、天猫、支付宝等平台积累的巨大存量客户资源能够在极短的时间内注入网商银行,提供庞大的交易信息。网商银行在提供小额贷款方面具有传统商业银行无法比拟的优势。

互联网银行具备四个方面的特征:

一是轻资产。互联网银行的服务人群主要是长尾客户。与传统商业银行线下物理网点较多、对风险的把控要求较高、主要针对大中型客户等不同,互联网银行没有实体物理网点,具有成本低、机制灵活、对风险容忍程度高的特点。在客户群体上,互联网银行主要面对中小微企业、"三农"等长尾客户,利用互联网属性与大数据背景开展线上金融业务。

二是平台化。互联网银行本质上是一种平台经济。互联网银行大多拥有互联网企业背景,是平台经济的一种具体实现形式。与传统金融业开展业务的渠道不同,互联网银行具有成熟的互联网技术和丰富的数据资源,在很大程度上能解决信息不对称的问题。利用互联网企业自身的平台优势,可实现精准获客、精准营销,为客户提供多元化服务,提高自身竞争力。

三是普惠性。随着金融科技的迅速发展,信息可及性和普惠度不断提升,互联网银行相较于传统商业银行的普惠性优势更加明显。互联网银行可以通过不同的途径和模式让更多的人享受到更多的金融服务。同时,在产品的设计方面,互联网银行更加人性化,更加重视客户体验。

四是信息化。互联网银行利用互联网企业平台,实现了物流、信息流、资金流的高度融合,具有庞大的客户基础和较高的客户忠诚度。传统商业银行以资金流为主,信息流较少,更少有物流的参与。互联网银行在平台发展的基础上,通过集合信息流、物流及相关行业资源,满足了客户对社交、信息交流的需求,增强了平台与客户的交互,扩大了获客范围,提升了客户忠诚度。

尽管近年来我国互联网银行发展迅速,但业务模式仍然受到一定程度的制约。首先,银行账户有限制。2015年12月,《中国人民银行关于改进个人银行账户服务 加强账户管理的通知》发布,将银行账户分为Ⅰ、Ⅱ、Ⅲ类账户。当前,纯线上互联网银行的业务无法开设Ⅰ类账户,相较于传统商业银行而言部分业务无法开展。其次,资金渠道单一。互联网银行对同业机构的依赖程度较高,吸储能力薄弱,负债端资金大部分仍靠股东资金支持及同业机构负债,资金来源渠道较为单一,整体业务架构存在一定缺陷。最后,相关法律尚不完善。互联网银行发展较晚,是近年来的新兴产物。目前,我国关于互联网银行的法律法规不断出台,但相关监管仍较为欠缺,部分业务界限不是非常明确。

思考题

1. 商业银行的职能是什么?
2. 商业银行转型背景是什么?
3. 金融科技背景下对商业银行有什么关键要求?
4. 什么是银行系金融科技子公司?
5. 互联网银行与传统银行有什么区别?

第三章　金融科技与证券行业

第一节　证券行业的产生和发展

一、证券市场概述

证券是有价证券的简称,是指具有一定价格、标示某种财产所有权或债权的书面凭证。它在使用中只能以货币价值表现和支付,一般包括货币证券和资本证券。货币证券是指商业或金融机构的支付工具,如支票、本票和汇票等。资本证券是指表示投资及其收益的凭证,主要包括股权凭证(股票)和债权凭证(债券)。资本证券就是从资本市场角度来考察证券,也就是在资本市场以直接融资方式实现的各种金融活动。国际证券就是依托于国际金融市场而存在的各种证券的总称。

二、股票

股票是由股份有限公司发行的、由股东持有的、代表股东在股份公司中拥有股权的凭证,是资本市场上无偿还期限的永久性有价证券。股票分为国内股票和国际股票。

国内股票是指在本国发行的、以本币为面值的由本国投资人(股东)所持有的股权凭证。国际股票是与国内股票相对应的范畴。从发行市场的角度界定,它是指外国企业在本国发行的、以本币或境外货币为面值的、由本国投资人(股东)所持有的股权凭证。如果从发行人的角度界定,它是指一国企业在其他国家发行的、以发行市场所在国货币或境外货币为面值的、由发行市场所在国的投资人所持有的股权凭证。

阅读材料 3-1

股票起源及发展史

15世纪,海上贸易和殖民掠夺兴起,这是一条"致富"道路。西方国家诞生了一批又一批远洋航海家,也让善于出海贸易和掠夺的西方国家富裕了起来。

要组织远航贸易,就必须组建船队,需要巨额的资金,同时,远航经常会遭到海洋飓风和土著居民袭击的风险。当时,极少有人能拥有这样庞大的舰队资金,以及这样的风险承受能力。

为了筹集远航资本和分摊风险,就出现了股份筹资,即在每次出航之前,寻找资金源,并形成按份入股的形态。航行结束后,将资本退给出资人,并将所获利润,按所出股金的比例进行分配。这就是股票的最初形态,源自远洋航海筹资方式。

荷兰和英国,作为最早开辟远洋航海的国家,政府为了保护和规范这种筹集资金形式,制定了相关法律,为股票的产生创造了条件。筹集资金方开始的运作模式是:在每次航行回来后,就返还股东的投资并分配利润,其后又改为将资本留在公司内长期使用,从而产生了普通股份制度，相应地形成了普通股票。目前，已发现最早的第一张股票，是荷兰东印度公司于1602年印制的，属于一位阿姆斯特丹市民。因为贸易航行获取的利润十分丰厚，这类公司开始迅速成长，规模扩大。例如，荷兰东印度公司成为一家著名庞大的海外贸易公司。

初期，股票的转让相当不方便。17世纪，荷兰建立了世界上最早的证券交易所——阿姆斯特丹证券交易所。股票开始可以任意转让，购买了公司股票的人就具有公司的股东资格，享有股东权。到17世纪后半叶，此类公司的数量已经有很多。

1773年，英国第一家证券交易所（伦敦证券交易所的前身）成立，并在1802年获得英国政府的正式批准和承认。

美国的证券市场在费城、纽约、芝加哥、波士顿等大城市开始出现，逐步形成全国范围的证券交易局面。1792年，纽约24名证券经纪人签署了《梧桐树协议》，在华尔街68号共同创办了纽约交易所，这就是后来闻名于世的纽约证券交易所。1884年，道琼斯公司的创始人查尔斯·亨利·道，编制了反映股票行情变化的股票价格指数雏形——道琼斯股票价格平均指数。

随着股票的发展，股票投机性越来越强，为了保护投资者利益，股票相关的法律法规也不断在改进和完善。但股票利益和风险特性，一直并存。

国际股票市场是指居民与非居民之间或非居民与非居民之间，对国际股票进行交易的行为以及伴随或制约这种交易行为的居民与非居民所在国的相关法律规定。具体而言，从股票发行人的角度看，国际股票市场是由交易市场所在国的非居民（外国）发行股票所形成的市场。从股票投资人的角度看，国际股票市场是一个包括大量非居民投资者参与投资与买卖的股票市场。

股票市场的国际性主要体现在三个方面：

第一，一国股票市场的对外开放。从20世纪70年代起，许多发达国家的股票市场纷纷向外国公司开放，允许外国公司的股票在本国的交易所上市交易。比如英国的伦敦、德国的法兰克福、美国的纽约等都是国外上市公司的可选之地，这些地方也因此成为国际股票的交易中心。

第二，企业筹资市场的多元化。很多大型跨国公司由于生产经营的全球化，促使其筹资方式日趋多元化，表现之一就是选择在国外的股票市场上市或交叉上市，从而达到同时从多个国家的股票市场上获得融资的目的。国际股票市场资金供应充足，流动性高，这能更好地满足跨国公司低成本、高流动性的筹资需要。因此，越来越多的跨国公司希望通过国际股票市场融通资金，并以此扩大资本来源，进而降低资本成本，这就从根本上推动了国际股票市场的发展。

第三，股票投资主体和交易主体的国际性。一方面表现为一些国家允许外国投资者直接参与本国股票市场的交易，其中较为典型的代表是英国于1986年10月27日实施的被称为"大爆炸"（big bang）的伦敦股票交易所规定与实务改革，允许国外的银行、非银行金融机构以及证券交易商可以直接进入英国股市进行交易。另一些新兴市场国家则通过实施合格境外机构投资者（QFII）制度，借助引进合格境外机构投资人的方式，间接实现了本国股票市场的对外开放。另一方面表现为允许本国投资者买卖外国市场交易的股票。

目前，虽然世界各国资本市场的开放程度还存在着较大的差异，但是由于主要发达国家都对外国企业开放了本国股票市场，并且发达国家所占市场份额很大，因此发达国家股票市场的国际化程度也就代表了世界范围内国际股票市场的基本发展状态及趋势。

阅读材料 3－2

伦敦证券交易所

伦敦证券交易所是历史最悠久的证券交易所之一。作为世界四大证券交易所之一，伦敦证券交易所成立于 1773 年，1802 年获得英国政府正式批准，1812 年颁布了英国第一个证券交易条例。它的前身是 17 世纪末伦敦交易街的露天证券交易市场，是当时买卖政府债券的"皇家交易所"，1773 年由露天市场迁入司咸丁街室内，正式改名为伦敦证券交易所。1986 年 11 月，伦敦证券交易所和伦敦国际证券业协会协议改组，成立了国际证券交易所，其目前已经成为世界上最大的国际股票和相关金融工具交易市场之一。

伦敦证券交易所的交易大厅内设 16 个六角形平顶交易专柜，按不同类型的证券分为政府统一长期公债市场，美国股票和债券市场，外国公债市场，英国铁路证券市场、矿业证券市场以及银行、工商证券市场等。伦敦证券交易所接受英国证券交易委员会的管理，并将伦敦证券交易所理事会设为市场管理机构。伦敦证券交易所的交易方式有现货、期货和期权交易等。

伦敦证券交易所会员分成两类：证券经纪人和证券交易商。在交易上，有的会员专门经营某些证券，如有的会员专营政府证券，有的会员经营石油或钢铁等工业公司股票，他们随时向市场提供其所经营的证券、股票的买卖价格。经纪人则在投资者和证券交易商之间充当中间人，为客户争取最有利的条件买卖股票和证券，并根据交易额的大小和期限长短向客户收取佣金。

三、债券

债券就是指各类经济主体（政府、企业、金融机构等）向社会借债筹集资金时，向投资者发行，同时承诺按约定利率支付利息并按约定条件偿还本金的债权债务凭证。简单地说，债券就是发行者向投资者出具的具有法律效力的借据，投资者可以凭此借据向发行者要求偿还本金并获得利息。

依据发行地的不同，可以将全球债券市场分为国内债券市场和国际债券市场。国内债券是指国内的借款人在本地发行的，并且通常以本国货币为面值的债券。国际债券是指一国的借款人为筹措外币资金在国外金融市场上发行的、以外国货币标明面值的债券。依据发行地与面值货币是否同属于一国，又可以进一步将国际债券市场分为外国债券市场和欧洲债券市场。前者的发行地与面值货币同属于一个国家，后者的发行地与面值货币属于不同的国家。

19 世纪初，国际经贸往来迅速发展，在这一背景下，国际债券市场逐渐形成。最初，国际债券市场只是发行外国债券。当时发行外国债券的主要目的是满足国际贸易的需要，同时弥补一国国际收支的逆差。从 19 世纪至 20 世纪初，外国债券的发行主要集中在英国伦敦。第二次世界大战后，伦敦、巴黎、柏林等外国债券中心的地位被纽约取代。目前，美国、瑞士、德国、日本已经成为四个最大的外国债券市场，交易量占全球外国债券市场的 95% 左右。20 世纪 60 年代，许多国家有大量美元盈余需要投入市场生息，而此时美国政府却对美国的外国债券进行了诸多限制，使得大量美元资金的借贷转向欧洲市场，由此产生了欧洲债券市场。1963 年 7 月，意大利国营控股公司（IRI）发行了一笔美元债券，该债券由四家不同国家的银行共同承销，同时在伦敦证券交易所和卢森堡证券交易所上市，债券面值为 250 美元，采取不记名形式，这是欧洲债券的首次发行。因此，很多人也将本次债券发行视为欧洲债券市场形成的标志。欧洲债券市场一经产生就得到了迅速发展,一方面,因为其本身具有发行成本低、手续简单、受各国法律约束较小、品种多、创新快等优点;另一方面,欧洲货币市场的形成和发展以及欧洲清算体系和票据交换中心结算体系两个清算机构的建立也为欧洲债券市场的发展起到了极大的推动作用。

债券市场投资风险主要有违约风险、利率风险、购买力风险、变现能力风险、再投资风险和经营风险。其中,违约风险是指发行债券的借款人不能按时支付债券利息或偿还本金而给债券投资者带来损失的风险。一般来说,如果市场认为一种债券的违约风险相对较高,那么对债券收益率的要求也会较高,从而弥补可能受到的损失。利率风险是指由于利率变动而使投资者遭受损失的风险。由于债券价格汇率利率变动,因此即使没有违约风险的国债也会存在利率风险。购买力风险是指由于通货膨胀而使货币购买力下降的风险。当存在通货膨胀时,投资者得到的实际利率为票面利率与通货膨胀率之差。变现能力风险是指投资者在短期内无法以合理的价格卖掉债券的风险。如果投资者遇到一个更好的投资机会,想出售现有债券,但在短期内找不到出价合理的买主,那么他不是遭受降价损失,就是丧失新的投资机会。经营风险是指发行债券的单位管理人员与决策人员在经营管理过程中发生失误,导致资产减少而使债券投资者遭受损失的风险。

阅读材料 3-3

公募债券违约及处置

E 公司于 2009 年 11 月在交易所上市,实际控制人为 M。公司原主营业务为高档餐饮业,是国内第一家在 A 股上市的民营餐饮企业,后经多次转型,主营业务涉及餐饮服务与管理、环保科技、网络新媒体及大数据处理。2012 年 4 月,公司发行了 4.8 亿元存续期为 5 年、附第 3 年末(2015 年 4 月)发行人上调票面利率选择权及投资者回售选择权的公司债(以下简称"12E 债"),发行利率为 6.78%,每年的 4 月×日为债券付息日。

2013 年,公司全年亏损 5.64 亿元,2014 年上半年亏损 659 万元,经营风险增大,业务转型困难,并存在业绩真实性等质疑。2014 年 10 月,P 资信公司披露对"12E 债"的不定期跟踪评级报告,将其主体及债项评级均由 A 下调至 BBB,触发交易所风险警示条件。交易所于 10 月×日对债券进行停牌处理,并于复牌后实行风险警示处理,债券更名为"STE 债"。2015 年 4 月,因公司无法按时、足额筹集资金用于偿付"12E 债"本期债券应付利息及回售款项,构成对本期债券的实质违约。因公司 2013 年、2014 年净利润分别为 -5.6 亿元、-6.8 亿元,连续两年亏损,"STE 债"于 2015 年 6 月暂停上市。

"12E 债"违约处置难度大。从经营角度看,一是传统餐饮业务业绩继续亏损,且公司转型的新业务发展停滞;二是公司前期形成的大额应收及预付款项约 1.5 亿元无法收回;三是因涉及房屋合同纠纷等情况,公司 7 个银行账号被冻结,日常经营无法正常进行。从重组角度看,一是公司市值约为 60 亿元,估值较高,增加了借壳重组的难度;二是公司被证监会立案调查未有明确结论,重组存在障碍;三是实际控制人 2014 年国庆期间出国后迄今未归,更为重组增添了难度。

鉴于上述原因,公司于 2015 年 6 月启动债务重组有关事项。因涉及相关利益方较多,涉及相关法律法规复杂,公司需同相关各方多次沟通协调。通过 2015 年下半年公司重大资产出售和债务重组,公司完成了"12E 债"债券兑付资金的筹集工作。2016 年 3 月×日,偿债资金划入结算公司分公司的指定银行账户,结算公司已于2016年3月×日完成派发工作。其中,本金为2.92亿元,利息为353万元,违约金为1722.95万元,合计3.13亿元。至此,"12E债"违约事件处置完毕。

E公司公募债券违约及处置带来的启示有两点:一是"12E债"的违约风险爆发离不开上市公司主营业务经营环境的巨大变化以及转型新业务的不顺利,若投资者在项目投资过程中能对行业的发展趋势进行准确的预判,预先采取行动规避风险,可以减少损失。二是"12E债"违约事件为我国资本市场首例公募债券本金违约案例,是"11C债"违约事件后的又一案例,再次打破了刚性兑付的预期,揭示了债券投资天然信用风险的属性。

第二节 金融科技与证券业转型

一、证券业金融科技发展历程

随着资本市场的全球化,各国外汇、信贷及利率等方面的管制放松,国际金融市场逐渐成为一个密切联系的整体市场。尽管有时差,但由伦敦、纽约、东京和新加坡等国际金融中心组成的市场,已经实现了7×24小时不间断的金融交易,其中包含黄金市场、外汇市场、期货市场等。

对证券行业而言,跨时区、跨交易所的合作有利于内地和世界各地证券业的交流发展,有助于人民币国际化的推进。港股通、沪伦通的探索都在预示着未来的证券交易将不仅仅局限于境内交易所,还会向跨时区、跨交易所的方向发展。

对券商而言,连续交易将带来前所未有的机会,迎合投资者投资、套利和避险的需求,将是券商的核心竞争力。

中国的现代证券体系肇始于改革开放。从1981年我国政府发行国库券、1984年北京天桥股份有限公司和上海飞乐音响股份有限公司经中国人民银行批准向社会公开发行股票开始,各地逐步形成了区域性的证券交易市场。1990年底,在国务院授权、中国人民银行批准下,上海证券交易所(简称上交所)和深圳证券交易所(简称深交所)成立。1990年12月上交所正式开始营业,次年7月深交所对外营业,成为全国性的交易场所。2001年,经证监会批准,依照证券法的要求成立了中国证券登记结算有限责任公司,构建了集中统一的证券登记结算体系。

与欧洲、美国、日本、韩国、加拿大、印度等地的证券市场相比,中国证券市场虽然起步较晚,但是有很大的后发优势,且历史包袱较小。在信息时代到来时,中国证券市场在短时间内就完成了信息化改造,20世纪90年代中期就构建了一套完整的IT体系,并且为适应监管要求和市场创新需求不断加以改进和完善。

从交易模式来说,中国证券市场主要经历了无纸化改造、集中交易改造、网上交易改造三次重要的改革。20世纪80年代,我国和外国证券市场一样,主要采用纸质证券的形式,通过电话委托的方式在场内实现人工保单。随着计算机、网络和通信等技术的飞速发展,中国证券市场引入了这类信息技术。20世纪90年代初,沪深交易所在成立之时均采用了电子化报单系统,并着手推动无纸化改造。1993年底,沪深两市完成了证券无纸化改造,开始发行无纸化证券,实现了交易结算等核心业务的全面电子化。1997年起,为进一步加强公司总部对分支机构的管理,实时掌握全局数据,增强风险识别与防控能力,证券公司陆续开始仿效银行业进行系统的集中化改造,打造公司统一的交易系统,各营业部共享渠道与数据,证监会也对集中系统提出了相关要求。本次集中化改造使证券公司IT体系完成了初步整合,形成了集中统一的交易系统、覆盖全国的网络体系和企业级数据仓库。20世纪末以来,互联网进入快速发展时期,对证券业传统的运营方式造成了强烈冲击。2000年3月,证监会颁布了《网上证券委托暂行管理办法》,从监管层面认可了网络交易。同时,随着智能手机的普及,证券公司开始打造移动客户端,并迅速完成了推广。

从结算模式来说,中国证券业借鉴国外先进经验,加强风险管控,提高市场资金利用效率,优化结构,将交易和结算系统进行剥离。经证监会批准,由沪深交易所出资成立了中国证券登记结算有限责任公司(简称中国结算)。此后,沪深交易所将原有登记、清算和交收职能委托给中国结算。最终,在系统层面完成交易和结算系统的分离,形成了证券公司、交易所、中国结算三套系统鼎立发展的格局:证券公司系统主要面向投资者服务,系统设计注重海量访问方面;交易所系统以交易撮合为主要功能,系统设计的重点为实时处理能力;中国结算系统以日终清算交收为主,系统设计主要考虑批量数据处理场景。

从数据存储来说,随着资本市场的发展,业务不断创新,防风险逐步成为证券业发展的重要任务之一。为增强风险防控能力,及时把握市场走向,证券业市场数据从分散转向集中。这个过程总体上分为两个步骤:第一步是公司层面的数据集中,这是交易集中改造的直接成果。通过核心交易系统的统一,证券公司将公司内部数据进行整合,形成企业级数据库,增强内部风险防控能力。第二步是行业层面的数据集中,由证监会牵头,中国结算和中证资本市场运行统计检测中心两家机构具体落实,将证券交易结算数据、账户数据、期货数据、基金数据进行汇总,形成行业级数据库。

从技术架构来说,伴随着技术的革新和市场环境的变化,证券业IT体系也在逐步演进。从总体方向来看,证券业技术架构主要有两次大的变革。第一次变革是自20世纪90年代开始的从X86服务器向小型机的转变,这主要源于两个方面的改变。一方面,当时X86服务的能力优先,分布式架构没有完全成熟,依靠单台或几台X86服务器组成的核心系统已经不能满足快速增长的市场需求;另一方面,与X86服务器相比,小型机的计算能力与性价比更优,运行更稳定。第二次变革自2005年开始,分布式架构日趋成熟,云计算、大数据等技术迅速发展,允许分散的计算资源做出高效的整合。与此同时,芯片价格下降,X86服务器价格急剧下跌,经过整合后的X86服务器计算能力超过了小型机,因此各证券机构纷纷开始在分布式方向上进行试点,逐步向分布式架构转型。

二、证券业金融科技发展现状

金融科技给证券行业的传统业务带来了巨大的冲击,同时也带来了巨大的机遇。在监管越来越严格、传统业务缩水、业内竞争压力增大的环境下,各大证券机构开始投入大量的资金和人力,借力金融科技来增强综合实力。

中国证券业协会从2017年开始将信息系统投入金额作为考核证券公司业绩的一项指标,2018年该指标显示有超过30家证券公司投入亿元级资金建设自己的信息系统。同时,证券公司纷纷开启了与金融科技公司的合作:2018年12月26日,财通证券与蚂蚁金服开始了全面战略合作,未来,蚂蚁金服将助力财通证券实现金融科技能力的提升,并助推财富管理转型;

山西证券也与京东金融共同设立50亿元规模的基金,投资于消费升级、供应链、财富管理等领域;2018年11月,东北证券也与恒生电子签署战略合作协议,双方将在云计算、人工智能、数据治理等方面进行深度探索和场景应用。

证券公司与金融科技公司合作已是行业大势所趋,但对于发展数十年的证券行业,目前金融科技方面的开拓还存在诸多障碍。

一是证券市场制度不够完善,监管有效性不够高。我国证券法于1999年开始实施,规定了证券行业的基本原则,但是缺乏一些与中国实际相结合的细则,对于一些实际案例缺乏相关的明确规定。由于法律体系的不完善,监管也缺乏有效的依据,证券法中虽然规定了上市公司的许多行为,但并未得到很好的执行,存在信息披露不完全、内幕交易横行等问题,而且由于缺少对具体案例的法律解决办法,监管往往事倍功半,违规者也没有得到惩罚,中小投资者的利益得不到有效保障。

二是中国的证券市场不够发达,行业集中度不高。目前,虽然我国投资者数量巨大,已经突破了1亿,但仍然是典型的散户市场。投资者人群的年龄知识方面的层次较为复杂,很多投资者难以做出权衡利益和风险的理性决策,"羊群效应"突出,使得证券市场的波动性很大,很多投资者成了内幕交易和市场欺诈的牺牲品。同时,我国证券市场资产占金融总资产的比例较低,与全球主要发达国家或地区相距甚远,虽然随着人均收入的增加,用于投资总额的财富也会增加,但目前中国的储蓄率较高,银行存款仍然是许多居民投资理财的首选。

三是证券行业目前业务单一,缺乏个性化的服务。首先是思维障碍。传统的证券公司现在还是以人-人交互模式为主,但金融科技引入证券公司势必要变革现有的客户经营模式,对原有的人员技能会提出新的要求,客户经理的传统知识和习惯可能都要改变。其次是流程障碍。金融科技不是一个孤立的平台,是一个跨部门的平台。比如智能投顾,就同时涉及商业职能部门、投资策略部门、风险管理部门,如果三个部门各自为战、互相掣肘,流程相互割裂,智能投顾就很难发挥作用。最关键的障碍还是数据障碍。传统数据的不规范、数据格式不统一、数据平台的落后,都会严重影响券商从数据中发现"金矿",并转化为生产力,这需要建设统一的数据规范、统一的数据平台、性能强大的分布式计算集群。

阅读材料3-4

金融科技已成为证券公司核心竞争力

2020年5月17日,广发证券首席信息官、首席风险官获邀亮相2020全国科技工作者日特色亮点活动——"金融科技与数字化转型"云端大讲堂第二期。本次云端大讲堂活动由中国通信学会、金融科技创新联盟等机构在上海市浦东新区人民政府、上海市经济和信息化委员会、上海市地方金融监督管理局支持下联合推出,旨在加快数字化基础建设,聚焦数字化时代金融科技与企业数字化转型。

1. 无科技不金融

在本次云端大讲堂中,广发证券首席信息官、首席风险官详细分析了证券行业发展面临的机遇和挑战,指出金融科技已成为证券公司的核心竞争力。

随着金融行业进入转型发展的新阶段,新兴信息技术也在重塑金融行业生态,"无科技不金融"已经成为行业共识。广发证券首席信息官、首席风险官表示,在金融科技和数字化转型的风口浪尖,广发证券已全方位实践和推进金融科技与数字化转型;在业务方面,深度融合金融科技与业务,推动业务创新发展,全面运用数字化手段,构建合规与风控核心能力;在技术方面,深入应用大数据、人工智能技术,构建企业级智能化开放平台,持续推进云化IT基础建设,提升应用落地效率;在管理方面,大胆创新IT管理机制,营造工程师文化氛围,打造复合型人才队伍。

目前,广发证券的金融科技战略带来了可见的积极影响。根据该公司2019年年报披露数据,广发证券的股票、基金成交量为11.07万亿(双边统计),同比增长33.37%;手机证券用户数超过2720万,较上年末增长约23%;易淘金电商平台金融产品销售和转让金额达3662亿元;机器人投顾贝塔牛累计服务客户数超过80万,同时实现金融产品销售额达228亿元。

2. 五大金融科技实践案例

回顾广发证券在科技金融战略上的具体实践,广发证券首席信息官、首席风险官分享了广发证券具有代表性的金融科技实践案例,包括证券业弹性计算架构、数字化全面风险管理、智能时代的证券应用、基于区块链的可信计算以及后疫情的无接触服务。

第一类案例是证券业弹性计算架构。广发证券正在努力建造满足证券业务发展需要的分层云架构,包括行情云、资讯云、消息中心、认证中心等,实现证券应用快速构建;自主研发基于Docker的容器化研发运维生态平台,具备丰富的弹性计算特性,支持远程自动化部署,实现分钟级全平台部署构建或全局灾难恢复。

第二类案例是数字化全面风险管理。随着资本市场的快速发展,衍生品金融工具和机构化产品日趋复杂,资本中介类业务比重逐步放大,场外交易市场规模逐年上升,跨境业务逐步展开,对风险的识别和管理挑战越来越大,也对数字化技术的运用能力提出了更高的要求,为此,广发证券正在布局建设一套数字化合规与风控监控体系,实现对全集团业务运营风险的实时、连续、穿透式管理,有机整合各方技术资源,穿透业务诉求,达到决策核心。

第三类案例是智能时代的证券应用。从2017年开始,通过战略支撑项目智慧广发GF-SMART统一建设"能听、会说、会想"的智能大脑,支撑超过50多个智能化应用场景;基于多年机构客户服务经验,构建股权激励潜在业务商机智能识别体系——激励通"商机发现";基于科学的用户运营方法论构建智能运营中台,通过24个AI算法模型贯穿用户全生命周期,实现自动化的客户拉新、促活、留存,并支持内容运营、产品运营、服务运营、营销运营,有效整合线上线下运营资源。

第四类案例是基于区块链的可信计算。广发证券重视区块链技术重塑金融行业的能力,推动了基于区块链技术的可信资产证券化(ABS)云落地实施,解决了ABS基础资产数据不透明、难以验证、流程复杂、信息化程度差等痛点问题。此外,广发证券还尝试建设了基于区块链的场外交易市场(OTC)理财产品交易平台,将目前分散在各个金融机构中的OTC连接在一起,形成一个更加高效的场外市场。

第五类案例是后疫情的无接触服务。广发证券业内首创的金融IM服务平台"有问必答",自研的直播技术平台、短视频服务平台,以及针对高净值客户的"云上管家"服务方案等,在疫情期间为客户提供了独特的服务体验,全面满足了从大众客户到高净值客户的各级服务需求。在机构业务方面,广发证券积极推进服务数字化转型,打造卖方研究、机构销售、机构客户服务一体化平台,成功将100多家上市公司的策略会搬到线上召开,为机构业务的平稳开展起到了重要作用。

第三节　金融科技与证券业创新

一、智能投顾

(一)智能投顾的起源与发展

智能投顾是在线金融咨询平台,提供基于算法的投资管理服务,包括自动投资组合规划、自动资产配置、在线风险评估、账户再平衡和众多其他数字工具。它不再需要财务顾问,而是为客户提供直接的、100%基于软件的投资组合访问。简言之,智能投顾是用机器和程序替代人力,把复杂的被动投资决策自动化。

从1924年3月21日在波士顿设立"马萨诸塞州投资信托基金"起,共同基金便开始盛行于西方发达国家的资本市场。其原理是散户将自己的资金委托给交易和分析能力更强的基金经理掌管,由他们来决定配置哪些行业和公司的股票。通过基金经理们对市场和企业的精准判断,获得收益,这样的方式我们称之为主动投资。由于基金公司主动投资,可以使个人的资金科学地分散化配置,在降低风险的同时提高收益,所以备受投资者欢迎。

但该模式的问题也很明显,由于基金经理的管理费用非常高,导致投资基金的成本很高,而且大部分基金经理也赚不到非常好的收益,大部分的主动型投资基金平均收益弱于大盘指数。有了这些经验后,很多投资人开始选择紧跟大盘指数投资,这样既节约了成本,收益波动也降低了,最典型的就是投资股票指数基金和交易型开放式指数基金(ETF),赚取 β 收益,我们称这样的投资策略为被动型投资。此外,被动型投资可以容纳巨额的资金,这非常适合通过互联网获取相关信息的长尾客户。

智能投顾,正是采用被动投资策略管理我们的资产,它主要通过问卷提问的方式了解客户,结合个人投资者的理财目标和风险偏好,代替客户合理配置以ETF为主的资产,赚取 β 收益。

尽管智能投顾在开户、注册和投资管理等领域似乎特别强大,但在客户关系管理、财富规划和客户服务等领域,人工的干预则变得尤为重要:智能客服不能像人工顾问一样进行更深的对话,以进一步了解客户的需求,并建立个性化的定制方案,也无法对客户不断变化的目标做出反应,无法有效地提供生命周期管理。而人工顾问会不断地调整投资策略,以适应客户。

随着智能投顾市场份额的不断增长,证券公司必须通过结合先进的技术和自动化工具,在提供咨询服务的方式上更具创造性。智能投顾并没有扰乱这个行业,相反,它起到了催化剂的作用,促进了人工顾问所提供服务的技术特性。技术工具正在优化人工顾问推销自己、与客户互动、优化流程和制定投资策略的方式。证券公司将继续开发适合不同投资者的渠道,包括智能投顾与人工顾问,这些渠道在可预见的未来将共存。整体而言,智能投顾经历了1.0~4.0的发展历程(见图3-1)。

智能投顾1.0:客户在回答问卷后,会收到基于问卷列出的投资产品的单一产品建议或投资组合分配,大多数公司通过网络或智能手机应用程序来进行这一步骤。接下来,客户必须使用自己的账户购买和管理这些组合,并积极调整,组合包括股票、债券、ETF和其他投资工具。

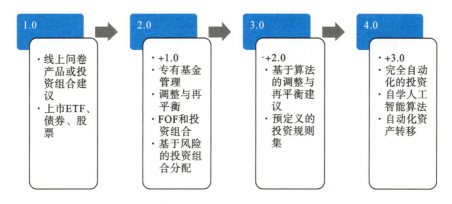

图 3-1 智能投顾发展历程

智能投顾 2.0:投资组合是基金中的基金(fund of funds,FOF),建立投资账户以及直接执行订单是该服务的一部分。投资经理人工监督投资算法和定义规则集,并对资产配置进行管理,包括调整和再平衡服务。问卷不仅用于筛选合适的产品,还用于将客户分配到少数预定义的投资组合。

智能投顾 3.0:提供基于算法的投资决策和投资组合再平衡建议,这些算法满足预定义的投资策略。而专业的基金经理是最终监督者,人工的介入使得客户能够遵循或者忽略智能顾问的再平衡决策,以使他们的投资组合个性化。

智能投顾 4.0:通过自学人工智能投资算法,智能投顾 4.0 可以根据不断变化的市场条件和个人投资需求,实时监控和调整单个客户的投资组合,跟踪所选择的投资策略,并实现自动化的资产配置。

到目前为止,欧盟、英国和美国大约 80% 的智能投顾到达了 3.0 的水平,并且自动化的趋势越来越明显。智能投顾很可能会继续作为一个渠道,与诸如亲身体验和虚拟体验等触控式渠道并举。随着应用场景的不断发展,它将利用技术支持来优化和整合客户服务价值链的各个方面。

(二)智能投顾的优势

第一,降低了门槛,让更多客户享受到投顾服务。传统投顾的门槛为 100 万~1000 万美元,导致可投资产在 100 万美元以下且有资产保值、增值强烈诉求的中产家庭一直无法享受到投顾服务。在美国,中产家庭人数巨大,投顾服务的潜在客户量巨大。由于智能投顾的门槛通常在 0~10 万美元不等,故可以很好地填补这一市场空白。

第二,费用低廉。智能投顾的费用低廉体现在两方面:一是人力成本低。传统投顾由于人力成本高,管理费普遍大于 1%,而目前智能投顾管理费普遍为 0.25%~5%。由于智能投顾不需要招聘线下理财顾问团队,故随着规模的增大,边际成本将进一步降低。随着未来个人理财需求的爆发,规模效益逐步显现,智能投顾相对于传统投顾的成本优势将更加明显。二是交易成本低。智能投顾的投资标的以 ETF 为主,其费率相对于主动型基金大大降低,ETF 总费用在 0.55% 以下,而主动型基金在 1% 以上。例如,美国智能投顾公司的门槛和收费方式如表 3-1 所示。

表 3-1 美国智能投顾公司的门槛和收费方式

智能投顾公司	管理资产额/美元	成立时间	门槛/美元	收费标准	投资方式
Wealthfront	35 亿	2008 年	500	1 万美元以下不收费；1 万美元以上收取 0.25% 的管理费	主要投资于各类 ETF
Betterment	40 亿	2010 年	0	1 万美元以下收取 0.35% 的管理费；1 万~10 万美元收取 0.25% 的管理费；10 万美元以上收取 0.15% 的管理费	主要投资于各类 ETF
Personal Capital	20 亿	2011 年	10 万	100 万美元以下收取 0.89% 的管理费；100 万~300 万美元收取 0.79% 的管理费；300 万~500 万美元收取 0.69% 的管理费；500 万~1000 万美元收取 0.59% 的管理费；1000 万美元以上收取 0.49% 的管理费	ETF、个股和债券等
Charles Schwab	53 亿	2015 年	5000	不收费	主要投资于各类 ETF
Vanguard Personal Advisor Services	311 亿	2015 年	5 万	500 万美元以下收取 0.3% 的管理费；500 万~1000 万美元收取 0.2% 的管理费；1000 万美元以上收取 0.19% 管理费	Vanguard ETF
SIGFIG	0.9 亿	2011 年	2000	1 万美元以下不收费；1 万美元以上收取 0.25% 的管理费	投资于合作方的 ETF
Asset Builder	7 亿	2006 年	5 万	根据资产量收取 0.2%~0.45% 的管理费，同时每笔收取交易费 20~50 美元	投资于合作方的基金
Future Advisor	6 亿	2010 年	1 万	收取 0.5% 的管理费	主要投资于各类 ETF
Hedgeable	0.45 亿	2009 年	0	5 万美元以下收取 0.75% 的管理费；5 万~100 万美元管理费逐步降至 0.3%；100 万美元以上收取 0.3% 的管理费	ETF、个股和另类投资

第三，信息透明。由于传统投顾公司和基金公司是代销关系，基金公司会在投顾公司成功销售产品后给予一定比例的提成奖励，这导致两家公司利益高度相关。此外，投资顾问的很多服务条款晦涩难懂，选取投资标的过程也不透明，如果投顾公司为了产品提成，推荐提成比例更高的产品，而不是收益更好的产品，这将严重损害投资者的利益。而且，从逐利的角度来说，投顾公司很容易逆向选择。因为投顾公司的收入来自基金公司支付的产品提成，投顾公司显然会优先推荐基金公司给的提成比例高的产品，而提成比例高的产品往往都是相对难销售、收益相对较差的产品。智能投顾在金融产品选择范围、收取费用等方面都需要披露充分，客户随

时随地可查看投资信息,另外由于智能投顾严格执行程序为客户理财,不会出现因为私利而误导客户操作,这在一定程度上减少了道德风险,增加了客户对该产品的信任感。

第四,提供增值服务——投资组合再平衡,税收亏损收割计划(避税)。投资组合再平衡是指当投资组合在随着市场变化而偏离目标投资配置时,智能投顾会定期自动通过买进或卖出,将组合占比重新复原到目标投资配置比例。传统的投资顾问通常会结合市场情况和客户的风险承受能力,经过很长时间沟通,最终对资产进行再配置,但是这一系列的操作需要耗费大量的时间和人力,导致成本增加。而智能投顾可以根据用户问卷调查和市场情况自动调整配置比例,大幅提升效率,降低成本。税收亏损收割计划指在保持一定的风险和收益的情况下,将早期未兑现的投资损失卖出,来抵扣投资收益应缴纳的资本利得税,将所节省下来的税收进行投资从而使自己的收益最大化。Wealthfront 的研究报告显示,税收亏损收割计划可以每年提高 1.55% 的税后收益。

(三)智能投顾的应用

亚太地区拥有相当数量的智能投顾用户和可供管理的资产,预计在不久的将来数量还会增加。由于与传统的劳动密集型咨询方法相比,智能投顾的成本结构更低,这使得证券公司能够收取更低的费用,从而使其能够将目标市场从高净值客户扩展到对投资感兴趣的年轻客户。2018 年新加坡和中国香港市场数据如表 3-2 所示。

表 3-2 新加坡和中国香港市场数据(2018 年)

潜在用户、资产管理规模	新加坡	中国香港
潜在用户/个	122000	6000
资产管理规模/亿美元	20	0.9

在亚太地区,中国香港和新加坡是两个关键的智能投顾市场,它们同时还有强劲的增长潜力,这两个市场的用户普及率预计在未来将增加,资产管理规模也会大幅增加。

调查显示,在新加坡和中国香港这两个市场的投资者中,有 55% 的投资者不依赖财务顾问,自主选择投资;有 43% 的投资者自主做出大部分决定,但会不时寻求财务顾问的帮助,以支持他们的最终决定;而仅有 2% 的投资者选择完全依赖于财务顾问。总体而言,大部分投资者仍然选择自己做决定,而不是依赖财务顾问。这更凸显了智能投顾的优势,这种具有成本效益的人工智能服务使投资者能在做出自己独立投资决策的同时,还能及时被提供量身定制的投资建议。

事实上,考虑到可以获得低门槛和低成本的投资组合,智能投顾往往对不那么富有的投资者具有吸引力。根据美国投资公司协会的数据,2007 年至 2014 年间,有超过 1 万亿美元流入国内股票指数基金,与此同时,积极管理的国内股票基金也有 6590 亿美元流出。鉴于这一趋势,投资者对人工智能产品和服务感兴趣就不足为奇。尽管缺乏经验的新投资者是智能投顾服务的主要候选者,但许多现有客户也有兴趣从成本更高的托管账户服务转向成本更低的自动化替代服务。

目前,一些公司只提供投资建议——配置模型和证券选择模型,主要由 ETF 组成,最符合投资者的风险偏好、时间范围和目标;另一些公司则推荐包括定期再平衡的 ETF 组合投资,并根据账户价值收取基于资产的费用。

世界上的公司正在积极进入这一领域,如资产管理公司贝莱德(BlackRock)以 1.5 亿到 2 亿美元的价格收购了 FutureAdvisor。摩根大通宣布与摩提弗(Motif Investing)建立合作关系,向散户客户提供 IPO 融资渠道,最低仅需 250 美元。2019 年 6 月,代理结算公司潘兴(Pershing)宣布与 Marstone 达成合作协议。我国的证券公司也有一些已经开展了智能投顾的应用,例如,长江证券推出了其自主研发的国内首个券商智能投顾系统——iVatarGo,该系统就是通过对投资者的风险偏好、投资风格进行深度学习,为每位投资者个性化定制投资咨询、顾问等服务;广发证券也在"易淘金"品牌下推出"贝塔牛"智能投顾服务,满足证券投资和财富管理等不同层次的需求。

阅读材料 3-5

广发证券"贝塔牛"

2016 年 6 月,广发证券在"易淘金"品牌下推出"贝塔牛"智能投顾服务(见图 3-2),该服务结合金融工程理论与生命周期理论,针对国内投资者的特点进行深度定制化,为投资者提供"i 股票""i 配置""持仓诊断"三大服务。

1. 面向 A 股市场的"i 股票"服务

针对 A 股市场投资者散户众多、仓位控制和资产配置理念普及率低的现状,"贝塔牛"推出了"i 股票"服务。"i 股票"服务可以根据投资者的风险偏好和资金规模为客户定制 A 股市场的投资计划,并根据市场信号向投资者推送操作策略。该服务的背后是广发证券发展研究中心金融工程团队的量化投资研究成果。

"贝塔牛"投资策略的生成通过以下几个组件来完成:选股模型、择时模型、组合构建模型和组合再平衡模型。其中,选股模型和择时模型是量化模型的核心,组合构建模型和组合再平衡模型则运行在 Apache Spark 集群之上,利用 Apache Spark 提供的并行计算能力管理用户的投资计划。

2. 满足多样化投资需求的"i 配置"服务

"i 配置"按照客户设置的风险偏好和投资期限定制不同的大类资产配置建议。该服务由广发证券财富管理团队专业打造,将微观的生命周期理论与金融工程理论相结合,综合应用 MV 模型(mean-variance 模型)、B-L(Black-Litterman)模型、精算模型等现代投资学成果,以客户的个性化需求为着眼点,建立以个人的短期与长期投资需求、大宗购置投资需求、子女教育投资需求以及未来养老的投资需求为主体的智能投资顾问体系与决策算法。

3. 基于用户画像的"持仓诊断"服务

智能投顾作为新兴技术,需要培育客户对智能投顾的信任,才能更好地开拓市场。结合广发证券的大数据用户画像技术,"贝塔牛"进一步推出用户持仓诊断功能,通过生成专业化的投资分析报告,用数据和图像对比客户和智能投顾的投资能力,进而鼓励客户采用更为科学、合理的投资策略。用户持仓诊断功能以用户画像系统为依托,并利用大数据技术深入分析客户的历史收益率、夏普比率、最大回撤率等指标,根据客户的风险等级和投资偏好生成相应的智能投资计划,并以历史数据对该计划进行回测,从而对比分析客户的投资能力和"贝塔牛"的投资能力,揭示长期投资的魅力,转变客户的投资理念,实现投资者教育。

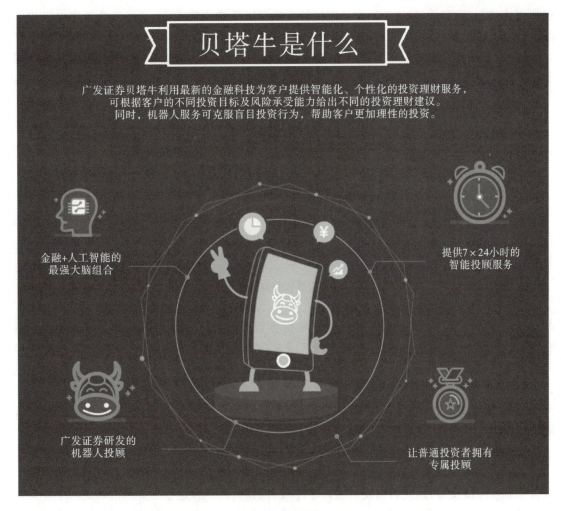

图 3-2 广发证券"贝塔牛"

二、区块链在结算和清算体系上的应用

证券清算指的是按照事先约定的规则计算资金账户往来的债权债务关系结果的过程。证券结算指的是根据清算结果,通过转移证券和资金履行相关债权债务关系的过程。目前证券市场的清算和结算环节存在以下几个问题:

(1)流程周期过长。目前,国际主流证券交易所的清算周期都在 $T+1$ 到 $T+3$ 日不等,原因就是交易的清算、结算流程需要第三方机构的介入,且由于各个机构中业务流程和系统建设不尽相同,使得处理流程十分烦冗。

(2)清算和结算集中度不高。以我国为例,债券的登记、清算和结算机构就有上海清算所、中央国债登记结算有限责任公司、中国证券登记结算有限责任公司三所,不同类型的债券,清算机构也不同,加剧了数据统一的难度。

(3)结算过程需要人工核对。由于交易通常涉及多个机构,每个机构的记录流程不同,且交易过程需要的时间过长,容易导致信息误差,因此,往往需要人工核对和调整。在一些另类

投资市场,如大宗商品、房地产的交易市场甚至依然以纸质文件操作,这些市场急需电子化的改造。

(4)成本过高。根据环球同业银行金融电讯协会(SWIFT)的统计,全球金融市场每年用于证券清算交收、担保品管理、托管业务费用高达 400 亿至 450 亿美元。

传统证券清算结算过程如图 3-3 所示。

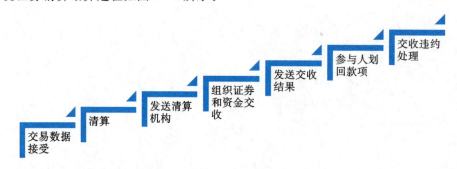

图 3-3 传统证券清算结算过程

区块链共享、可追溯、稳定的特点使它在证券行业的清算和结算领域具备显著优势。第一,它通过去中心化的结构体系,形成不同节点共同参与的分布式系统,这就使得所有的数据透明且可验证,解决了金融市场中核心的信用问题,省去了第三方中介和存管机构的复杂流程,避免了人工核对带来的操作风险;第二,它在通过共识机制验证交易后,所有节点的账本将同时更新,可以真正实现实时的清算和交割过程,这样不仅提高了效率,还能节省成本;第三,区块链多中心的特点,使它不会受部分节点故障的影响,从而提高了整个交易系统的稳定性。

整体而言,将区块链技术引入清算和交付的系统当中主要有两个思路:

(1)通过"多中心化"结构,重塑场外市场生态系统。区块链技术的一个主要"瓶颈"就在于难以承载高强度交易,因此目前还只适用于小规模的场外市场,这也是金融市场的一个极其重要的部分。在不依赖第三方机构、实现全网同步更新账本的"多中心"基础上,还可以将高信用背书的节点设置成"主中心",由多个"主中心"共同制定平台规则,进一步增强系统的稳定性。

(2)除了"主中心",还可以将监管机构设置为最高层级的"特权"节点,在出现特定情况时,这些"特权"节点可以依法延缓或是拒绝交收。这样不仅增强了区块链在多种特殊情况下的适用性,还可维护金融市场的稳定,避免重复监管,限制自由裁量权,降低监管机构和市场参与者的成本。

阅读材料 3-6

区块链技术在全球证券市场的应用情况

2018 年 8 月,深圳证券交易所发布公告称,将联合杭州趣链科技有限公司(以下简称"趣链科技")共同开展区块链应用安全管理与技术研究,解决区块链技术在证券期货行业应用中所面临的数据安全、隐私保护和智能合约等方面的技术难点,并将结合证券期货行业业务的特点,在证券发行、证券交易和资金结算等方面,对区块链底层实现提出适应性的优化和改造需求,以打造适用于行业的区块链应用平台,减少行业重复投入,推动区块链技术在证券行业中的应用落地。

不只是中国,世界上其他国家的证券交易所也早已开始了区块链技术的研发与使用。2016年11月,德国央行德意志联邦银行联合德意志交易所共同开发了区块链原型产品,该原型以超级账本项目的代码为基础,用于转移电子证券和数字货币,还具有债券支付和到期证券的赎回功能。德意志交易所是超级账本项目的成员之一,自2015年初就开始探索自己的区块链应用。2018年3月,德意志交易所集团计划研发一个区块链系统用于证券借贷,公告显示,德意志交易所计划研发一个更高效的证券结算系统,HQLAX以及区块链初创企业R3的Corda平台将为之提供技术支持。

此外,日本和韩国也有交易所计划或已经采用区块链技术来优化其核心交易基础设施。2015年,东京证券交易所母公司日本交易所集团成立了一个内部研究小组研究分布式账本技术在资本市场基础设施中的应用。2018年9月,东京证券交易所上市了一家使用加密数字货币进行房地产交易的公司Ruden Holdings,该公司正在测试利用比特币,并在不动产销售中使用智能合约。日本交易所集团FinTech实验室负责人说:"我们需要通过向新兴公司学习并优化我们的系统来提高有用的服务。"

三、其他应用

1. 智能投研

当前证券公司所提供的传统卖方研究服务中,存在搜索路径不完善、人工分析稳定性差、数据获取不完整、报告完成效率低下等问题,而人工智能的出现,可以提高每一个步骤的效率和精准性,降低人工成本。

与此同时,随着人工智能技术的日趋成熟,基于大数据以及人工智能算法的量化投资策略逐渐兴起。通过基于自然语言处理技术(NLP),从网络文本中获取数据,基于机器深度学习算法以对获取的各类数据进行分析预测,建立财经新闻、公司公告等文本事件与相关资产在金融市场中的表现的关联,可迅速判断市场中出现的各类机会。这类基于大数据技术与人工智能算法的投资策略不仅拓宽了信息获取源,提升了信息的分析深度与广度,而且与传统投资策略的表现相关性低,是对传统策略的有力补充。

在智能投研领域,目前证券行业主要有以下两类盈利模式:第一,证券公司可以通过智能投研为客户提供统一定价的标准化数据模块、产品模块,以此创造营业收入;第二,证券公司可以从客户需求的角度出发,直接面对客户部署定制化的解决方案,建立稳定、可复制的盈利模式。

2. 智能信贷

智能信贷是一种基于人工智能技术,线上自动放贷,无须人为干预的模式。智能信贷相比于传统信贷有三个优势:第一,它可以根据对用户进行画像,通过用户标签寻找与客户匹配的融资授信产品;第二,它能运用用户画像为客户开发新产品,促进金融创新;第三,它能基于人工智能技术,根据某些可能影响借款人还款能力的行为特征,对还款能力进行实时监控,以降低风险。

虽说信贷业务不是证券公司的传统业务,但近年来,不少证券公司和互联网金融公司合作发展智能信贷服务,例如,2015年10月,由华泰证券资产管理有限公司发行的"京东白条

ABS"正式登陆深交所挂牌交易,成为中国首个基于互联网消费金融的 ABS 产品。京东金融运用人工智能技术对客户进行精准画像,利用京东商城积累的大量客户数据资料,已将"京东白条"拓展至如租房、教育、婚庆、旅游等消费场景,大大提高了其普适性。

信贷的关键点和根基在于如何准确地进行风控和信用评级。像京东、天猫这样的电商平台,通过对平台会员的购买行为、消费额度、个人信息数据的建模分析,对每个人的信用进行评级,并据此给出每个人的信用额度。与传统的信用评价体系相比,这种基于互联网大数据的信用评价体系,通过"传统征信报告+互联网大数据征信"相结合的模式,能更有效降低风险,提高信贷效率。

3. 大数据与经纪零售业务

零售业务是证券公司的基础业务之一,在数字化进入高效发展的时代背景下,运用大数据技术数字化运营模式,推动零售业务发展,并提高客服效率与质量的能力,将决定证券公司服务、团队和经营的规模。

(1) 大数据+区块链:运用大数据的"去中心化"的分布式管理也在证券行业得到应用,在分布式管理体系下,采用数字化管理模式可以为员工提供有效工具,便于员工发现问题,及时修正。分布式管理下大数据的使用,可以反映整个生态系统的运行状况,借助于数据的运行可以实时对生态系统进行及时修正。

(2) 大数据+人工智能:正如前文所说,智能投顾通过采集客户的交易数据,刻画客户的投资风格和风险偏好,为客户提供个性化的服务,这中间处理数据的过程,就要运用大数据的量化模型,从数据中挖掘潜在客户价值,做到精准营销。

阅读材料 3-7

广发证券"金钥匙"的分布式管理体系

广发证券"金钥匙"的分布式管理体系,基于平台发布基础任务,公司各地区的联网终端收集客户的需求,"金钥匙"平台通过算法对客户需求进行分析后,分派到全国各地 7000 名理财顾问。平台统计服务响应时间、客户满意度以及业务转化率等反馈数据,再对业务进行管理和优化。同时,广发证券自主研发的"经营驾驶舱",基于公司内部众多平台的数据资源,提取其中与业务经营相关的数据,结合各级管理人员和员工的需求为其提供不同维度的数据支持。高层管理人员通过数据分析结果对公司进行全局的把握以便及时、合理地调配资源,中层管理人员依据关键绩效指标(KPI)完成情况与系统内排名变动及时调整经营策略,基层人员则重点关注客户、资产与个人绩效钱包。

4. 证券承销业务

证券承销业务满足了资金需求者的直接融资需求,在开展此类业务时,证券公司需要对各种数据进行搜集、整理和分析,这就需要运用到大数据技术。第一,在进行证券承销发行时,证券公司可以利用大数据模型分析市场利率波动和行业风险等因子,基于分析结果确定合适的发行价格、发行规模、承销方式等。第二,证券公司可以利用大数据分析投资者的市场行为,设计出受市场欢迎、迎合投资者风险偏好的证券。

5. 自营业务

在证券自营业务中,证券公司可以利用大数据寻找投资热点,及时发现被市场低估的证券,从而优化自己的资产选择与配置。同时,自营业务具有收益性和风险性的特征,使得风险控制变得格外重要。证券公司可以通过大数据技术预知潜在的风险,并应用数据模型解决各种可能面临的困境,有效提高风险管理水平。例如,广发证券的"风险数据集市项目",利用大数据技术整合公司各条业务线的风险相关数据、第三方市场数据、交易对手数据、关联人数据、监管披露数据,形成相对完善的风险数据集市,在强大的计算力支撑下实现全面、准确、实时的监控及预测各种风险指标,强化各条业务线的风险管理能力。

第四节 证券业金融科技未来展望与面临的挑战

一、展望

从证券业的发展历程看,证券科技一直是证券业发展的坚实基石,从无纸化改造到集中交易,从网络交易到智能交易,证券科技都充当了业界变革的先锋,带动业务迈向新的模式。在这次变革中,大数据、云计算、人工智能、区块链和移动互联等技术也在证券业中引起了广泛而深刻的变革,目前仍处于变革过程中。证券科技的总体发展趋势可概括为四点。

1. 整体持续增长

从客观数据分析和各行业机构的未来规划看,证券科技已经得到了证券业的广泛认可,随着证券科技的不断成熟,在中长期内证券科技将保持持续增长的态势。一是研究内容的丰富。单项证券科技的成熟以及与之匹配的业务场景的成功探索,将进一步刺激证券行业对该技术路线的研究,除已被广泛研究的大数据、人工智能、云计算和移动互联技术外,越来越多的机构将投入对区块链的研究。同时,物联网、量子计算等技术也将随着应用的探索而逐步被纳入研究视野。二是投入的增长。根据证券机构的反馈,超过80%的证券公司将对证券科技的研究作为公司的重要规划任务,在中短期内加大对证券科技的投入,包括对现有应用规模的扩展以及对新技术的研究探索。

2. 业务场景逐渐扩展

未来证券业将逐步拓展证券科技的应用场景,前期主要在非核心业务领域和开发测试领域对证券科技进行了初步探索,在后续的创新发展中,将逐步应用至核心业务领域,并将持续扩展。扩展的方向主要包括两个方面:一是现有核心业务的应用,即利用证券科技解决现有问题,包括利用人工智能进行风险控制,利用云平台替代现有技术系统基础设施等;二是创新符合证券科技特点的应用,包括利用人工智能进行账户主体识别等。

3. 新技术加速落地

随着证券科技的发展和标准化程度的逐步提高,新技术的落地速度逐步加快,重点将从技术本身的突破逐步过渡到应用场景的选择,一旦探索发现了与技术契合度高的业务场景,如移动互联与客户引流、云计算与基础设施管理等,各行业机构将快速学习,从而利用成熟技术实现落地,形成一个通用模式之后,由各机构根据自身特点逐步迭代形成具有机构特色的证券科技发展路线。

4. 监管持续加强

证券科技还处于一个新的发展阶段，全球范围内对证券科技的监管策略和监管细则还没有形成一个完善的体系，但随着证券科技的特性及其所带来的风险逐渐显露，证券行业已经初步形成了监管思路。2018年9月，证监会印发《中国证监会监管科技总体建设方案》，明确了五大基础数据分析能力、七大类32个监管业务分析场景，提出了大数据分析中心建设原则、数据资源管理工作思路和监管科技运行管理"十二大机制"。未来，监管机构也必将持续增强监管能力、丰富监管手段，不断完善针对证券科技的监管制度，利用证券科技进行监管，协助监管机构对市场进行合规监管，提供异常行为分析线索和风险突发预警，与传统的监管体系共同维护市场的"三公"和稳定运行。

二、面临的挑战

1. 隐私保护与数据分析

随着隐私保护要求的提高，特别是《中华人民共和国网络安全法》《通用数据保护条例》等文件的公布与实施，大数据、人工智能、区块链等基于海量数据分析和共享的证券科技在应用过程中面临隐私安全的挑战。挑战主要包括两个方面：一是数据采集方面，如何在安全、合规的前提下收集更全面、更多的数据，以便进行多方位的分析，甄别何种数据可以采集、如何采集是应用者必须思考的问题；二是数据应用方面，在完成数据的采集后，如何安全地存储数据，如何保障数据在使用过程中的安全，如何防止逆向反推敏感数据都是行业机构和监管机构需要关注的重点。

2. 技术发展与人才短缺

证券市场传统的证券业IT体系主要由行业机构内部IT人员、外包IT厂商和软件服务商提供。随着证券科技的发展，人工智能、大数据、计算等技术均由互联网公司等其他领域的IT行业所主导，其发展方向可能与证券行业的需求不相符。因此，在技术发展方面，需要更多证券行业的人力与资本投入，引导通用性技术朝更加符合证券行业发展需要的方向前进。同时，由于行业的应用技术架构从较为封闭的金融商业架构向更加通用的技术架构转型，证券行业面临来自各行各业特别是互联网行业对IT人员的竞争。调查结果显示，超过90%的证券公司表示出现了不同程度的IT人才短缺问题，也对证券科技的进一步发展和应用形成了一定的阻碍。

3. 场景契合度

寻找证券科技恰当的应用场景仍然是证券业的重要课题，目前虽已取得了阶段性进展，如在移动互联与交易接入、大数据与用户画像、人工智能与客户服务等方面已经有很多机构进行了尝试和应用，但仍存在一些问题。一些证券科技，如区块链等，从理论上虽已证明了该技术的有效性和潜力，但目前并没有在证券业找到特别契合的场景，因此大多数行业机构仍处于对技术的熟悉和验证阶段。在该阶段还需要机构进行广泛的场景试验，特别是区块链这种可能涉及多方交互的技术路线，需要加强多方合作，共同探索合适的业务场景。

思考题

1. 股票与债券有什么区别与联系？
2. 为什么金融科技已成为证券公司的核心竞争力？
3. 什么是智能投顾？
4. 区块链在结算和清算体系上的应用是什么？与传统证券清算结算过程相比有什么优势？
5. 你如何理解证券业金融科技未来展望与面临的挑战？

第四章　金融科技与保险业

第一节　保险市场概述

一、保险业的产生和发展

谋求经济生活的安定是人类与生俱来的本性,保险思想的萌生也与这一需要有关。自有人类以来,各种自然灾害、意外事故就时常威胁着人类的生存与发展,为了寻求防灾避祸、安居乐业之道,在古代社会里就萌生了对付各种自然灾害、意外事故的保险思想和一些原始形态的保险做法,这在中外历史上都有记载。

近代商业保险是从海上保险开始的。14 世纪末、15 世纪初,欧洲地中海沿岸的一些国家,通过海上贸易不断向外扩张,进一步促进商品交换和海运事业的发展,海上保险业务也随之发展。15 世纪以后,欧洲一些国家的海外贸易发展很快,尤其是向海外扩张,掠夺海外殖民地,更刺激了海外贸易和航运的发展。于是,巴塞罗那、威尼斯、佛罗伦萨等地的政府,都陆续制定了一些有关海上保险的法令。1563 年,西班牙领地安特卫普公布法令,对海上保险办法及保险单格式作了较明确的规定,后来欧洲各国普遍采用。此后,英国、美国、德国、荷兰等国家也颁布了相关的保险条例,海上保险迅猛发展。

人身保险是针对人本身的保险,早期各类互助团体的产生和发展与人身保险制度的形成具有非常密切的关系。在初期,这些组织的做法都较简单,为了体现"公平合理"的原则,参加者不论年龄、职业和健康状况如何,都付相同的费用,享受相同的利益。人身意外保险是工业革命的产物。机器的使用,特别是火车的发明,使人身意外伤亡事故迅速增多,这为保险人开辟人身意外保险业务的市场提供了可能。责任保险是对无辜受害人的一种救济保险,它的起源晚于人寿保险。进入 20 世纪以后,责任保险发展迅速,大部分经济发达国家现在对很多种公共责任,如机动车辆的第三者责任、雇主责任等,都采用法律形式规定必须进行投保。在发达国家,责任保险已成为制造商及自由职业者不可缺少的保险。

此外,在世界各国蓬勃发展的还有火灾保险、责任保险、保证保险和再保险等。

我国传统的保险思想的萌芽虽然比较早,但由于自身的特点,保险业发展比较缓慢。随着外国殖民势力的入侵,现代形式的保险进入我国。随着西方列强对我国侵略的加剧,一批志士仁人开始放眼世界,寻找富国强民之路,他们在接触西方社会经济思想的过程中感觉到保险在社会经济中的巨大作用,于是将西方保险思想引入我国,以曾国藩、李鸿章为首的洋务派发起洋务运动,民族保险业随之产生。但由于当时中国资产阶级的软弱性、依赖性和附属性,并没有改变外商保险公司垄断我国保险市场的实质。

中华人民共和国成立初期,全国工农业生产的恢复和内外物资的交流需要保险的配合。原来的私营保险公司有待整顿改造,外商保险公司对中国保险市场的垄断局面必须改变,客观形势要求建立全国统一的国家保险机构。中国人民银行根据在上海召开的全国财经会议的建议，报中央人民政府批准，在北京建立统一领导全国保险工作的中国人民保险公司，该公司于1949年10月20日正式成立。到20世纪50年代中期，我国的保险业得到了很大发展，摆脱了外商保险公司的控制，实现了私营保险公司的社会主义改造，建立了比较完整的社会主义保险体系。党的十一届三中全会以后，我国于1979年在中国人民银行分行长会议上提出恢复国内保险机构和业务。经国务院批准，国内保险业务从1980年起开始恢复，这使我国保险业获得新生。随着中国保险市场改革的逐渐深化，许多外国保险公司纷纷进入中国保险市场。1980年7月，美国国际保险集团率先在北京设立了联络处。随后，美、英等许多发达国家的保险公司在上海、北京等地也纷纷设立联络处。20世纪90年代以后，越来越多的外国保险公司进入中国直接经营保险业务或合资经营保险业务。新的保险机构的出现，为保险业的发展注入了活力，促进了我国保险市场中竞争机制的形成。目前，我国保险市场已经初步形成了全国性保险公司和区域性保险公司、中资保险公司和外资保险公司共同存在、公平竞争、共同发展的格局。

二、保险的性质

从经济学角度看，保险是一种经济行为。首先，保险是一种商业活动。保险是平等经济主体之间的交易行为，商业保险是以追求赢利为目的的，投保人追求的目标是避免或者转移风险，而保险人追求的是保费收入大于赔付或给付保险金的商业利润。其次，保险是一种金融活动。在保险中，各个法律关系主体都要与保险公司的业务紧密联系在一起。保险公司的主要业务收入是投保人交纳的保险费，以及依法运用保险费进行融资和投资活动的收入。其支出除了本身经营的费用外，主要是承担赔偿保险金或给付保险金。由此可见，保险公司业务经营所涉及的均为特殊商品。我国有关法律明确规定，凡是经营货币业务的单位均属于金融机构。因此，保险公司属于非银行金融机构，保险是一种以保险公司为中心的金融活动。最后，保险是一种投资方式。从被保险人角度来看，其之所以投保是为了在约定的保险事故发生后或约定的条件满足后，保险公司对自己或自己指定的受益人进行赔偿或给付。在财产保险中，保险公司所作的赔偿就是对投保人投资的一种恢复性的回报。而对人寿保险来说，投保人所购买的保险单就是一种完全的投资，其在约定期限届满后可以按时享受保险金，在期限未届满时也可以通过转让保险单得到一定的转让金额。因此，保险也可以被看作是一种特殊的投资方式。

从法律角度看，保险是保险人与投保人在法律地位平等的基础上经过要约与承诺订立合同的行为。双方当事人的权利义务关系都在合同中以合同条款的形式加以明确规定。保险人的权利是按照合同规定向投保人收取保险费，义务是对于合同约定的可能发生的事故因其发生所造成的财产损失承担赔偿保险金的责任，或者当被保险人死亡、伤残、疾病或者达到约定的年龄、期限时承担赔偿或给付保险金的责任。投保人或受益人的权利是当约定的风险事故发生后或者达到约定的年龄、期限可以向保险人要求赔偿保险金或给付保险金，其义务是按照合同约定的期限和数额向保险人支付保险费并履行合同规定的其他义务。

从社会功能角度看，保险是千千万万的经济单位和个人横向的结合，是人们共同对付风险和损失的一种风险转移机制。在现实经济生活中，风险事故的发生和损失是不可避免的，但是投保人只要购买了保险，在按照约定缴纳一定保费后，即使发生事故造成了损失，被保险人也可以从保险人处获得一定数额的赔偿，使其在经济上有了一定的保障。这种风险损失转移机制从整体上提高了微观经济主体对风险事故的承受能力,有助于整个社会的经济稳定运行和人民生活安定。

从社会再生产的角度看,保险是在生产、流通和消费领域中进行分配和再分配的活动。保险不直接生产物质产品,也不直接经营物质产品,故它不属于直接的物质生产领域,也不属于物质流通领域。同时,保险本身也不是直接的消费行为,因而也不属于消费领域。但是,保险既存在于直接生产领域,也存在于流通领域和消费领域,且在生产、流通和消费领域中进行分配和再分配活动。

总之,人们从不同的角度出发,对保险的理解也有所不同。但总的来看,对保险的理解应该是:投保人根据合同约定,向保险人支付保险费,保险人对于合同约定的可能发生的事故因其发生所造成的财产损失承担赔偿保险金责任,或者当被保险人死亡、伤残、疾病或者达到合同约定的年龄、期限时承担给付保险金责任的商业保险行为。

第二节 保险公司营销

一、营销环境分析

保险公司的市场营销活动是在一定的社会经济环境下进行的,因此只有认真分析自身所处的市场营销环境,才能认识到保险市场的各种投保需求,预测公司的发展方向和规模,把握市场机会,挖掘市场潜力,开发新市场。保险市场营销环境分析,包括宏观环境分析、微观环境分析和投保人行为分析。

1. 宏观环境分析

宏观环境是指一个国家或地区的政治、经济、法律、人口、社会文化、科技水平以及自然环境等影响保险公司营销活动的宏观因素。宏观环境是保险公司不可控的外部环境因素。

首先,宏观环境分析是对所处国家或地区经济环境因素的分析。经济环境因素很多,如供给与需求状况、经济信息、国民经济增长状况、收入变化、货币供给等,其中对保险市场营销影响最显著的是国民经济状况、通货膨胀、通货紧缩、经济周期等,保险公司应根据对国家经济发展变化的预测采取不同的保险市场营销策略。其次,保险公司要研究国家的有关政策法律,尤其是要同与保险业密切相关的金融政策、税收政策和保险法规相适应。再次,保险公司还必须充分分析所处国家的社会环境因素和自然环境因素,尤其是了解各种消费者群体的人口特征、价值、信念及行为模式等,分析消费者的真正需求,以做出合理的宏观决策和市场定位。最后,技术环境对保险市场营销来说能使保险公司利用计算机强有力的支持来分析预测风险的概率,计算出更为合理的费率,设计出更复杂的保单。同时技术环境可以增强保险防灾防损能力,使保险服务更加简单、便捷,使保险营销方式也发生不同的变化。如可以在柜台、商店、银行通过计算机终端营销,也可以通过电视、广播直销。但是,技术的进步如新工艺、新材料的应用等,使风险性质发生了变化,要求保险产品的设计也应充分考虑技术的变化。

保险公司只有通过宏观环境的分析和研究,才能做出合理的宏观决策和市场定位。

2. 微观环境分析

微观环境是指保险公司所面对的投保人、竞争对手、市场营销渠道和社会公众等一系列对保险公司营销活动有直接影响的因素。

首先,投保人作为保险公司的客户,是保险公司营销活动的核心。保险公司要研究投保人的投保动机、需求特点、要求保障的大小以及投保方式偏好等各个方面,使保险公司的营销活动符合投保人的要求。其次,保险公司要清楚了解竞争对手的有关情况,如新产品、特定的促销方法等,才能在竞争环境中创造出优于竞争对手的更好地吸引现在和潜在消费者的经营策略,开发出吸引投保人的新险种,提供更为优质周到的保险服务,使公司在保险市场竞争中立于不败之地。再次,保险公司的营销活动还要考虑市场营销渠道和社会公众利益等环境因素。市场营销渠道主要包括保险代理人、保险经纪人、保险咨询机构、广告商等,保险公司应充分利用各种营销渠道实现公司营销目标。此外,保险公司的市场营销活动还要注意关心社会公众的利益,协调与社会公众的关系,以发挥公众对营销活动的促进作用。

3. 投保人行为分析

投保人作为保险公司市场营销活动的出发点和落脚点,对其行为进行科学、正确的分析,是保险公司市场营销活动顺利开展的关键,也是保险公司经营成功的关键。投保人行为分析主要是对投保人投保动机的分析。投保人投保的动机有经济动机和心理动机两类。

经济动机强调由于投保人受经济利益的驱使而产生的投保欲望。当保险险种所提供的保险保障与其对应的保险费符合投保人在经济利益方面的要求时,促使其产生投保行为。对投保人经济动机的分析,促使保险公司的保险市场营销活动要注重保险费率的合理确定,特别是要有市场竞争力,这样才能吸引投保人。另外,保障范围和保障程度要尽量满足投保人的需要,使投保人真正感到投保值得,从而产生投保行为。

心理动机强调由于投保人保险需求的驱使而产生投保欲望。对投保人心理动机的分析,要求保险公司的保险市场营销活动既要让投保人意识到其内在的保险需求,又要向投保人作积极宣传和提供保险服务,引导投保人的保险需求。

二、保险推销

保险公司通过对市场营销环境和投保人投保动机的分析,制定出有针对性的营销计划和策略,保险推销便运用营销策略实施营销计划。保险推销又称保险展业,是指保险公司的营销人员拓展保险市场、推销保险单的活动。保险推销关系重大,无论保险公司如何通过宏观和微观营销环境的分析、保险市场的调研、险种的开发,并以最优惠的保险费率推介于市场,只有当推销人员最终将保险单卖出去,以前所有的努力才能被承认,保险市场营销目的才能达到。

(一)保险推销手段

保险推销的手段各种各样,层出不穷,归纳起来,最普遍而有效的推销手段有保险宣传和保险公关两大类。

1. 保险宣传

保险宣传旨在唤醒人们的保险意识,提高保险公司的知名度。保险宣传的形式很多,有新闻宣传、广告宣传等。新闻宣传作为权威性的信息发布机构,是首选的保险宣传形式,通过电台、广播、报刊等新闻媒介,使保险宣传工作社会化。广告宣传也是保险宣传中普遍采用的形式,各种生动形象的广告宣传,使保险宣传工作深入人心。例如,"太平洋保险保太平""要保险到人保,人保最可靠"等。

2. 保险公关

保险公关是保险业务人员与公众的直接交往,及时准确地掌握各类公众的信息,在公众中树立良好的形象。保险公关的对象主要有三大类:第一类是对保险公司发展和保险业务发展会产生十分重要影响的组织机构,如中央国家机关、地区政府机关、保险行业领导机关和主管部门等。第二类是对保险公司有相当影响的公众,主要指新闻部门、司法部门、各种社会团体等。第三类是对保险公司的业务或经济利益有直接影响的公众,他们是保险公司的新老保户、保险公司的同行竞争者、保险公司的投资对象以及保险公司的其他合作者。保险公关方式也很多,例如,登门拜访,赠送保险宣传品,举办保险联谊活动,向慈善机构、福利机构以及公共设施建设进行捐赠,捐款支持教育事业的建设和学术研究等。保险公司还可以参加重大节日庆典、集会以及其他公益活动。处理好保险公司与公众的关系不只是保险展业宣传人员的任务,它同承保、理赔、防损、投资等经营环节都密切相关。修订不适当的条款和费率,重视防灾防损工作,从事增加公众福利的投资等,都有利于保险公司在社会公众中树立良好形象,扩大保险宣传的社会影响。

(二)保险推销渠道

保险推销渠道有直接推销、保险代理人推销和保险经纪人推销三种。

1. 直接推销

直接推销是指保险公司依靠自己的专职保险人员直接推销保险单,招揽保险业务。直接推销的优点是它能够充分发挥保险专职人员的业务水平和经营技巧,把保险营销、核保、理赔和风险管理等环节紧密地结合起来,提高保险的业务质量。直接推销的缺点是保险公司单靠直接展业是不足以争取到大量保险业务的,销售费用也较高。因为直接推销必须配备大量展业人员和增设众多的营业网点,大量工资和费用支出势必会提高成本,而且展业具有季节性特点,在淡季时,人员会显得过剩。因此直接推销适合于经营规模大、经济实力雄厚、分支机构健全的保险公司。此外,有些保险公司还通过邮件、报刊、电台、电视甚至因特网来推销保险业务,公众也可写信或打电话索取投保单,或者网上投保,无须同保险公司人员直接接触就能办完投保手续,但这种方法只适合于个人保险业务。

处在保险业发展初期,保险市场尚未成熟的国家,直接推销是保险推销的主要渠道。但对保险业发达国家的保险公司来说,除了使用直接展业外,还可以更广泛地建立代理网,利用保险代理人和保险经纪人来进行展业。

2. 保险代理人推销

保险代理人是指接受保险人的委托,根据代理合同在保险人授权的范围内代为办理保险业务,并向保险人收取代理手续费的单位或个人。

保险代理人按其主营业务不同可分为专业代理人和兼业代理人。专业代理人是指专门从事代理保险业务并以代理保险业务手续费为主营业务收入的保险代理人。专业代理人具有业务素质较高、代理业务范围较广、业务质量较好、便于保险人进行检查和监督的特点。专业代理人按其法律特征分为专业代理公司和个人代理人。兼业代理人是指因其行业特点和便利,在主营业务之外兼营代理保险业务的单位,如运输公司、银行、旅行社、铁路局、航空公司等。兼业代理人通常与投保人联系较为密切,可以结合自身业务优势为保险人争取业务。但是,兼业代理人业务范围较窄,对保险业务熟悉不够,容易影响业务质量,且不利于保险公司的专业化管理。

保险代理人按其所代理的保险业务的性质可分为寿险代理人和非寿险代理人。寿险代理人是专门为保险公司代理寿险业务的保险代理人；非寿险代理人是专门为保险公司代理非寿险业务，如财产保险、责任保险、保证保险、信用保险等保险的代理人。通常寿险代理人和非寿险代理人是严格区分开的，保险代理人不能同时代理寿险和非寿险两大类保险业务。

保险代理人按其是否专门为一家保险公司代理保险业务又可分为独立代理人和专属代理人。独立代理人是同时为多家保险公司代理保险业务的代理人，专属代理人是与一家保险公司签订代理合同并为其代理保险业务的代理人。

3. 保险经纪人推销

在保险市场上，由于保险技术的复杂性，保险条款和费率厘定的专业性，投保人更倾向于委托熟悉保险市场的保险经纪人为其提供专业化的保障计划，选择合适的保险人和保险产品，因此保险经纪人成为保险市场上非常活跃的中介人。

根据委托方的不同，保险经纪人可分为原保险市场的保险经纪人和再保险市场的经纪人。保险经纪人是基于投保人的利益，为投保人与保险人订立保险合同提供中介服务，并依法收取佣金的有限责任公司。再保险经纪人是基于原保险人的利益，为原保险人与再保险人安排分出、分入业务提供中介服务，并依法收取佣金的有限责任公司。

保险经纪人按其从事的业务性质分为寿险经纪人和非寿险经纪人。寿险经纪人是在人寿保险市场上替投保人选择保险人，办理保险手续并从保险人处获取佣金的中介人。作为一名合格的寿险经纪人，必须熟悉寿险市场和资本市场的行情，掌握医学、法律、投资等方面的专项业务知识，并且会计算人寿保险的各种费率，为被保险人选择最佳的寿险方案。非寿险经纪人是为投保人安排各种财产、责任保险，促成保险合同成立并从保险人处收取佣金的中介人。非寿险经纪人必须熟悉掌握相关的专业知识，为投保人提供风险评估、设计风险管理方案、选择最佳的保险人等服务。

再保险经纪人不仅要介绍再保险业务，提供再保险信息，而且要在保险合同有效期内对再保险合同的续转、修改、终止等问题进行管理。因此再保险经纪人必须熟悉原保险市场和再保险市场的行情，具备相当的保险管理技术水平和技术咨询能力，为分出公司争取较优惠的分保条件。由于再保险业务具有较强的国际性，故再保险经纪人在保险市场中的作用显得尤为重要。

第三节　金融科技与保险业转型

一、金融科技对保险业的影响

金融科技对保险业产生了极大的影响。根据保险的英文单词"insurance"，业界将保险业的金融科技称为"InsTech"，即保险科技。金融科技对保险业的影响主要体现在四个方面。

第一，受到大数据的影响。随着智能手机和便携式终端的普及，人们的日常生活信息能够以大数据方式汇集。以前只有保险公司才能掌握事件的发生概率等信息，现在其他行业也可以获取到。保险公司根据庞大的契约条款数据库计算事件发生的概率，然后，据此确定保险费率并与顾客开展相关业务。以前其他公司很难获取到这些数据，而大数据的出现打破了这种格局。其实，使用便携式终端的保险行业已经被商品化。

第二，可以利用实时信息。以前的保险交易需要事先设置固定的保险费率，如汽车保险只有在续签保险合同时才能变更保险费率。而移动互联网的应用使得人们可以及时获取实时信息。比如，对于每年行车公里数很少的客户，保险公司可以为其提供更便宜的保险费。随着物联网的发展，越来越多的机械和装置的数据可以为人们所用。大数据具有彻底颠覆保险公司竞争力的潜质。

第三，自动驾驶技术的革新。如果自动驾驶得到普及应用，那么交通事故的发生概率就会急剧降低。并且，自动驾驶使得事故责任方由驾驶员向提供服务的运营商转移。到那时，之前的汽车保险的性质将发生根本性改变。现在，意外伤害保险公司的主要销售额来自汽车保险，但将来，自动驾驶技术的普及很可能会消除汽车保险业务。

第四，保险销售渠道的改变。现在保险的销售主要依赖于人和实体店铺等物理渠道，需要固定费用支持这种销售结构。因此，传统的保险公司需要做好与使用网络销售渠道的新兴保险公司在成本方面展开竞争的准备。

二、保险科技发展现状

根据创业投资研究公司 Venture Scanner 发布的 2018 年全球保险科技行业融资全景图，全球保险科技融资持续活跃。2018 年，全球保险科技领域融资金额达到 38 亿美元，同比小幅微增 3%。统计数据显示，截至 2018 年底，全球保险科技领域共有 1522 家保险科技公司获得了合计 260 亿美元的融资，共有 1300 多家投资机构或投资人参与了相关投资。从整体融资情况看，小额融资项目逐步减少，大额融资项目占比逐渐提升，融资头部集中化趋势日渐明显，行业成熟度不断提升，尤其是自 2017 年和 2018 年以来，以上特征愈加突出。

疫情之下，2020 年全球保险科技股权融资规模迅速增长，融资总额高达 276.2 亿元，创历史新高；融资数量回升至 135 笔，是 2018 年以来最大值（见图 4-1）。从季度上看，全球融资数量和金额在 2020 第四季度达到最高峰，分别为 60 笔、93.5 亿元。2020 年全球保险科技融资 TOP10 的门槛为 1.1 亿美元，TOP10 融资总额为 25.1 亿美元（约 175.5 亿元），占全年的 63.5%。2020 年中国保险科技融资 TOP10 的门槛是 1400 万美元，TOP10 融资总额为 10.84 亿美元，占全年的 93.2%。从融资区域来看，美国项目在融资金额上全球占比 56.9%，在融资数量上全球占比 36.3%，均位列榜首；从融资阶段来看，战略投资在金额上占比 20.4%，位居第一，但在融资数量上仅占 16.9%，不及种子/天使轮（30.9%）、A 轮融资（24.3%）。2020 年全球保险科技并购事件共有 23 笔，其中仅有 4 笔披露了交易金额，合计达到 109.8 亿元；5 家保险科技公司扎堆 IPO 上市，美国公司 4 家，中国公司 1 家（慧择保险），IPO 募资总额 25.8 亿美元。

从全球保险科技历年融资细分领域看，得益于人口老龄化红利的逐步释放以及社会民众对健康护理保险需求的日益旺盛，健康保险领域发展前景看好，成为保险创新的热门领域，很多健康险初创公司受到资本市场的热捧。健康险领域历年融资总额高达 120 亿美元，稳居融资细分领域第一位。健康护理公司 Clover Health 和健康险平台 Bright Health 更是于 2018 年分别完成了 5 亿美元和 2 亿美元的单轮高额融资。

得益于物联网在保险领域的广泛应用，基于物联网的财产险领域与车险领域亦成为保险科技融资的热门领域，历史融资总额均超过 80 亿美元。基于保险创新科技、旨在重塑家庭财产保险的 HIPPO 于 2018 年 11 月完成 7000 万美元的 C 轮融资，而车联网科技公司 CMT 更是于 2018 年 12 月获得了软银愿景基金 5 亿美元的高额投资。

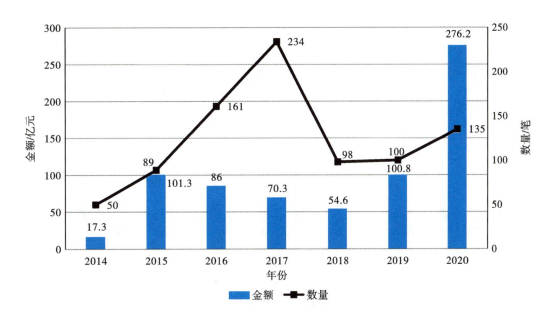

图 4-1 全球保险科技股权融资规模

与国外相比,我国保险科技虽起步稍晚,但能够主动创新、大胆开拓并积极应用,保险科技创新呈现迅猛发展的势头,与西方发达保险科技市场的差距正在不断缩小。我国保险科技企业融资次数和融资金额均呈现明显的上升趋势,2016 年融资次数和融资金额分别高达 78 次和 19.59 亿元。在"防风险、严监管"的行业背景下,2017 年我国保险行业创新监管趋严,创新投融资活动更趋理性,保险科技融资次数和融资金融同比均出现下降,分别降为 43 次和 16.08 亿元,然而大额融资数量不断增加,2017 年仅单笔过亿元的融资事件就多达 8 起。同时,2017 年众安保险在香港上市,完成 IPO,募集资金超过 1 亿元,为我国保险科技发展注入了强劲的活力。如果将众安上市融资考虑在内,那么 2017 年我国保险科技融资创历史新高。在互联网新经济和资本市场的共同驱动下,我国保险科技发展进入新阶段。

从单个季度来看,中国保险科技领域融资波动极大。数量上,2018Q1、2019Q3 和 2020Q4 三个季度达到 10 笔及以上;金额上,2018Q2、2019Q2、2019Q3 和 2020Q3、2020Q4 5 个季度均超过 10 亿元,主要是京东安联、水滴公司、众安科技等单笔巨额融资所致。2020Q3 至 2020Q4 期间,季度融资金额平稳在 16 亿元左右,资笔数由 4 笔飙升至 11 笔,2020Q3 主要由水滴公司 2.3 亿美元融资所致,2020Q4 除水滴公司外,还有南燕信息、复深蓝过亿元的融资加持(见图 4-2)。

在保险科技企业融资方面,除了众安保险由于 IPO 带来的高额融资外,大特保、意时网、慧择网、车车车险、彩虹无线、水滴互助等新兴的保险科技创新平台均成为各自领域的创新实践者和引领者,受到资本市场的青睐,获得了高额融资,逐步发展成为保险科技领域的头部平台。同时,绝大多数保险科技公司仍处于早期融资状态,多数公司处于 A 轮或 B 轮融资状态,发展节奏相对慢于西方发达市场。

在细分领域方面,当前我国保险科技领域最大的融资额来自互联网保险公司,主要为众安保险。其次是综合销售平台和管理型总代理,这些创业平台主要聚焦渠道变革,为用户带来更

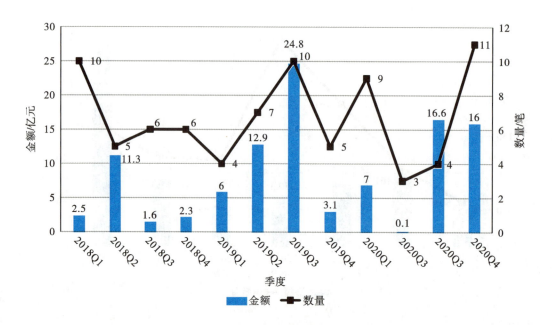

图 4-2 中国保险科技股权融资规模

好的体验,尤其是健康险领域成为最大的投资热点,从健康险前端销售向后端服务转变,带来了全新的市场机遇,如大特保。车险板块始终是保险科技创新关注的热点,从车辆数据型科技公司到 UBI①,再到车险比价销售平台,竞争对手不断进入,市场竞争日趋激烈,主要的头部平台包括车车车险、彩虹无线、OK车险等。另外,以水滴互助为代表的网络互助平台、以保险师为代表的经纪人展业工具、以意时网为代表的场景定制等领域,也迸发出强劲的创新活力,展现出了适合市场发展趋势的生命力。

总体来看,我国保险科技虽然起步较晚,但是展现出非常强劲的发展势头,在创新应用方面多点开花,在保险运营管理的多个领域均取得了良好的落地成效。同时,在保险科技发展过程中,跨界融合与创新协作现象愈加突出,与保险行业关系紧密的互联网、通信、汽车、零售等相关领域和行业高频互动、深度融合、互利互惠、共生共赢,不断打造形成全新的保险行业生态。

阅读材料 4-1

2020 年全球与中国保险科技投融资 TOP10

2020 年全球保险科技融资 TOP10 的门槛为 1.1 亿美元,TOP10 融资总额为 25.1 亿美元(约 175.5 亿元),占全年的 63.5%。其中,美国公司独占 7 席,中国 2 席,英国 1 席。2020 年 TOP10 中,水滴公司和 Hippo Insurance 各获 2 次融资;从投资者角度来看,老虎环球基金、黑石集团、FinTLV Ventures、Dragoneer Investment Group 较为活跃,均投资了 2 次(见表 4-1)。

---

① UBI(usage based insurance)是基于使用量而定保费的保险。

表 4-1 2020 年全球保险科技投融资 TOP10

公司名称	融资金额/美元	国家	公开日期	融资阶段	主要投资者
Ki Insurance	5 亿	英国	2020-09-21	战略投资	Fairfax Financial Holdings,黑石集团
Bright Health	5 亿	美国	2020-09-22	E	Bessemer Venture Partners NEA 恩颐投资,老虎环球基金,黑石集团
Hippo Insurance	3.5 亿	美国	2020-11-24	战略投资(E+)	Mitsui Sumitomo Insurance Company
Next Insurance	2.5 亿	美国	2020-09-23	D	CapitalG, FinTLV Ventures, Munich Re Ventures
水滴公司	2.3 亿	中国	2020-08-20	D	IDG 资本,点亮基金,瑞士再保险集团,腾讯
Hippo Insurance	1.5 亿	美国	2020-07-21	E	Dragoneer Investment Group, FinTLV Ventures
水滴公司	1.5 亿	中国	2020-11-24	战略投资(D+)	腾讯
Oscar Health	1.4 亿	美国	2020-12-17	战略投资(E+)	百利,Coatue Management, Dragoneer, Investment Group, Founders Fund,老虎环球基金
Pie Insurance	1.27 亿	美国	2020-05-28	B	Aspect Ventures, Elefund, Gallatin Point Capital
Ryan Specialty Group	1.1 亿	美国	2020-09-01	战略投资(PE)	ONEX

2020 年中国保险科技融资 TOP10 的门槛是 1400 万美元,TOP10 融资总额约为 10.84 亿元,占全年的 93.2%。水滴公司和南燕信息均占 2 席,水滴公司在 D 轮和之后战略投资中分别融资 2.3 亿美元、1.5 亿美元,南燕信息在 B+轮与 C 轮中分别融资 1 亿美元和 2.5 亿美元。从投资者角度来看,水滴公司每一轮融资中都有腾讯参投,南燕信息每一轮融资中都有蓝驰创投,SIG 海纳亚洲在 TOP10 中也出手 2 次(见表 4-2)。

表 4-2 2020 年中国保险科技投融资 TOP10

公司名称	融资金额/美元	注册地	公开日期	融资阶段	主要投资者
水滴公司	2.3 亿	北京	2020-08-20	D	DG 资本,点亮基金,瑞士再保险集团,腾讯
水滴公司	1.5 亿	北京	2020-11-24	战略投资(D+)	腾讯

续表

公司名称	融资金额/美元	注册地	公开日期	融资阶段	主要投资者
南燕信息	2.5亿	上海	2020-10-15	C	SIG海纳亚洲,蓝驰创投,千骥资本
保险极客	0.25亿	北京	2020-03-18	C	SIG海纳亚洲,华兴新经济基金,元启资本
Ignatica	0.15亿	香港	2020-03-01	种子/天使	未透露
南燕信息	1亿	上海	2020-01-22	B+	蓝驰创投,中银国际
暖哇科技	1亿	上海	2020-02-28	A	光源资本,红杉中国,龙湖资本
深蓝保	1亿	深圳	2020-02-05	战略投资	小米科技
复深蓝	1亿	上海	2020-12-23	Pre-IPO	毅达资本,高鲲资本,上海自贸区基金
Coherent	1400万	香港	2020-11-10	A	Cathay Innovation,Franklin Templeton

第四节 金融科技与保险业创新

一、物联网

"到2025年,物联网将无处不在,联网的东西将驱动一场数据爆炸,传感器被嵌在汽车、建筑物和可穿戴设备上,这样一来,一个四口之家就能拥有100多个联网设备。"保险公司目前正经历着环境的重大转变。这涉及环境本身的性质(监管、新进入者和边界)、风险的性质,以及最终客户的需求。商业组织必须适应新的规则,这些规则现在是金融服务行业的一部分。最重要的变化之一是客户性质的改变。特别是,物联网技术是一种新的商业模式,消费者现在已经成为始终连接在一起的消费者,不断地互相交换信息,并要求提供越来越多的数字尖端产品和服务。

基于万物互联理念,物联网在健康保险、财产保险中率先得到应用,由此诞生了一批基于物联网技术的创新保险商业模式。

首先,通过物联网驱动健康管理,保险公司可以准确地确定被保险人的健康管理目标,根据目标制定个性化的健康管理方案。同时,通过分析被保险人的健康情况、日常活动等数据,保险公司能够准确地进行风险评估和价格调整。可穿戴设备是一个智能终端,可搭载多种传感器对其自身或用户的状态进行监测,实时收集信息与数据,推动健康保险由事后补偿向预防发展,极大地降低了风险评估成本。

其次,基于物联网的车险创新商业模式UBI得到了蓬勃发展。UBI定价模式下,车险的定价会以车辆上安装的 OBD① 装置所收集的车辆行驶的过程数据（车辆维护状态、行驶路线及距离）、驾驶行为为依据。具体的定价方式会依每部车的评估不同而异。此外，依靠车联网技术，可实现事故的即时通知，更准确地进行责任评估，提升了保险公司的反欺诈能力，使得理赔管理流程的效率得到大幅提升，同时理赔管理的相应成本得以高效控制。

阅读材料 4-2

John Hancock 赠送可穿戴设备

美国寿险巨头之一 John Hancock 创始于 1862 年，目前已经拥有超过万亿的资产。它在 2018 年 9 月 19 日宣布将停止传统人寿保险业务模式，未来只承保基于可穿戴设备的用户。John Hancock 是最早利用可穿戴设备力量的保险公司之一，它与 Vitality 联手为人寿保险保单持有人免费提供 Fitbit 智能手环，通过智能手环手机用户健康数据，同时再通过健康奖励，鼓励用户了解健康、多去坚持健康的行为。而被手环记录下来的健康数据则有以下两种用途：第一，消费者可以通过相关的应用程序和网站获得公司制订的健康计划，当消费者完成健康计划，可以在购物时获得一定的折扣。第二，Vitality PLUS，即客户每月花 2 美元，就可以获得 John Hancock 活力计划中的所有好处，包括每年可节省 15% 的保费，为保持健康而做的日常事务奖励，比如锻炼、健康饮食、定期检查等。

另外，John Hancock 还与苹果公司合作，消费者只需花 25 美元即可获得 Apple Watch，或获得免费的 Fitbit 设备，以便轻松记录健康活动。保单持有人可以通过体育活动或其他健康生活活动获得积分，然后将这些积分用于费率折扣或其他奖励。"15 分钟的锻炼可以节省 15% 的保费"也成为 John Hancock 新的销售打法。John Hancock 保险公司的意图在于通过提供娱乐、购物、旅行奖励和折扣，鼓励用户保持身心健康，从而避免用户提出索赔风险。

二、人工智能

在保险行业，人工智能已应用在多类场景之下并带来了许多积极的改变：如在客户交互环节，通过人工智能实现与客户的互动，促进了保险公司在线获客、营销推广、客户服务以及部分自动理赔等方面的发展；在核保、承保及理赔环节，通过人工智能，快速对客户提供的资料（如文档、录音及录影等文件）的真实性进行高效的识别和记录，从而实现高速作业处理，同时识别潜在的保险诈骗行为等。

目前，人工智能应用的主要领域仍集中在应用人工智能带来的算法方面的提升，通过机器学习，建立更精准的模型体系，支撑业务运营过程中的风险控制、反欺诈、精准营销和客户关系管理等。

阅读材料 4-3

机器学习在寿险反欺诈领域的应用

欺诈是长期困扰寿险行业发展的重要问题，严重制约着保险行业健康、快速的发展。中国人寿作为国内最大的商业保险集团之一，在反欺诈方面也投入了大量的资源进行能力建设。

---

① OBD(on board diagnostics)指车载自诊断系统。

随着技术的不断进步和海量数据资源的积累,中国人寿也应用机器学习等技术,对寿险领域存在的潜在欺诈案例进行挖掘和追踪,减少了传统案件处理过程中的人为不确定因素,提高了识别准确率,节约了人力成本。

通过对历史数据的研究,中国人寿发现在人身保险欺诈中,重大疾病险、意外险和短期健康险欺诈案发率较高。从件均涉案金额来看,重大疾病险、两全保险、定期寿险涉案金额相对较高。重大疾病险有着发案频率高和件均涉案金额高的双重特点,成为反欺诈的重点关注领域。

三、云计算

经过十多年的商业化发展,目前云计算已深入应用到包括通信、医疗、教育、政务、交通、金融、电商等诸多行业和领域,有效解决了传统IT技术方案面临的投入成本高、运行维护工作量大、资源配置不灵活以及数据安全无法保障的问题。

云计算是保险科技最为重要的基础设施之一,也为保险公司的科技变革提供了重要的基础资源支撑。云计算在行业内除了帮助保险公司解决IT上的难题,还在逐渐推动底层基础架构的变化。保险公司运用云计算可以实现投保线上化、移动展业、移动理赔等高效的业务。通过云计算对各类数据资源的整合,保险公司可在定价、营销、承保、理赔等多个环节实现精准智能的业务运营。

阅读材料4-4

信用与风险管理,云计算支撑信用管理服务

全球领先的金融服务提供商安联集团主要为公司及个人提供保险和资产管理解决方案。随着保险科技的发展,安联集团也充分应用各类创新技术拓展、提升自身的服务能力。安联集团在关注信用风险及完善网络风险管理流程方面,主要应用云计算技术进行了如下尝试:

(1)标准接口服务,无缝交易对接。安联集团下属的全球三大信用保证保险公司之一Euler Hermes在2017年推出了"单次贸易承保"产品,在逐笔交易中,依托云计算等技术和专有的API接口,创建无缝链接交易过程,从而实现全面的信用管理。

(2)系统深度融合,高效服务支持。同属安联集团的AGCS公司,则在与Cyence公司的合作过程中,通过云计算技术将自有的核保平台与Cyence公司提供的网络分析平台进行结合,利用Cyence公司的风险预测服务,快速确定客户的网络风险规模,进而进行核保服务,根据客户公司的具体规模来确定承保范围,并对客户的网络账户进行建模以确定风险趋势并分析如何应对不同的风险场景。

四、大数据

大数据是保险科技推动行业发展的重要基础设施和重要组成部分。大数据是通过分析全部数据而不是采样数据,为产品设计、定价、营销、承保、理赔等多个环节提供了最基础的数据支持,推动保险公司逐渐向数字化转型。通过数字化,可以更加清晰地建立客户画像,保险公司得以在更多的细分领域和丰富的场景内创造出更加丰富的保险产品。比如,基于对气象数据分析结果基础上的气象保险,基于对消费者网购数据分析创造的退运费险等。同时,数字化的转型在交叉营销、客服服务等方面取得的成效也远优于传统保险公司。

目前,保险行业已形成了完整的大数据产业生态,覆盖范围包含保险公司、第三方保险平台、中介代理、业务合作方、相关数据及技术支持方等。此外,随着监管方对消费者保护和数据隐私等问题的日益关注,监管部门在大数据产业生态中的作用日渐凸显。

阅读材料 4-5

挖掘大数据价值,推动数字化转型

创立于 1880 年的慕尼黑再保险是全球最大的再保险公司之一。近年来,伴随科技的不断进步及保险行业技术应用的进一步深化,慕尼黑再保险也将"数字要素"嵌入集团的整体发展战略中,并设立了数字化建设目标,成为传统保险公司数字化转型领域的领航者。慕尼黑再保险通过运用大数据的相关技术,建立了"慕再数据湖",从数据收集、数据存储和整合以及数据应用三个方面提高自身的数据分析与应用能力,并在保险价值链中的营销、核保和理赔等多个环节实现了数据支撑的运营提升。

慕尼黑再保险在应用大数据技术进行数字化变革的过程中,主要聚焦于两方面能力的建设:一方面是风险管理能力,通过对核保、理赔、客户数据、感知数据等内外部大量数据的整合、分析和处理,挖掘潜在风险,并以动态可视化的形式呈现,实现更加全面的风险认知,动态把握风险状况;另一方面是运营服务能力,慕尼黑再保险利用基于海量数据和数据分析方法驱动的解决方案为其各个业务板块提供内部支持,提高运营效率,同时也能为客户提供更完善的保险服务,升级用户体验。例如,慕尼黑再保险的 ELD 平台基于对超过 1.6 万个新闻数据源的评估,对已发生损失的事件进行搜索和损失测算,实时监控保险标的风险状况。一旦发生风险异常情况,平台即刻触发自动告知,提醒客户及时采取措施,进行避险减灾,防止损失进一步扩大。在平台的支持下,客户的防损防灾意识也得到提高和加强,数据支持更加完整、可靠,理赔管理工作量也得到有效控制,进而提高了整体的理赔效率,提升了客户的服务体验。

五、区块链

区块链是一个集点对点网络、密码学、分布式计算、数据存储、共识算法等核心底层技术于一体的技术体系,具有去中心化、不可篡改、匿名性等特征。区块链技术与保险业务有四大"基因相似性",即社会性、唯一性、时间性和安全性。

根据波士顿咨询的研究,在保险的分销、风险管理和运营方面,全区块链保险公司可显著降低综合成本率,如区块链车险可比传统车险降低 10%~13% 的综合业务成本。在客户一致性信息管理领域,利用区块链技术将客户各种信息输入系统,经审查通过的信息一旦写入区块链便不可篡改,可方便同一公司不同产品线和部门间共享信息,并在处理后续业务时简化信息认证流程,在理赔时缩减理赔时间,加快赔款支付,同时保证理赔过程的透明度,提高客户的满意度与留存率。同时,不同保险公司也可以在一定程度上共享客户信息。如果能在保险机构之间建立联盟链,可以有效共享某些客户信息,降低信息录入和运维的成本;在共保或再保险中,将合同条款谈判和更新、理赔进程等信息写入区块链并同步到各个参与方,基于准确的信息录入和及时的更新,能够帮助各方缩短理赔的时间和流程,降低沟通成本。

区块链也可以改进保险的流程效率。一是基于区块链技术的智能合约系统,使保险业务能实现自动理赔,即达到理赔条件时自动执行合同,这一颠覆性的变革是合同有效执行的基本保障。如航班延误险,理赔系统可以自动抓取延误信息并自动执行合同,不再依赖人工操作;又如手机碎屏险,保险公司获取用户上传的碎屏图片数据,并通过图像识别技术自动审核赔付。一旦上述智能合约被触发,将自动支付赔款,更好地保障消费者权益,提高了用户体验,优化了业务流程。二是在反欺诈和反洗钱领域,区块链不可篡改但可追溯的特点为核实情况提供重要又便捷高效的理赔依据。如医生的诊疗记录、贵重物品的鉴定信息、海上货轮的航行路线、客户的私密个人信息等,目前保险公司要获取这些重要理赔依据主要依靠人力收集和核实,效率低且容易出错、遗漏,如果相关方共同将信息写入区块,投保理赔的过程将变得简单快捷,且验证有效性高。三是区块链技术可以优化保险行业的监管模式。自由市场和有效监管的平衡始终是监管部门关注的问题,即如何在监管的框架下,让企业顺应市场规律自由发展,让供求决定价格,同时,有效避免"一抓紧监管,市场就僵化;一放开监管,市场就无序"的情形。在审慎监管的指导下,严格的内部监督管理增加了企业和社会成本,但效果却差强人意。区块链的出现为打造更有效的监管体系提供了可行性,即从制度监管向技术监管转变。利用区块链的共识信任机制让多方参与验证的过程,本身具有监管特性。从中心化的机构监管到参与方的共识监管,调动每一个节点的能量,实现人人享受服务、人人监管体系,自律与自治模式可以降低机构监管的难度和复杂度,让监管更加有效。

此外,保险公司可利用区块链技术拓展新业务。区块链技术与大数据相结合,可以为投保人画像,提炼共同特征并描绘各自的特点。保险公司可以利用真实的多维数据,为投保人设计个性化、定制化的产品,再通过智能合约自动执行。如汽车保险可以为每一辆汽车设计产品,加入特定驾驶员、特定路线、特定事件、路况、天气等调整机制,提供灵活的实时定价、结算和理赔服务。

阅读材料 4-6

便捷、安全的保险体验

阳光保险在2016年推出了业内首款具备区块链特性的微信保险卡单。该产品围绕商务旅客的需求,为经常乘坐飞机出行的客户提供更方便的保险服务,避免每次出行重复购买的烦琐程序。用户在公司官网完成产品购买后,可以随时在微信服务号上查询电子卡的可使用次数、有效期等信息,同时将卡单通过微信分享给好友。电子卡单使用也非常简单,在点击使用并填写航班号和被保险人姓名、身份证号等信息后即可生效,整个流程不到1分钟。依赖于底层的区块链技术,保险公司和消费者可以追踪保单的流转过程,从而确保产品的真实性和保单的唯一性,杜绝了潜在的欺诈风险,且客户可以便捷地进行保险卡单的购买和转赠,为客户带来了更加便捷的保险购买和使用体验。

安盛保险是全球范围内最早使用区块链技术开发保险产品服务的大型保险集团之一,其在2017年推出了一款基于以太坊公有区块链技术的航空延误保险产品Fizzy。作为一款"智能保险"产品,被保险人在乘机出行时,如果遇到航班延误两小时或以上的情形,即可获得赔付。与传统的保险产品不同,Fizzy是一款100%自动化的保险产品,其通过使用区块链上的智能合约来触发自动支付。Fizzy的用户付款和赔偿数据存储在区块链中,并通过以太坊智能合约与全球空中交通数据库相连接,实时监控航班数据。当客户航班延误超过2小时,赔偿机制将会自动执行,直接将赔款发送到投保人指定账户中。整个流程独立于安盛保险的决定,因而有效地缩短了案件的理赔时间,降低了合约执行成本,提升了作业效率。而传统的飞机延误险赔付需要花费大量的时间,需要准备航空公司的延误证明、索赔登记表、机票复印件、登机牌以及身份证复印件等材料。

第五节　保险业金融科技面临的挑战

一、展望

随着各种新兴技术的快速迭代发展，保险科技领域也发生了深刻变化，不断呈现一些新特征、新趋势。一是保险科技不断向生活化领域深度渗透，基于使用量和特定行为的个性化微型保险需求日益旺盛；二是保险销售主导的时代终结，基于科技驱动的"客户体验时代"来临，自主消费成为大势所趋；三是基于科技和智能技术的自动化整体保险顾问和自助式服务工具将深刻改变保险服务新模式，且更加经济、简便、高效、透明；四是在实时数据捕捉和监控、风险量化等技术的有效支撑下，保险精算将逐步跨入"千人千价"的新阶段。总体来看，保险科技在保险领域的应用深度、广度以及取得的成效远远超出了行业内外的预期，科技创新将给保险行业带来新的期待、新的格局、新的挑战。

二、面临的挑战

1. 跨行业、跨领域风险传导现象突出

当前产业融合趋势势不可挡，保险科技有效提升了融合的速度与程度，打破了行业壁垒，使产业边界愈加模糊，加快了信息、资源共享与平台共建，给产业创新发展带来了巨大机遇。同时，跨行业、跨领域的风险传导也给保险行业发展带来了新的挑战。尤其是在创新科技的助推下，金融与科技实现深度化跨产业交融，市场交易主体更加丰富，交易结构愈加复杂，系统运作逻辑更加多维，无论是从行业间横向上看，还是从行业内纵向上看，风险层级和结构日趋复杂，在开放共享的发展格局下，不同市场和主体的个性化风险不断外延传导，输入式风险亦可能带来系统性风险。例如，在我国市场份额超过40%的第一大公有云供应商阿里云于2019年3月3日发生大规模故障，华北区域使用阿里云服务的多家互联网公司的App和网站陷入瘫痪，无法登录或使用。在阿里云运维支持的抢修下，故障持续了约3个小时。其间，受影响企业的App和网页端运营几乎停滞，给相关企业带来了巨大的经济损失。

2. 消费者权益维护难以实现

在高度信息互联时代，数据是所有行业和机构赖以生存的最有价值的资产，用户的相关数据信息尤其如此，成为各大机构竞相争夺的优质资产。作为个人数据信息的拥有者，用户并无能力有效维护自己的合法数据所有权。一是很多平台或机构在用户不知情的情况下将其个人数据信息用于商业领域；二是互联网平台开放的信息技术难以有效保障用户的个人数据信息安全，确保信息不被盗用、滥用；三是目前我国尚无相关立法，确保用户的数据信息权利不被侵犯；四是互联网的虚拟性、跨地域性以及信息不对称性使个人消费者难以进行有效维权。因此，无论是从我国相关法制体系上看，还是从消费者维权的实际路径上看，消费者要想合理维护自身的数据权益仍面临很大的客观挑战。

3. 基础服务设施相对落后于行业发展

近年来，在监管机构的有力推动和保险机构的共同努力下，我国保险行业基础服务设施建设取得了很大进步，在服务范围和服务内容方面都为行业的快速发展提供了有力支持。然而，

相较于保险科技的快速发展,我国的保险行业基础服务设施建设仍有很长的路要走。一是在基础数据方面,我国保险行业当前的基础数据标准化程度较低,开放共享程度有限,即便实施共享,也只是通过物理整合集中方式实现,费时耗力,尤其是对于事关保险行业经营的风险数据,各家机构更是严防外流,行业基础性数据连接、整合、共享和应用不足,仍有较大的待优化空间。二是在信息化治理机制方面,保险行业信息化治理水平参差不齐,很多机构仅仅将保险科技作为一个实现工具,并未从战略上将科技创新思维根植于未来的转型发展中,行业在塑造科学、高效的信息化治理机制方面还存在一定差距。三是在保险科技的行业标准和应用规范方面,尚未制定出针对保险科技研发与应用的相关标准和规范,以指导和规范保险科技行业的健康持续发展。

4. 保险监管面临巨大挑战

不同于传统的保险创新,保险科技的创新应用涉及的场景、模式、逻辑等更加复杂、多元,给现有的保险监管带来了巨大压力。一是在协调监管方面,保险科技的创新应用既涉及信息互联网领域,又涉及金融保险领域,无论是在法制规范上还是在实践监管上,都需要相关部门协调,使节奏保持一致,以确保有效监管;二是在行业风险监测与处置上,在没有针对创新领域完善立法的情况下存在创新者与监管者进行博弈的现象,不断对外拓展创新边界,测试监管底线,因此对监管者的风险敏锐度以及风险监测、风险预警和风险处置能力提出了更高的要求;三是在保护行业实质性创新方面,如何在有效防控风险的基础上激发保险科技创新的活力和积极性,以及如何处理好行业创新与风险控制之间的微妙平衡,始终是保险监管者需要面对和解决的难题。

思考题

1. 保险公司营销环境分析包括哪些方面?
2. 物联网如何创新保险商业模式?
3. 国内外保险科技发展现状是什么?
4. 为什么云计算是保险科技最为重要的基础设施之一?

第五章　第三方支付

第一节　第三方支付概况

一、第三方支付的定义

第三方支付狭义上是指具备一定实力和信誉保障的非银行机构,借助通信、计算机和信息安全技术,采用与各大银行签约的方式,在用户与银行支付结算系统间建立连接的电子支付模式。

随着市场的发展,各国先后对第三方支付机构进行了定义。1999年美国《金融服务现代化法案》将第三方支付机构界定为非银行金融机构,将第三方支付视为货币转移业务,本质上是传统货币服务的延伸。欧盟1998年电子货币指令规定第三方支付的媒介只能是商业银行货币或电子货币,将类似PayPal(贝宝)的第三方支付机构视为电子货币发行机构;2005年支付服务指令规定第三方支付机构为"由付款人同意,借由任何电信、数码或者通信设备,将交易款项交付电信、数码或网络运营商,并作为收款人和付款人的中间交易人"。中国人民银行2010年颁布的《非金融机构支付服务管理办法》将非金融机构支付服务定义为,非金融机构在收付款人之间作为中介机构提供下列部分或全部货币资金转移服务:网络支付,预付卡的发行与受理,银行卡收单,中国人民银行确定的其他支付服务。根据中国人民银行2010年在《非金融机构支付服务管理办法》中给出的非金融机构支付服务的定义,从广义上讲第三方支付是指非金融机构作为收、付款人的支付中介所提供的网络支付、预付卡的发行与受理、银行卡收单以及中国人民银行确定的其他支付服务。第三支付已不仅仅局限于最初的互联网支付,而是成为线上线下全面覆盖,应用场景更为丰富的综合支付工具。

之所以称"第三方",是因为这些平台并不涉及资金的所有权,而只是起到中转作用。它原本是用来解决不同银行卡的网上银行对接以及异常交易带来的信用缺失问题,通过提供线上和线下支付渠道,完成从消费者到商户以及金融机构间的货币支付、资金清算、查询统计等一系列过程。

二、第三方支付的起源与发展

步入信息时代,自有分工而有交易、经货币而广交易以来,一向看得见、摸得着的支付行为悄然蜕去了"一手交钱,一手交货"的形态。不知从什么时候开始,人们习惯了出门不带钱包,只需带一个内置了几张卡的手机钱包;购物不走、不站、不上银行取钱,只需坐着看看网页点一点;企业收付款不用跑银行办支票、汇票,只需上网完成几个支付操作;农民卖货不必担心被赊账拖欠,只需拿个手持POS机或手机按一按。

在这场蜕变中,银行并不是唯一的弄潮者。

现代支付体系的创新主要体现为网络信息技术在支付领域的应用。电子信息技术的出现，产生了基于信息技术网络的新支付工具、新支付系统应用，更催生了不同于传统交易的电子交易方式。

在电子时代，以二进制数字化编码的交易资金流与信息流的匹配，替代了前印刷时代以文字编码的交易现金流、票据流与信息流的匹配。

电子支付替代现金支付成为时代的新主导，电子支付体系替代纸面现金和票据支付体系成为主导体系。

一方面，传统的交易中介被加速脱媒。电子交易不仅是传统交易信息流、资金流的电子化，而且出现互联网 B2B（企业对企业的电子商务模式）、B2C（企业对消费者的电子商务模式）、C2C（消费者对消费者的电子商务模式）等多种电子商务交易形式。电子商务交易商等新型机构的出现意味着，以交易环节极简、买卖双方撮合度极广、交易运行速度极快的电子中介，替代了前电子时代以中间"人"为主导的交易中介。电子交易的发展甚至还"引致了电子易货的新现象，如航空公司采用的里程积分，这是对人类社会货币出现以前易货交易的复归"。

另一方面，传统的现金货币媒介也被加速脱媒。信息空间里，生产货币的边际成本为零。电子货币使任何人想用钱就用，不受现金限制。电子货币有3种主要类型：电子现金、网络货币和存取产品。电子货币具有取代纸币成为零售支付领域的一种重要支付方式的潜力，以及能够在世界范围内流通的特性。这些货币作为商品价值标准的中介功能完全没有变，但是储藏和转移价值的货币载体却从纸完全迁移到了自动化的电子流，简化为代表经济价值的一串纯粹的数字符号。信息技术的演进变迁也发展出了多种替代现金货币系统的数码记账形态，甚至出现了信息空间特有的比特币、莱特币等新型电子货币。

此外，电子认证技术日新月异，电子签名、电子密码向指纹、声波等生物认证技术演变，使交易和支付认证越来越便捷、准确。

总的看来，在电子交易方式、电子货币及电子认证技术演变的"三重奏"作用下，电子交易的支付媒介角色不再全部由银行扮演。

电子交易支付中介机构发展主要有两个演进逻辑。一个逻辑是走银行电子化路线，把银行纸面票据支付业务转为数码记账系统，包括可应用于实体场所的磁条卡片或 IC（多功能智能）感应卡、有网上银行功能的银行卡，以及完全无卡化操作的电子银行。在银行电子化路线中，银行仍是唯一的支付媒介，只是在打通不同银行和商户的网关支付或支付工具布放、信息传输等辅助功能上需要第三方支付机构的服务。例如，银行卡跨行支付服务机构、电话银行服务机构、POS 机或 ATM 布放服务机构、信息转接服务机构等。另一个逻辑是走交易商电子化路线，在交易商及新型电子商务交易商的电子化管理和服务系统中直接派生出数码记账系统。这包括各类商业机构自行发行的预付卡，如储值卡（商场会员卡）、公交卡和礼品卡等实体介质卡，以及互联网 B2B、B2C、C2C 电子商务交易里的虚拟钱包、虚拟账户，甚至比特币、莱特币等新型数字货币系统。

在交易商电子化路线中，资金账户完全不是银行账户。银行虽然仍在默默发挥作用，但已从支付交易前台完全退到了后台，成为可缺席的支付金融媒介。信息技术与金融融合的产物——非银行类第三方支付机构就此登上历史舞台，扮演重要的支付金融服务角色，典型的有互联网支付服务机构、移动支付服务机构、电子钱包发行机构、单用途/多用途储值卡服务机构等。

非银行类第三方支付机构获得的那部分收益就是其运用电子支付体系,使传统上由银行独占交易媒介所产生的交易成本减少了的那一部分。与这部分收益相对应的效用增量,可能比银行电子化带来的效用增量更大。这也正是银行不再是支付媒介唯一主角的重要原因。

阅读材料 5-1

中国第三方支付的发展

中国电子商务的繁荣及网络购物的兴起与第三方支付平台的发展休戚相关。1999年,易趣网、当当网相继成立,为了适应网上支付需求,中国诞生了第一家第三方支付公司——首信易支付,但它实现的仅仅是指令传递功能,把用户的支付需求告知银行,转接到银行的网上支付页面。

2003年,在非典改变了网民的消费习惯后,支付行业也迎来了快速发展的时代。当时的网络购物还处于萌芽阶段,支付形式单一,买卖双方互不信任的问题是网络购物停滞不前的主要原因。为了吸引更多的网购人群,将淘宝的规模做大,2003年10月,淘宝设立支付宝业务部,开始推行"担保交易"。2004年12月,支付宝正式独立上线运营,标志着在阿里巴巴的电子商务圈中,信息流、资金流和物流开始明晰。2005年腾讯旗下的支付公司"财付通"成立,随后全球最大的支付公司之一PayPal高调进入中国,而阿里巴巴创始人在当年的瑞士达沃斯世界经济论坛上首次提出了第三方支付平台的概念。此时,第三方支付模式已不仅是扮演"通道"角色的支付网关模式,还进化成为交易双方提供资金保管的支付账户模式,即交易双方需要在第三方支付平台上开设虚拟账户。

伴随现代网络技术发展,以及企业信息化进程的推进,第三方支付向传统行业不断渗透,拓展其中的支付结算市场,第三方支付工具从单纯的网购走向了更多领域。2009年中国互联网支付市场规模达到5766亿元,大大小小的企业也达到300多家。而此时,整个支付行业也处于监管空白期,挪用沉淀资金、信用卡非法套现等乱象丛生。

2010年央行颁布《非金融机构支付服务管理办法》,确定了通过申请审核发放支付牌照的方式把第三方支付企业正式纳入国家的监管体系下。自2011年9月开始,非金融机构如果没有取得第三方支付牌照,将被禁止继续从事支付业务。

截至2019年5月底,中国共有238张有效的第三方支付牌照。从地域分布看,第三方支付牌照分布在29个省市区。拥有牌照数量前四名的省市分别是北京、上海、深圳和江苏,各拥有49、46、19、16张(见图5-1),累计拥有130张,占牌照总数比例约55%。

随着金融科技的快速崛起和移动设备的快速普及,第三方支付牌照中的互联网支付和移动电话支付发展迅速,并且市场格局趋于稳定和成熟。从第三方支付机构面向的客户群体来划分,在面向C端用户的第三方支付机构中,支付宝和财付通已形成了"双寡头"垄断局面:根据网络数据,2018年财付通和支付宝的用户渗透率分别为85.4%和68.7%,两者合计市场份额超过90%(见图5-2)。而B端市场也有较多第三方支付机构布局,主要运用场景包括航旅、跨境、留学教育等。

经过多年的快速发展,中国第三方支付行业进入到了从量变到质变的突破阶段,也日渐成为互联网金融行业发展的一种重要形态。对于第三方支付平台而言,支付手续费是其基本收入,不过相比而言,第三方支付工具积累的大量用户信息将更具社会价值和商业价值。

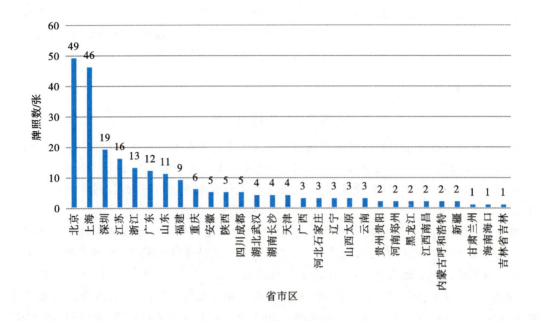

图 5-1　中国第三方支付牌照地域分布

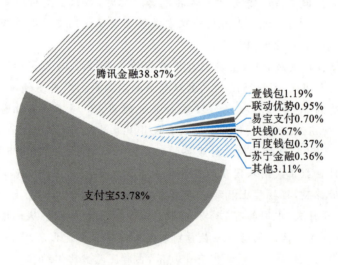

图 5-2　第三方支付市场份额

三、第三方支付流程

随着电子商务的蓬勃发展，网上购物、在线交易对于消费者而言已经从一个新鲜未知的事物变成了日常生活的一部分。而隐藏在网络购物身后的第三方支付方式也潜移默化地改变了社会大众的生活，甚至连我们自身都没有察觉，就已经不知不觉地成了支付公司的资深客户。当消费者完成购物，在电子商务网站上下单时，支付页面就会跳转到前台，以供消费者进行相应支付操作。

在早期,第三方支付平台往往隐藏在电商平台(或商户)后面,即第三方支付平台的页面并不会为消费者所见,并且一个企业客户一般也只选择一个第三方支付平台合作。因此,消费者往往认为自己是某电商平台的用户,而不会觉得自己是第三方支付平台的用户。

现在,一个电商平台也会连接多个第三方支付平台,如果消费者选择通过某一个第三方支付平台完成付款,则直接链接到该第三方支付平台的支付页面,消费者可在此页面上选择适合自己的支付方式。

对于网上支付,第三方支付平台可以提供两种支付方式,即网关支付(也称银行卡支付)和账户支付。

在网关支付方式下,付款人首先是某家银行网银用户,而无须先成为第三方支付平台的用户。付款人通过第三方支付平台,进入第三方支付维护的银行支付页面,在页面上输入自己的银行账号和支付密码或证书,即可完成支付。

在账户支付方式下,交易双方都需要在第三方支付平台开立虚拟账户。然后用户还需登录第三方支付平台,将资金从银行账户充值到第三方支付平台账户中。第三方支付公司根据付款方指令将款项从其平台账户划付给收款方的平台账户,以虚拟资金为介质完成网上款项的转移。此后,第三方平台通过其在银行的账户向商户的银行账户划转实际资金。

有的第三方支付平台会提供担保服务,即付款人的金额不会马上打到收款人的银行账户,而是暂存于平台的银行账户中,当付款人对货物验收满意后,支付平台才会将货款转到收款人账户。

在通过第三方支付平台进行支付的过程中,用户的资金通常先划到第三方支付在各银行开设的收款账户,然后由第三方支付平台与商户进行结算。最后,由第三方支付与银行进行二次清算结算,具体做法如下:

假设第三方支付平台在 A 行和 B 行均开设中间账户,并存入一定的结算备付金。当用户向商家付款时,平台通知 A 行将用户账户上的相应货款扣除并在平台的中间账户上增加相同金额;然后通知 B 行在平台中间账户扣除相同金额并在商家账户上增加相同金额。这样,平台就通过与付款方和收款方的两次结算实现了一笔跨行支付。第三方支付平台要在各家参与银行都开设中间账户,并存入备付金。

以银行卡支付为例,具体支付操作流程如图 5-3 所示。

(1)网上消费者浏览商户检索网页并选择相应商品,下订单达成交易。

(2)随后,在弹出的支付页面上,网上消费者选择具体的某一个第三方支付平台,直接链接到其安全支付服务器上,在第三方支付的页面上选择合适的支付方式,点击后进入银行支付页面进行支付。

(3)第三方支付平台将网上消费者的支付信息,按照各银行支付网关的技术要求,传递到各相关银行。

(4)由相关银行(银联)检查网上消费者的支付能力,实行冻结、扣账或划账,并将结果信息回传给第三方支付平台和网上消费者。

(5)第三方支付平台将支付结果通知商户。

(6)接到支付成功的通知后,商户向网上消费者发货或提供服务。

(7)各个银行通过第三方支付平台与商户实施清算。

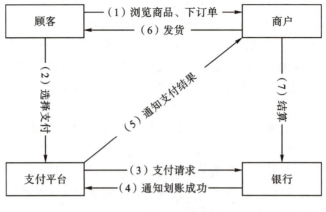

图 5-3 第三方支付流程

第二节 第三方支付运营模式

支付虽然是伴随交易出现的附随服务,但却是一个复杂到足以衍生出一个产业的环节。现在,交易者可以在网上银行付款、信用卡支付、移动支付、POS 机刷卡以及现金支付等多种支付方式中选择,而这一选择背后却牵涉国内几十家银行、几十亿张银行卡。第三方支付平台运用先进的信息技术,分别与银行和用户对接,将原本复杂的资金转移过程简单化、安全化,提高了企业的资金使用效率。如今的第三方支付已不仅仅局限于最初的互联网支付,而是发展成为线上线下全面覆盖、应用场景更为丰富的综合支付工具。从第三方公司的功能特色来看,第三方支付可以分为支付网关模式和支付账户模式。从发展路径与用户积累途径来看,目前市场上第三方支付公司的运营模式可以归为两大类,一类是以快钱为典型代表的独立第三方支付模式;另一类就是以支付宝、财付通为首的依托于自有 B2C、C2C 电子商务网站,提供担保功能的第三方支付模式。

一、独立第三方支付模式与价值创造

独立第三方支付模式,是指第三方支付平台完全独立于电子商务网站,不负有担保功能,仅仅为用户提供支付服务和支付系统解决方案,平台前端联系着各种支付方法供网上商户和消费者选择,平台后端连着众多的银行,平台负责与各银行之间的账务清算。独立的第三方支付平台实质上充当了支付网关的角色,但不同于早期的纯网关型公司,它们开设了类似于支付宝的虚拟账户,从而可以收集其所服务的商家信息,用来作为客户提供支付结算功能之外的增值服务的依据。这种模式在国内以银联、快钱、易宝支付、汇付天下、拉卡拉、首信易支付为典型代表。

独立第三方支付企业最初凭借支付网关模式立足。在支付网关模式中,支付平台是银行金融网络系统和 Internet 网络之间的接口,为需要的商家提供网上支付通道,但不接触商家,这种模式起源于全球最大的支付公司之一 PayPal。支付网关模式所提供的服务相似度极高,只要攻破技术门槛就很容易被复制,行业同质化竞争相当严重。第三方支付要树立起竞争壁垒,领先于行业需要依靠"增值服务"——为用户提供信用中介、商户 CRM(客户关系管理)、营

销推广等服务。这种增值服务的基础是用户信息，于是可以获得用户注册与登录信息的支付账户模式应运而生。

另外，传统行业向电子商务的转变也是促使独立第三方支付企业转型的重要原因。因为只有从提供无差别支付服务转为提供根据具体行业、具体情境量身定制的有针对性的、多样化的电子支付方案，第三方支付企业才能在行业细分领域中找到自己生存的空间。许多第三方支付企业已经认识到电子支付不代表电子商务，第三方支付作为一种工具，不仅可以渗透到各行各业，也可以从线上搬到线下。

阅读材料 5-2

快钱——行业综合解决方案

作为独立第三方支付企业的领军者，快钱的成功证明了独立第三方支付平台的价值。2011年5月26日，快钱获得了央行的《支付业务许可证》，它所获批的业务类型涵盖了货币汇兑、互联网支付、固定及移动电话支付、预付卡受理、银行卡收单。在业务范围上，业内只有支付宝可与之匹敌。但是，快钱与支付宝走的却是完全不同的道路。

因为没有支付宝占据网络购物市场的先天优势，快钱另辟蹊径，它没有把自己定位于网上支付公司，而是定义为电子支付平台。即使是在电子商务网站的交易中，网上支付也只占30%，其他大量的交易使用的是货到付款。也有一大部分企业是线上交易，线下结算。在发掘企业的线下支付需求后，快钱整合了线上线下支付方式，为企业提供综合解决方案。线上可提供覆盖几乎所有银行的银行卡，并提供大额支付服务，线下则提供POS机以及信用卡无卡支付等丰富便捷的支付方式。目前，快钱线下业务规模已经占据整体业务规模的一半以上。

以为母婴用品零售商丽家宝贝提供电子支付解决方案为例，我们可以清楚地看出像快钱这种独立第三方支付企业在提高资金流转效率上发挥的重要作用。截至目前，丽家宝贝在全国拥有60余家直营连锁专卖店，遍布北京、天津、上海、深圳等城市繁华街区和大型居住区，是行业内母婴用品种类最齐全、商品最丰富的零售商之一。但是，作为连锁企业，丽家宝贝却深受资金管理困扰。丽家宝贝的零售门店分布广泛且数量庞大，其银行开户情况比较复杂，不仅在资金调拨方面比较棘手，而且资金回笼过程烦琐漫长，难以进行整体收支的监控。

面对资金管理难题，丽家宝贝使用了快钱推出的一站式连锁企业电子支付解决方案，先后接入包含大额网银支付、POS机支付、第三方预付费在内的多种支付产品，全面满足了丽家宝贝门店销售、网站销售等多样化的收款需求。在网上商城销售渠道，丽家宝贝从2009年起就接入快钱大额支付产品，帮助消费者突破普通网银支付额度的限制，满足丽家宝贝消费者的个性化支付需求，从而提升了订单成功率，同时提升了预定业务交易量。

在连锁门店，快钱POS机支付帮助丽家宝贝突破了跨地申请及管理的瓶颈，只需集团总部统一申请并签署服务费率，各地门店就可直接安装且不受区域限制。在解决通过POS机刷卡收款问题的同时，还增加了对现金收款交易的管理和结算功能，并通过快钱所提供的完善财务管理后台，无缝集成收单与管理系统，实现了信息流与资金流的完整匹配，提高了财务效率。

还需要注意的是，快钱的理念是提供跨行业的通用解决方案。为丽家宝贝提供的支付解决方案其实是快钱开发的针对连锁经营业态的解决方案，这种解决方案还可以深入服装、教育、医疗、酒店、美容等诸多领域。

总的来说，独立第三方支付运营平台主要面向B2B、B2C市场，为有结算需求的商户和政企单位提供支付解决方案。它们的直接客户是企业,通过企业间接吸引消费者。独立第三方支付企业与依托电商网站的支付宝相比更为灵活,能够积极地响应不同企业、不同行业的个性化要求,面向大客户推出个性化的定制支付方案,从而方便行业上下游的资金周转,也使其客户的消费者能够便捷付款。独立第三方支付平台的线上业务规模远比不上支付宝和财付通,但其线下业务规模不容小觑。独立第三方支付平台的收益来自银行的手续费分成和为客户提供定制产品的收入。但是,该模式没有完善的信用评价体系,容易被同行复制,因此迅速提升在行业中的覆盖率以及用户黏性是其制胜关键。

二、有交易平台的担保支付模式

有交易平台的担保支付模式,是指第三方支付平台捆绑着大型电子商务网站,并同各大银行建立合作关系,凭借其公司的实力和信誉充当交易双方的支付和信用中介,在商家与客户间搭建安全、便捷、低成本的资金划拨通道。在此类支付模式中,买方在电商网站选购商品后,使用第三方支付平台提供的账户进行货款支付,此时货款暂由平台托管并由平台通知卖家货款到达、进行发货;待买方检验物品进行确认后,通知平台付款给卖家,此时第三方支付平台再将款项转至卖家账户。这种模式的实质是第三方支付平台作为买卖双方的信用中介,在买家收到商品前,代替买卖双方暂时保管货款,以防止欺诈和拒付行为的出现。

由于拥有完整的电子交易平台和大量的网络客户资源,此类第三方支付的平台业务主要为线上支付,并在线上第三方支付市场中占据了较大份额。典型企业是基于淘宝网的支付宝和基于腾讯旗下拍拍网的财付通,二者的业务规模占线上支付市场的 80% 左右。从商业模式来看,此类第三方支付平台一方面服务于自有的或合作伙伴的电子商务平台,面向个人用户和商户提供线上支付服务,以担保支付促进平台交易;另一方面利用交易平台或集团拥有的庞大用户资源,进行平台营销。

在担保支付模式中,虚拟账户是核心。因为此类第三方支付平台需要暂时保存买卖双方的交易资金,而交易双方的交易资金记录是通过第三方支付的虚拟账户来实现的。买卖双方都需先在支付平台上开设账户,这种账户对用户而言是虚拟账户,并不是用户在银行进行了开户,只是在平台上拥有账户而已。在网络上,每个用户都有一个虚拟账户,记录自己的资金余额,其实其背后对应的是银行账户。当达成付款的意向后,由买方将款项划至其在第三方支付平台的虚拟账户中,其实是将自己在银行的资金转到第三方支付平台在同一银行的账户,从而形成自己在虚拟账户中的资金。此时卖家并不能拿到这笔钱,只有等买家收到所购买的商品或者服务,确认无误后,买方再次向第三方支付平台发出支付指令。这时第三方支付平台扣减买方虚拟账户资金,增加卖方的虚拟账户资金。最后第三方支付平台将自己在银行账户中的资金向商户的银行账户划转以后,卖家才可以从账户中拿到这笔钱。

阅读材料 5-3

支付宝的产生与发展

支付宝发展的最根本原因在于支付宝一直关注并普及互联网上的信任文化。在支付宝出现之前,中国的第三方支付平台提供的支付模式是效仿美国的 PayPal 公司,即在电子交易中,交易双方达成交易的一致性,买方发出付款授权后,第三方支付平台立即向卖家支付约定的金额。在这个交易过程中,第三方支付平台不参与对交易本身的控制。第三方支付平台不关心卖家有没有真实向买家发货，或者交易物的质量如何。这种支付模式适用于信用体系比较完善的美国，具有完备的法律制度和相对成熟的信用控制机制。在严格的信用控制体系下，任何违背交易诚信的行为都会受到相应的惩罚。

但是，上述模式并不适用于中国，尤其是在个人对个人交易中。在支付宝等具有担保功能的第三方支付平台出现之前，中国的电子商务一直停留在简单的信息发布阶段。因为买卖交易中的网络卖家和买家都素未谋面，作为卖方，担心买方订立合同后拒收货物，或者收货后拖延付款甚至赖账；作为买方，则担心卖方不能按时、按质、按量地交货，不愿意提前把货款交给卖方。阿里巴巴集团旗下的C2C（个人对个人）网购平台淘宝网受这种国内网购大环境的影响，交易一直处于低迷状态。淘宝网意识到如果不解决网上交易的诚信问题，支付交易的安全问题，就不可能把电子商务从信息发布阶段延伸到交易阶段。于是，2003年10月，支付宝成立，作为淘宝网旗下的一个部门存在，并首次在淘宝上推出其全球首创的担保交易模式。2004年支付宝脱离淘宝成为独立的公司，并与其他外部电子商务网站展开合作，成为网上通用的支付工具。支付宝的担保支付模式使得此前一直困扰国内网购发展的买卖双方信任问题首次得到解决。经过了2003年、2004年的培育之后，2005年支付宝的交易量达到了120亿元。2019年1月10日，全球支付宝用户正式突破10亿量级。

通过利用虚拟账户对买卖双方的支付行为进行记录，支付宝已经积累了海量的数据。支付宝发布"电子对账单"就是对买方信息的记录。而对卖方，除了其营业执照、经营许可证、商品授权等静态信息，还有其在支付宝上产生的大量动态信息，包括各种交易情况和支付情况。事实上，建立在这些海量数据基础上的以支付宝交易记录为基础的淘宝卖家信用度已经成为淘宝卖家最珍贵的资本和买家做出购物决定最重要的参考因素。

三、支付双边市场运营机构的价值创造

因交易成本的降低，第三方支付机构创造了四大类价值。

1. 快捷支付价值

对支付客户而言，相对于银行的支付服务，第三方支付机构以更优惠的价格、更快捷的业务响应提供了跨区域、跨境支付服务，并能以同等快捷有效的服务满足单笔支付额度小但频次极高的支付需求。

在此意义上，第三方支付机构是提供快捷支付价值的支付服务集成商。

2. 数据流信用生成价值

以电商、移动电商或移动社区为依托的第三方支付平台，天生就是各种即时的生产、销售、消费、社交信息大交换和大集成的所在。第三方支付平台上的支付数据沉淀，很容易与其他电商交易、供应链信息管理系统、社交和媒体平台的行为数据沉淀交叉组合。这产生了基于交易信息流、支付流、供应链物流、资金流，以及公共媒体及自媒体信息流等数据流生成信用的全新模式。

企业应收账款、应付账款等交易支付信息，以及订单、库存、收货单、发货单等供应链管理信息，反映了企业生产运营的实际状况。从这些信息中可以解析出企业生产的产品和服务是适销对路还是滞销，可科学预测企业在未来产生的资金流，判断企业未来的还款能力。

传统上，商业银行的商业票据也能根据这些信息生成信用，但由于信息零碎、不全面和不

及时,银行实际上仍以房产、机器设备等固定资产为主评价信用。

第三方支付平台上的数据沉淀,特点是有大量时间连续性和动态及时性很强的数据流。如果在这些数据流上进一步加载社交网站、移动社区中对企业产品和服务的即时评价,更能及时准确地判断企业未来获取资金流的能力。

把第三方支付平台上个人账户的工资流水、理财产品销售和收益流水,与个人网购交易信息、行为信息、社交信息进行综合,也能对个人消费的未来还款能力进行模型预测,形成不同于银行以个人存款为依据的个人消费信用评价模式。

以这些数据流为根本,可以及时对企业信用和个人消费信用进行评级。在此意义上,第三方支付机构是提供信用信息服务的信用中介商。从信用评级向信贷服务延伸,第三方支付机构还能成为信贷中介商。

3. 数据流营销价值

对银行、商户等产品和服务生产商而言,消费者、商户、银行等客户网络集聚在同一个第三方支付平台上,相互提高了对方网络的客户转化率,还能进行更精准的客户营销,从而使商户、银行均实现了更大的销售规模。

电子支付是一系列资金与交易数据的流动、交换和验证,支付交易数据承载了资金信息、产品和服务品类信息、行为信息、空间和位置信息、时间信息等多维度信息流。通过第三方支付平台的账户,把消费者、商户、银行等客户网络的大量交易数据流累积记录在同一个支付平台上,这使第三方支付机构比双边市场任何一边的经营机构都更容易掌握准确深入的客户网络信息。

运用先进的数据挖掘工具,第三方支付机构可以更加深入地了解客户的资金用途与需求、消费行为与偏好、信用特征等丰富多样的信息。这既可用于第三方支付机构进一步改善支付流程、客户体验,更可用于各边客户网络的精准营销和深度营销。

在此意义上,第三方支付机构是提供数据流营销价值的数据服务集成商。

4. 需求衍生价值

第三方支付作为典型的需求协调型双边市场,其所协调的需求具有极大的衍生性。任何交易都最后归结为支付。反之,以支付服务为起点,可以衍生出任何交易服务需求。

由于银行、商户、消费者等多方客户网络都汇聚在同一支付平台,它们的外部性能吸引更多的生产者、服务者网络加入这个平台。而更多生产者、服务者网络的加入又将放大支付平台各边客户网络的外部性,形成一种持续的正反馈。

由此,从支付服务这一最基础性的服务可以衍生出一系列新服务,以满足各边客户网络更多的需求。这些服务可能与支付相关,也可能完全脱离了支付。

反过来,市场创造型和受众创造型双边交易平台,因为已经聚集了大量双边客户网络,也会在交叉的网络外部性所形成的正反馈激励下衍生出第三方支付平台。

在此意义上,第三方支付机构可发展为满足综合服务需求的超级服务集成商。

由此可见,一个第三方支付机构的发展逻辑,是一个动态价值链的发展过程:第一阶段,快捷支付价值链;第二阶段,信用服务价值链;第三阶段,数据营销价值链;第四阶段,综合服务价值链。

第三节　第三方支付对金融业的影响

非金融机构运营的第三方支付业务已成为金融服务业的重要组成部分,弥补了传统银行服务的空白,提高了社会资金的使用效率。第三方支付业务的发展壮大给银行业带来了一定的冲击,也为基金公司、保险业带来了新机遇。支付是最基础的金融业务,第三方支付的出现使银行从支付链条的前端逐渐走向幕后,也迫使银行不断探索新的金融改革与服务产品创新;同时,当第三支付应用场景更加丰富时,支付平台就可以成为金融产品重要的营销渠道。随着第三方支付机构沿着支付迈向融资,其将进一步推动金融脱媒,挑战传统金融服务的方式方法,改变金融业内各方的地位和力量对比。第三方支付对金融业的影响不仅仅是将信息技术嫁接到金融服务上,还推动金融业务格局和服务理念的变化,更重要的是完善了整个社会的金融功能。

一、整体影响

1. 企业特点:为用户跨界

普适计算、云存储、大数据技术在互联网和移动互联网中的应用,既让消费者的主导权空前增强,也使单一品种大规模生产方式转向小批量、多品种的及时生产和服务方式。生产-消费关系出现"双决定"法则,企业只有彻底把消费决定生产走通,才能进入生产决定消费的良性循环。

与传统工业经济中规模经济、范围经济的两分法不同,互联网及移动互联网可实现一种建立在规模经济基础上的范围经济,有大用户规模为基础的小批量、多品种产品和服务,企业才有利润。为此,企业为用户跨界是必然的。第三方支付从单一的支付结算业务走向代理销售、担保乃至融资业务,主要原因是用户需要更便捷、更贴身、一揽子的多品种服务。为了持续拥有和扩大用户规模,第三方支付不断跨界。

在互联网经济推动下,我们不断看到这类为用户跨界的现象,也出现许多成功的跨界商业模式。因此,固守以生产决定消费法则确立的传统产业边界的企业将越来越难以适应互联网浪潮。

2. 竞争特点:为入口赛跑

第三方支付(特别是创新型第三方支付)机构的发展,代表了在互联网浪潮推动下,中国出现了"控制信息流以控制支付流,控制支付流以控制资金流;获得网络接入权胜过资本所有权,获得数据投入量胜过资金投入量"的新企业竞争规则。

传统工业经济中,控制人流、物流就能更好地控制资金流、信息流。企业竞争重在如何加速把资本流动转化为物质资产沉淀,形成投资驱动生产的正反馈。而互联网及移动互联网虚拟空间的经济流量是不断迁移和变动的,企业竞争重在如何加速把信息和数据流量转化为客户网络关系沉淀,锁定企业和用户关系。因此,传统企业竞争力求让企业产品产得更多,互联网企业竞争力求让企业服务用得更多。

显然,成为用户的首要入口才能让企业服务被用得更多,所以企业必然为了争夺入口而赛跑。第三方支付从网关支付走向账户支付,就是获得客户网络接入权,成为用户入口的关键之举,第三支付也因此有了行业性的大发展。可以看到,在迈出账户支付关键一步后,第三方支付机构向互联网金融的各类业务延伸和开展市场竞争,其实都是客户网络关系沉淀与业务信息流、数据流之间不断相互转化的动态过程。

在互联网经济推动下,我们还会不断看到第三方支付以外的企业参与到首要入口的竞争中。在这一浪潮中,投资的有效性值得打个问号。因为即使给了企业投资,也不一定能让企业成为客户网络的入口。给企业资金投入,不如给企业数据投入更有效,因为高质量的数据投入能让企业更好地掌握客户信息,更好地锁定客户关系。

因此,固守传统以投资拉动生产和消费的产业增长模式,未必能在互联网浪潮中赢得优势。

3. 政策取向:有容乃大

第三方支付从营利能力、产业规模上看,是一个非常小的领域。但是,这个领域对降低中国经济运行中的交易成本、提升效率、促进经济发展转型非常有价值,对中国的改革也有很多启发。它是中国引领电子商务变革的"创始人"、闯入金融业变局的"野蛮人"、深入制造业和服务业变化的"内部人"、启发政府管理方式转变的"敲门人"。

在金融领域,第三方支付用IT变革金融服务方式,推动金融向服务于实体经济回归、向充分市场竞争回归、向为民价值创造回归。在贸易领域,第三方支付推进了中国商务的电子化发展,促进了跨境贸易,使电子商务的积极作用得以真正实现。在制造和服务领域,第三方支付深入企业内部,推动行业供应链效率提升,为制造业和服务业的长尾产品创新提供电子支付支撑。

对政府管理而言,第三方支付及其他互联网经济的发展,挑战了传统的政府管理方式和产业政策内容。适应这些领域的发展,对政府管理转型提出了更高的要求。

首先,要求政府管理要从事前向事后、分业向混业、分地区向跨地区转变。同时,在金融监管领域,也需要研究与电子交易形态、电子货币形态和电子认证技术发展相适应的新金融监管,将互联网金融与传统金融分类监管。

其次,要求产业政策要把"以税收和国内生产总值(GDP)论贡献"和"以促进经济效率论贡献"并重。对政府来讲,千方百计扶持第三方支付领域,得到的不是直接的税收收益,而是间接地提高经济活动整体效率的更大收益,这个结果可能是更有意义的。

最后,应对第三方支付及其他互联网经济类企业高出生率、高死亡率的特点,要求公共政策资源投放要从政府主导下"伯乐相马,百里挑一"的方式转向市场主导的"群马赛马,万里挑一"的方式,更要注重加强政府公共信息资源开放和加大数据等公共资源投入。

二、促进金融行业服务变革

第三方支付客观上成为金融行业电子化的助推剂,强化了金融业务重视客户体验的服务理念,使金融业的服务水平整体上升。

第三方支付出现的原因很简单,就是为了解决个人和企业跨行、跨地域转账时流程烦琐和到账时间长的问题。虽然银行彼时已推出了网银,但因为其在支付结算领域的垄断地位及同业竞争问题,使银行没有动力联合起来推出多银行账户即时结算的平台。第三方支付的成功在于敏锐地发掘了市场需求,并将需求和新技术、新模式相结合,在以电子支付形式满足人们支付需求的同时,也深刻改变了人们办理金融业务的习惯。当支付可以通过"账号+鼠标"的方式安全、便捷地解决时,去实体网点排队等候办理金融业务退化成为次优选择。在互联网时代,金融机构服务的企业和个人用户的需求会出现新变化,金融机构需要重视客户的这种改变。

随着第三方支付的规模和影响力不断发展壮大以及电子支付普及率的上升,传统金融机构猛然觉醒,开始加速自身向电子化变革,意图后发制人。国内各家商业银行纷纷依靠先进的计算机网络技术积极开展金融创新,相继推出覆盖网上银行、电话银行、手机银行、自助终端以及 ATM、POS 机等多渠道的电子银行综合服务体系。

由第三方支付引发的金融业变革正在加速,传统银行业正在向"互联网银行"迈进。这种金融电子化的核心和最终目的是围绕互联网时代客户的金融服务需求,以先进的信息技术优化金融业务流程,创新金融产品,为客户带来高效、满意的服务,而这也正是第三方支付能够迅速赢得市场的根本原因。

在金融服务创新中,有两个要素至关重要:一是服务效率,二是风险控制。在金融领域用信息技术可以干什么、干成什么等方面,创新型第三方支付机构做出了许多有益的探索。

1. 用互联网提升中小微金融的服务效率

与传统商业银行相比,创新型第三方支付机构在提升服务效率方面开辟了全新的领域。关于为谁服务、提供什么服务、怎么服务,创新型第三方支付机构给出了和商业银行不一样的选择。创新型第三方支付机构采用的是"网页+商业智能"的服务方式。互联网技术进步带来的服务方式变革,使创新型第三方支付机构能采用 8/2 原则,选择中小微客户作为主要服务对象。其核心是运用互联网技术,服务于中小微企业和个人的微支付和微金融需求。首先,用互联网金融服务覆盖大量中小微客户。创新型第三方支付机构用虚拟网页或手机页面替代门店,突破了传统银行服务网点的空间分布局限性。客户在任何时间、任何地点都可便利地触及微支付、微金融服务,很大程度上消除了因各地人口差异和经济发展差异导致的服务效率差异。电脑存储和计算能力的飞跃,也使在同一时点上可并行处理的人机对话服务容量呈指数级扩大。其次,降低金融服务运营成本。互联网支付业务的无门店运营,节省了房租等一大笔固定开支。基于网页的人机对话系统使支付操作流程自动化;综合运用数据仓库、联机分析和数据挖掘辅助决策,可使信贷操作流程自动化。这样,以自助服务和自动服务取代人对人的客户服务操作,减少了服务人员的投入,降低了服务的运营成本。可见,创新型第三方支付机构采用的"网页+商业智能"的服务方式,充分体现了金融业和其他制造业、服务业一样,借助互联网和信息技术可以极大提升对大量中小微客户的金融服务效率,实现规模经济效应。

2. 基于互联网的商业智能增强中小微金融的风险管理能力

风险管理是金融业的核心。中国商业银行服务于大客户的风险管理能力比较强,但服务于中小微客户的风险管理能力比较弱。与传统商业银行相比,创新型第三方支付机构面向中小微客户,开展了不少有价值的风险管理创新,增强了微金融的风险管理能力。其核心是以基于互联网的商业智能为支撑,对中小微企业的流动性风险与信用风险进行分类管理,并降低中小微金融服务发生的总体风险。首先,增强对中小微企业流动性风险的管理能力。一方面,针对流动性风险管理,创新型第三方支付机构运用了"事后资本金原则",侧重于采用基于互联网的商业智能对中小微客户进行自动化风险管理,人对人的信用调查审核管理仅起到一些辅助作用。用中小微企业的网络数据来取代财务报表,这样中小微客户即使没有资产抵押,凭事后还款能力评估也能获得信用支付和贷款服务。另一方面，针对信用风险管理，创新型第三方支付机构侧重于人对人的"追账"管理。例如，支付宝把"追账"外包给专门的公司。同时，第三方支付机构依托网上双边市场平台，运用基于互联网的商业智能，可以较早发现行业性信用风险高发情况，或预测到宏观经济下行期风险将至，这对增强信用风险管理能力起到了较好的补充作用。其次，降低中小微金融服务的总体风险。创新型第三方支付机构运用基于互联网的商业智能，创造了跑数据、跑信贷流量来降低中小微信贷总体风险的方法。一方面，与传统商业银行运用静态的风控模型不同，创新型第三方支付机构闭环跑数据，不断动态调整适用的风控模型。另一方面，创新型第三方支付机构用批量放贷服务客户，放大了信用杠杆。中小微企业和个人的单笔支付交易金额、单笔借贷交易金额一般都不大，即使产生了信用风险或流动性风险，后果也并不严重。在总体风险可承受的情况下，每笔中小微金融服务拆分得越细，资金流转越快，流转次数越多，风险就越分散。

三、推动金融价值回归

金融危机后，全世界对金融的作用进行了深刻反思。总的看法是，金融应回归为实体经济和大多数人民服务的核心作用。就中国特定的国情而言，总的看来，创新型第三方支付机构的发展，实际上推动了金融价值的回归。

1. 推动金融服务向服务实体经济回归

长期以来，中小微企业并未得到应有的金融服务。中国中小微企业融资规模在社会融资总规模中的占比大概不到3‰。虽然中小微企业融资难是个世界性难题，但中国的中小微企业融资规模占比过低，融资缺口过大。大量金融资源涌入大型企业，不仅造成了极大浪费，反过来也挤压了中小微企业的生存空间。

与现有的商业银行体系，以及小贷公司、灰色金融相比，第三方支付机构对推动中国金融发展向服务实体经济回归，起到了十分积极的作用。其关键在于，第三方支付机构的探索和实践，在很大程度上解决了中小微金融市场长期存在的信息不对称问题，从而提高了金融服务实体经济的能力。

中小微企业的融资缺口实为"信用配给不足"，表现为资金的供给方不愿以中小微企业所要求的条件提供资金。在中国现有以商业银行为主导的金融体系中，资金供给方主要来自商业银行。然而，中国现有商业银行体系服务于大企业的能力与意愿远超过服务中小微企业。

第三方支付机构控制电子支付流，向前可以掌握大量中小微企业融资方的生产经营、融资需求、市场行情等重要动态信息，向后可以向资金流控制延伸，掌握其他金融机构或自身开展融资服务所需的风险信息。

在双边市场平台上，中小微企业的历史储存信息和实时信息不断更新，基于互联网的商业智能技术运用也在不断进步，客观上第三方支付机构掌握的中小微企业融资方信息相当充分。在信息充分的前提下，以增强中小微金融风险管理能力为核心，提供高效率的中小微金融服务才有了可行性。

因此，"控制信息流以控制支付流，控制支付流以控制资金流"，是减少中小微企业融资方和贷款方信息不对称的可行路径。阿里金融、汇付天下和快钱的供应链金融无不遵循了这一原理。这也启发了一批企业采用类似的方式开展中小微金融服务，包括京东这类平台型电商、腾讯这类社交平台，还有电信运营商、传统商业银行、证券公司等。

第三方支付机构在解决中小微企业信用配给不足问题上的成功示范,扩大了金融服务实体经济的深度及广度,带动了更多的企业加入中小微金融服务领域中来,从而推动了中国的金融服务向服务实体经济回归。

2. 推动金融业竞争向充分市场竞争回归

第三方支付机构进入金融领域是一个先发展后规范的流程。在中国相对垄断的金融市场,第三方支付机构积极发挥了"鲶鱼效应",活跃了金融市场竞争。这种"鲶鱼效应"表现在第三方支付机构活跃了金融服务的价格竞争、技术竞争和商业模式竞争,从而推动中国金融业竞争向充分市场竞争回归。

首先,让价格竞争更充分。第三方支付机构介入支付结算领域后,用户的支付成本不断降低。这是由于第三方支付机构不断压缩银行手续费,以低价竞争甚至是免费的方式为用户提供支付服务。第三方支付与商业银行之间的支付服务价格竞争实际上是平台之争,是为了争取更大的平台客户网络和平台流量。某机构在对银行卡平台之间竞争的研究中发现,平台间的竞争确实会增加消费者和商家的福利,特别是开放式平台之间的竞争会达到这种效果。因此,无论是创新型第三方支付机构与传统第三方支付机构之间的平台之争,还是与商业银行的银行卡之间的平台之争,都会以价格竞争的方式达到增加消费者和商家福利的效果。

其次,让技术创新更有效。第三方支付机构的创新发展,让中国金融领域对技术创新有了深刻的再认知。广义的技术创新,不仅包括原始创新、集成创新、模仿创新,更包括应用创新、管理创新和商业模式创新。特别对服务经济来说,应用创新和商业模式创新对推动社会进步的作用更大。相对来说,中国传统金融机构的技术创新局限在模仿创新层面,管理创新有限,应用创新和商业模式创新尤显不足。

例如,商业银行出于风险考虑,加上决策层与管理层受自身利益限制,往往不会运用尚未成熟的技术来优化其金融服务,更不会主动跳出现有框架尝试新的商业模式。而且商业银行用技术创新服务自身管理的多,服务用户需求的少。因此,技术创新对提升金融服务效率的作用较小。

相反,第三方支付更加注重应用创新,以此获得相对银行更强的应用优势。第三方支付机构在风险与市场机会的比较中,往往愿意采用较为激进的风险策略,率先应用新技术,并用优先赔付等风险覆盖策略,鼓励用户使用新技术。这些面向用户开展的应用创新,会逐步演化为商业模式创新,商业模式创新反过来又会进一步促进应用创新,并推动管理创新。例如,阿里金融就是从背靠电商平台的第三方支付应用创新,发展成为中小微金融服务的商业模式。这种自我不断强化、不断演化的创新路径,相对商业银行现有的以模仿创新为主的路径有很大的优势。

3. 推动金融价值创造向为民价值创造回归

第三方支付机构没有垄断和政策壁垒可依托,它们以用户为根本。如果不能创造出新的用户价值并帮助用户参与到金融价值分配中去,第三方支付机构就失去了存在的根本。

在让金融服务创造民生价值方面,创新型第三方支付机构在互联网支付领域比商业银行做得更好。它们为用户着想,为普通老百姓提供网上缴费、充值、信用卡还款等生活服务。百姓生活中涉及的所有支付应用需求,基本上逐一被第三方支付机构满足。诸如购物、娱乐、教育、医疗、健身、交通、公共服务等,只要对第三方支付机构开放,它们都会以更便利的支付服务方式提供给用户。在让金融服务创造价值平等方面,创新型第三方支付机构创造了"钱来自老百姓口袋里,钱生出的钱更多地回到老百姓口袋里"的金融服务模式。创新型第三方支付机构帮助老百姓将自己碎片化的资金管理起来,实现更高的收益。无论是支付宝余额宝类的个人账户理财方式,还是可能出现的 P2P、众筹方式,核心都是让用户的资金实现更大的价值增值。创新型第三方支付机构也帮助中小微企业用户切实享受到金融信贷服务,为它们解决了传统金融体系无法满足的信贷需求问题,促进各类经济主体享有平等的市场地位。

第四节　第三方支付存在的风险

第三方支付的交易额在支付额中所占的比重已经不容忽视,但由于出现时间较短,其自身在运营管理方面的经验存在不足,对其形成管理及约束的法律法规也亟待修订,因而随着第三方支付的普遍应用以及资金规模的不断扩大,整个行业在系统安全、金融、监管等方面存在的风险隐患也逐渐凸显。

一、操作风险

第三方支付涉及的用户众多,操作频繁,任何操作失误、系统设计不当或蓄意事件(如攻击或滥用信息及程序)等都有可能带来风险。操作风险会产生用户隐私泄露和资金盗用等问题。

用户在第三方支付平台上注册以及进行交易的时候,用户的身份信息、账户资金信息、交易信息以及认证信息等,已经被记录和保存在第三方支付的数据库中。如果第三方支付平台对所搜集用户信息的安全保护不到位,则很容易造成用户信息泄露。这会给用户带来潜在的风险,甚至造成经济损失。另外,不法分子也会利用第三方支付系统的漏洞,通过钓鱼网站或植入木马,来盗取用户在支付环节中输入的个人敏感信息,而后从用户的银行卡中划转资金,导致用户的资金被盗用。

阅读材料 5-4

PayPal 数据遭泄露,160 万客户的个人信息被窃取

2017 年,PayPal 透露,其收购的公司 TIO Networks 遭遇了一场数据泄露事件,涉及 160 万用户的个人信息。

TIO Networks 集成了计费后台系统,集中了自助售货机、零售商贩、移动支付以及网页的收款服务。2016 财年交易金额达到 70 亿加元,账单支付用户为 1400 万,大约处理了 6000 万笔交易,服务超过 10000 个开票机构。2017 年 7 月,PayPal 以每股 3.35 加元的价格对其完成收购,总价达 3.04 亿加元。

PayPal 确认,在对 TIO Networks 进行审查的过程中,发现了一个漏洞,可能已经泄露了约 160 万用户的详细信息,包括 TIO Networks 的顾客以及 TIO Networks 客户的顾客。

该公司没有透露黑客入侵的时间和地点,也没有透露黑客获取的信息细节。

PayPal 表示,PayPal 平台并未受到此次攻击的影响,因为 TIO 系统与 PayPal 网络完全分离,PayPal 的客户数据仍是安全的。

2017 年 11 月 10 日,PayPal 在发现该公司平台的安全漏洞,以及其数据安全项目"不遵守 PayPal 的信息安全标准"后,宣布暂停 TIO Networks 的运营。当时,PayPal 发表声明表示,

"首先,我们对暂停运营可能造成的任何不便表示道歉,但保证TIO系统的安全性以及对客户的保护是我们的首要任务。"

TIO也与IT服务公司合作,以通知受影响的客户。同时,PayPal与消费者信用报告机构Experian达成合作,向受影响的顾客提供免费信用监测服务。

PayPal表示:"该公司会直接联系受影响的客户,并指导他们完成登记,以获得信用监测服务。"该消费者信用报告机构补充道,除非我们对TIO的安全系统和网络重建信心,否则它的服务将不会完全恢复。

TIO也作出声明:"现在,TIO无法提供恢复账单支付服务的时间表,我们建议您直接与开账单的人联系,以便确定其他支付账单的方式。对于因服务中断造成的不便,我们深表歉意。"

二、法律风险

第三方支付涉及三大法律问题,即沉淀资金问题、信用卡套现问题和洗钱罪问题。

1. 沉淀资金问题

沉淀资金,在央行发布的规章中被称为客户备付金,它的产生是源于交易过程中的迟延支付、迟延清算行为,因为即时付款的交易方式不会产生沉淀资金的问题。客户备付金的所有权不归属于支付机构,其存放需要遵循"两种银行、三种账户"(备付金存管银行和备付金合作银行,备付金存管账户、备付金收付账户和备付金汇缴账户)的规则,支付机构不得擅自挪用、占有、借用客户备付金,不得擅自以客户备付金为他人提供担保,以及通过计提风险准备金来弥补客户备付金的特定损失等。但是,客户备付金所产生的巨额利息的归属问题仍未确定,这会导致大量的闲置资金,不符合经济效益原则。另外,风险准备金的计提比例问题、非活期存款方式储蓄的客户备付金的比例问题以及第三方支付机构的准入门槛高低问题等,都是亟待解决的法律问题。

2. 信用卡套现问题

信用卡套现是指持卡人通过正常合法手续之外的,以虚构交易、虚开价格、现金退货等方式,将信用额度以内的资金以现金方式套取,同时又无须支付银行提现费用的行为。通过第三方支付平台进行信用卡套现是众多方式之一。套现资金游离了银行正常的信贷管理渠道,脱离了监管层的监管视线,严重破坏了国家的金融市场管理秩序,因此必须予以严格惩治。以中国为例,2009年最高人民法院、最高人民检察院联合中国人民银行发布了《关于办理妨害信用卡管理刑事案件具体应用法律若干问题的解释》(以下简称《解释》)。《解释》第十二条第一款规定,"违反国家规定,使用销售点终端机具(POS机)等方法,以虚构交易、虚开价格、现金退货等方式向信用卡持卡人直接支付现金,情节严重的,应当依据刑法第二百二十五条的规定,以非法经营罪定罪处罚。"第三款规定,"持卡人以非法占有为目的,采用上述方式恶意透支,应当追究刑事责任的,依照刑法第一百九十六条的规定,以信用卡诈骗罪定罪处罚。"该规定并未明确指出包含利用第三方支付平台这种形式,但是根据其构成要件的描述,利用第三方支付平台进行信用卡套现属于方法之一,应当受到法律的追究。对于提供该种套现方式的机构应以非法经营罪定罪处罚,对于以非法占有为目的、利用该种方式套现的持卡人应以信用卡诈骗罪定罪处罚。

3. 洗钱罪问题

第三方支付平台交易存在匿名性、隐蔽性和信息的不完备性，交易资金的真实来源和去向很难辨别，这无疑为洗钱罪提供了一块犯罪滋生地。在这种风险下，对第三方支付机构和银行业金融机构就提出了较高的审查义务和监督义务要求。第三方支付机构有义务对其平台下的交易进行审查，对于以合法形式掩盖非法目的的交易行为必须严格予以制止。对此，各支付机构也都在其服务条款中进行了声明，比如《支付宝服务协议》中对洗钱罪发出了禁止性声明。但是，究竟如何有效地防范和制止这种犯罪行为，还需要更多人力和技术上的投入。

第五节　第三方支付发展趋势

一、竞争日趋激烈

银行开展代理等中间业务的基础是银行有足够大的基础客户群，并掌握客户的存款等资金数据。第三方支付机构的发展引发了银行客户群体外流趋势。客户逐步依赖第三方支付账户，在购物、投资、消费等一系列不经意的行为之中，转为非银行客户。大量第三方支付机构使用自己的虚拟网关而不是商业银行的网关，可以直接获得客户的相关信息，使很多客户信息会不知不觉从银行体系里消失。

用户注册第三方支付账户后，即可通过互联网、手机等完成账户资金的转移支付，其中收付款管理、转账汇款、信用卡还款、网上缴费、网上基金、网上保险等与银行网银的功能并无明显差异。用户无须注册银行网银就能便利地实现大部分支付要求，也使部分电子银行客户出现分流。

一开始，第三方支付对银行基础客户群的侵蚀局限于C2C业务所对应的小客户。但是，电子支付行业有非常明显的规模经济特征，客户群越大，赢利空间越大。第三方支付账户实际上隔离了银行与客户的关系，且已拥有了较为庞大的客户群，与客户建立起了黏性较强的客户关系。有一定实力的第三方支付机构为了扩大生存空间，提高赢利水平，把原本局限于C2C市场的业务拓展到B2B市场，与商业银行争夺大客户，成为一种必然的趋势。

银行也在争取原本属于第三方支付机构的C2C市场零售商。为了不再依赖于第三方支付机构提供的服务平台，银行也正在尝试创建自己的第三方支付系统，并且直接与商户网站对接。但银行很难把握C2C领域的购物方式和支付行为习惯，还要花费很多时间进行信用建设，导致银行直接与购物网站合作存在重重阻碍。

因此，商业银行与第三方支付机构对于客户源的争夺对网上支付市场是不利的。银行与第三方支付机构的合作程度降低导致后者的运营成本增加，成本增加又导致产品价格上涨，网络购物的成本增加，势必降低消费者的购买欲望。因此，寻找一个合理的、能被双方接受的利益分配形式，使银行继续以第三方支付机构为中介进入C2C市场，这样才能促进第三方支付产业链的稳定，进一步繁荣C2C市场。

二、应用领域不断拓展

从第三方支付业务涉及领域来看，激烈竞争促使第三方支付企业不断拓展应用领域。支付业务的竞争门槛较低，极易复制，第三方支付企业在银行渠道、网关产品以及主要细分服务市场等方面的差异性越来越小,产品同质化现象明显。目前,在网购、航空、游戏、电信充值等传统支付服务细分领域的价格战已经非常激烈。

面对如此激烈的竞争,第三方支付企业必然要开发新的应用领域,基金保险行业、教育行业、航空客票等垂直领域将成为第三方支付应用领域拓展的主要方向。而随着跨境网购市场不断发展,目前,国内消费者对进口消费品的需求也在不断攀升,可以预见,除上述垂直领域外,跨境支付领域也会成为第三方支付企业的下一个主战场。

随着应用领域的不断拓展,将促使第三方支付企业与各产业链不同环节的合作不断深化,汇聚并整合产业链上下游企业的数据,进而提升第三方支付企业在产业链中的作用,促进第三方支付行业的发展。

三、支付方式不断创新

目前,移动互联网浪潮已然来临,随着智能手机不断普及,4G甚至是5G标准不断推广,第三方支付企业必然会顺势而为,创新支付方式,打造以移动支付为核心的线下支付方式。据此,移动支付、手机支付被认为是第三方支付平台发力的关键点。随着以移动支付为核心的线下支付方式不断发展,第三方支付将通过账户打通线上和线下的资源,不仅为用户提供一体化的智能收单服务,还有助于第三方支付企业打造O2O的支付模式。

四、业务模式多元化

从业务模式转型看,第三方支付行业的发展呈现出业务多元化、金融化的趋势。第三方支付公司利用其系统中积累的客户采购、支付、结算等完整信息,可以以非常低的成本联合相关金融机构为其客户提供优质、便捷的信贷等金融服务,逐渐将业务范畴扩展至B2B的企业流动资金管理需求上,致力于成为供应链金融提供商。同时,企业和个人的理财、信贷等金融需求不断增加,第三方支付企业也开始渗透到信用卡和消费信贷领域。目前,第三方支付企业正在依靠其强大的平台、资金和人才优势,从单一提供支付服务的企业向金融服务企业转型。

业务模式多元化、金融化的转型不仅有助于第三方支付企业的业务创新,还会使其通过多元化的业务布局获得协同效应,提升资金流转效率,促使第三方支付快速发展。

思考题

1. 什么是第三方支付?
2. 请简述第三方支付流程。
3. 第三方支付的运营模式都有哪些?
4. 第三方支付有什么风险?
5. 结合自己的具体实践,简单谈谈第三方支付的优势。

第六章　金融科技与资产管理

第一节　资产管理概述

一、全球资产管理概况

资产管理业务是指资产管理人根据资产管理合同约定的方式、条件、要求及限制,对客户资产进行经营运作,为客户提供证券、基金及其他金融产品,并收取费用的行为。资产管理业务主要有三种:

(1)为单一客户办理定向资产管理业务。

(2)为多个客户办理集合资产管理业务。

(3)为客户特定目的办理专项资产管理业务。

能够从事资产管理业务的公司除了证券公司、基金公司、信托公司、资产管理公司以外,还有第三方理财公司,从某种意义上来说,第三方理财公司在资产管理市场上的拓展和定位有些类似于现如今的私募基金,将专家理财和灵活的合作条款捆绑嫁接作为打开资产管理市场的突破口,像诺亚财富、银纪资产、利得财富都是这样的第三方理财公司。

波士顿咨询公司研究显示,2017年国际资产管理行业经历了强劲的增长,全球管理资产规模从2016年的71万亿美元提升至2017年的79.2万亿美元,同比上涨12%。分阶段来看,国际资产管理规模2002—2007年年均复合增速为12%,但金融危机对全球金融机构都产生了深远的影响。2007—2016年,国际资产管理规模经历了回撤与复苏,年均复合增速降至4%。2017年也是中国资产管理行业规模大幅增长的一年,规模同比增长了22%。2018年,全球资产管理规模近80万亿美元。

从资金端看,提供资金的主体,即具有资产管理需求的主体,包括居民、企业、政府企事业单位、银行;居民又可以分为工薪阶层、富裕阶层、高净值人群。根据波士顿咨询公司的报告,全球资产管理市场资金来源主要包括个人客户(39%)和机构客户(61%)两大类。其中,个人客户包括银行渠道、私人银行全权委托、个人账户直接投资公募基金、个人养老金以及个人保险;机构客户主要包括养老金、保险、政府、企业和非营利机构。养老资金和保险资金是资产管理市场的重要参与力量,合计(包括个人端和机构端)占比达到61%。具体而言,各国养老金的体系差异对本地个人客户和机构客户的占比有巨大影响,美国由于个人养老金账户(个人退休账户和计划)的盛行,是发达国家中少有的个人客户占比高于机构客户的国家,仅通过个人退休账户和计划持有的共同基金比例在2017年就超过50%。

二、中国资产管理行业概况

随着我国居民财富的逐步增长,资产管理规模也随之快速增长。截至2018年底,我国各资产管理机构管理资产规模共计118.5万亿元。其中,银行理财占比最高,然后依次为信托、保险资管、券商资管、公募基金、私募基金与基金及其子公司(见图6-1)。

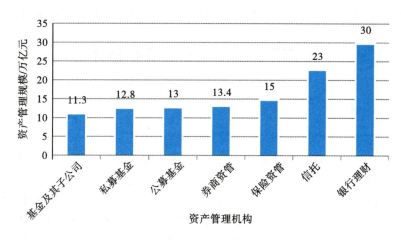

图6-1 各资产管理机构资产管理规模

2018年是资管新规发布并开启大资管统一监管的元年。为消除影子银行、资金空转,防控好系统性金融风险,金融监管日趋严格,监管机构出台了资管业务系列新规,其核心可归纳为"三去一降一补",即去刚兑、去嵌套、去错配,降杠杆,补短板。资管新规定义了"真资管"的内涵和边界,统一规范信托、银行、券商、基金各类金融机构资管业务监管标准,消除了监管套利空间;实现监管模式由机构监管向功能监管转变,增强金融监管的协同性,提高监管水平与能力;让资管业务回归本源,推动金融机构资管业务转型;推动资管业务回归服务实体经济本源,实现资管业务"脱虚向实"、平稳健康发展。资管新规实施后,银行理财、券商资管、保险资管等向净值化转型的过程中,可通过加大科技投入,或与第三方金融科技公司合作,来更好地管理客户资产。

我国资产管理体系如图6-2所示。

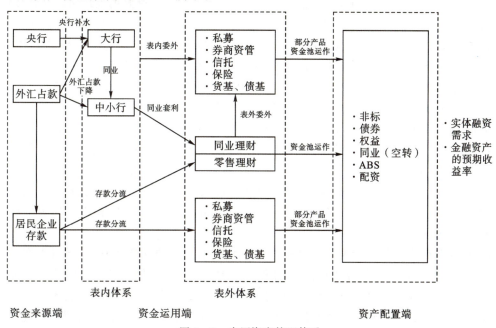

图6-2 中国资产管理体系

根据 Casey Quirk 的预测，2030 年中国资管规模将从 2016 年的 2.8 万亿美元跃升至 17 万亿美元。随着中国资产管理业务规模的快速增长，对于投资科技的需求也将进一步释放。

第二节　资产管理核心技术

一、金融科技在资产管理中的运用

金融科技在资产管理中的运用与资产管理的前台、中台和后台业务紧密结合。金融科技在前台业务中的主要作用是高效与客户沟通对接，进行客户画像，挖掘分析出客户的真实投资需求，提升客户的资产管理体验，实现客户分群、客户留存、投资组合拓展、销售提升、销售团队维护以及业务优化等功能。①客户分群：通过内外部信息整合、建立客户画像、定位目标销售客户，实现客户人群细分。②客户留存：通过资产赎回分析、客户行为分析和交易情况分析等功能，更好地深入了解客户偏好，采取精准措施留存客户。③投资组合拓展：通过定价分析、偏好分析、价格透明度与监管分析，精确提出投资策略，科学组合各类资产，拓展投资组合。④销售提升：运用人工智能手段，为高效销售团队组建、销售目标制定、重点销售区域划分提供科学依据，提升销售效能与效率。⑤销售团队维护：通过实现销售团队组建、预测流失分析、价值评估等功能，维护销售团队的稳定与高效。⑥业务优化：通过对服务成本、客户终生价值、投资组合监控、社交平台情绪的深度分析来优化资产管理业务。

金融科技在中台业务中发挥资金端和资产端的桥梁作用，通过产品设计和资产配置来匹配客户资产管理需求。产品的设计方面，通过大数据的运用发展定制化资产管理产品，避免千人一面的产品结构，满足不同投资者对于风险、收益、流动性和投资期限的需求。此外，资产配置可以实现智能化配置，减少人为主观情绪、倾向的干扰，基于不同资产的历史表现以及通过大数据和机器学习对资产的未来表现进行预判，实现大规模资产配置的模拟，最终达到最佳资产配置推荐。

金融科技对于后台业务的助力主要是协助进行信息获取与分析、投资标的选择、市场时机分析、风险管理、证券交易等方面，甚至替代部分资产管理人的工作。后台业务中最重要的领域是投研业务，通过运用人工智能和大数据，可以实现智能投研，实现自动报告生成、智能辅助投资决策、金融搜索引擎和量化投资等功能。①自动报告生成：智能工具处理异构数据，分析提取关键信息，嵌入报告模板，生成与标的、行业、事件相关的报告。②智能辅助投资决策：综合利用人工智能技术，深度挖掘历史数据，实时跟踪市场行情，给出决策支持要素，辅助投资经理进行价值判断和风险判断，捕捉市场机会。③金融搜索引擎：将信息切片后再聚合，提取纵览的可视化元素，帮助实现联想、属性查找和关系发现等功能。④量化投资：智能分析证券价格与公司信息，关联公司和市场宏观经济、社交媒体等之间的关系，提供投资决策。

此外，风险管理是资产管理业务中的关键一环，没有风险的资产管理就如空中楼阁。金融科技的运用可以实现风险的智能预警，具体如下。①信用风险预警：通过大数据技术收集投资企业、交易对手的业务信息、负面信息以及财务信息等，实现对投资对象或者交易对象的信用风险监控。②市场风险预警：通过对社交媒体监听、大数据抓取海量数据、机器学习优化风险模型，实现对市场风险的预测和预警。③操作风险预警：通过对交易系统交易数据、办公系统流程等实时监控,实现对企业内部操作、合规等可能导致风险的情况实时预警。

资产管理涉及多类事务性的工作,包括信息披露、账户开立、产品备案、估值核算等工作,金融科技可以在科技化办公、人力资源管理、企业服务支持和知识管理等方面提升资产管理机构的运营能力,具体如下。①科技化办公:实现移动办公平台、任务分配及跟踪、业务流程监控等功能。②人力资源管理:具备社交媒体发布招聘信息、接受并处理应聘者申请、候选人背景调查等功能,提高人力资源管理的精确度和效率。③企业服务支持:报销发票拍照上传、线上请假申请、访客自助登记等功能可以由人工智能完成,大幅降低成本,节约时间。④知识管理:通过智能信息推送、会议纪要上传、线上培训等功能,提高员工持续教育的效果和效率。

二、具体核心技术

目前,资产管理领域驱动创新的核心技术主要包括人工智能、大数据、云计算。整体上看,这三项技术领域的研究成果较为丰富,发展不断提速,关注度持续升温,在资产管理领域的应用探索也更为广泛。

1. 人工智能与投研能力

投研能力一直是投资管理机构专业能力的重要组成部分,在金融科技时代,借助人工智能的自然语言处理等技术,投研能力的提升有了新的突破点。自然语言处理与图像识别可以从各种非结构化数据中快速提取关键信息,数据挖掘可以从庞大且复杂的大数据中寻找股票因子与收益的非线性关系,从而实现超额收益。

2. 人工智能与投顾服务

人工智能技术与现代投资理论相结合催生出智能投顾业态,能够为投资者构建个性化的最优投资组合。智能投顾服务基于对用户基本信息、社交行为、消费、历史投资记录等数据的综合分析,借助人工智能技术将这些数据转化为在风险承受能力、风险偏好、流动性需求、财富管理诉求等维度对用户的洞察,从而实现更加个性化和更具匹配性的资产配置。具体而言,在构建投资组合时,智能投顾将人工智能技术与马科维茨的现代投资组合理论相结合,根据投资者的风险偏好以及各方面的投资诉求,为投资者提供资产配置服务,并结合对市场环境的数据洞察能力,为投资者提供动态调仓等服务。

3. 人工智能与客户服务

人工智能技术可应用于客户沟通互动,根据客户需求为客户解决投资管理业务中的各类问题,为投资者提供 24 小时快速响应的智能客户服务。智能客服系统是指以自然语言处理和人机交互等多种人工智能技术为基础,使用多种表现形式,通过文本或者语音以拟人化的方式与客户进行实时交互沟通的客服系统。智能客服包括交互前端、智能引擎和管理后台三大部分,交互前端是与投资者直接沟通交流的网络界面,智能引擎是从规模庞大的数据库中通过机器学习得出的语义分析处理器,管理后台的任务主要是根据引擎分析的结果从后台搜索出相应的服务内容。

4. 人工智能与运维能力

人工智能还可以应用于提升后台服务能力,包括风险管理和系统运维等。在风险管理方面,基于机器学习的语音转录工具可以有效监控交易员的电话,以防范内部交易等行为。在投资组合风险控制方面,数据挖掘可以从金融市场数据中及早识别各类破坏性事件,并对可能的市场异常进行预警。在系统运维方面,借助深度学习算法,运维程序可以从海量的运维数据中学习并总结规律,分析故障并提前预测,精准定位故障根源,自动生成运维报告并给出改善意见等。

5. 人工智能与风险控制

人工智能在风险控制方面的应用最初是在银行业的信贷评分中出现的,随着技术的逐渐成熟与应用的进一步拓展,人工智能开始应用于投资管理机构的投资组合风险管理中。智能风控就是人工智能在投资组合风险管理中的应用,其主要功能为风险压力测试、市场风险预警、自动优化调仓等。人工智能技术中的自然语言识别能力与数据挖掘能力能够增强投资管理机构的风险管理能力。投资管理机构通过对交易员交易过程中产生的语音对话、文字交流等信息进行分析与解读,可以有效监控人为产生的操作风险、道德风险等;通过对市场上产生的各类数据进行挖掘分析,可以有效模拟市场变化进而预测市场风险。

6. 大数据与 KYC、风险控制

在金融市场中,每时每刻都有大量的数据产生,既有结构化的数据,又有非结构化的数据。结构化的数据以个人金融机构账户数据、交易数据、投资数据、信贷数据以及企业的资产负债数据、经营数据等为主,非结构化的数据以参与金融市场交易的个人所产生的语音、文字以及企业生产过程中的卫星图片等资料为主。在投资管理领域,个人日常生活中结构化的金融数据以及非结构化的购物、社交数据等大数据,可以用来制作用户画像,判断用户的风险偏好;企业中结构化的经营数据以及非结构化的经营资料可以用来判断企业的盈利能力;市场中结构化的股票交易数据以及非结构化的社交数据、论坛消息等可以用来预测市场风险。

7. 云计算与产品管理

在投资管理机构中,传统系统架构在技术适配、开发成本等方面严重制约了创新。通过搭建私有云或租用行业云、公有云,计算、存储、网络等资源可以快速实现弹性分配。交易处理、运维管理、风险管理等系统迁移"上云"后,机构业务和产品可以加速迭代,设备与成本也能得到更好的控制。

第三节 金融科技对资产管理的影响

一、智能投顾

过去传统投资咨询与资产管理服务由人力提供,信息互联后人力服务日益暴露出存在知识盲区、信息挖掘能力有限、成本过高、同质化以及机会主义倾向等问题。将投资者画像和资产配置嫁接起来的资产管理运用场景称之为智能投顾。

智能投顾是一种结合人工智能、大数据、云计算等新兴技术以及现代投资组合理论的在线投资顾问服务模式。智能投顾借助投资理论搭建量化交易决策模型,再将投资者风险偏好、财务状况及理财规划等变量输入模型,生成自动化、智能化、个性化的资产配置建议,并提供交易执行、资产再平衡、税收筹划、房贷偿还、税收申报等增值服务。智能投顾服务模式如图 6-3 所示。

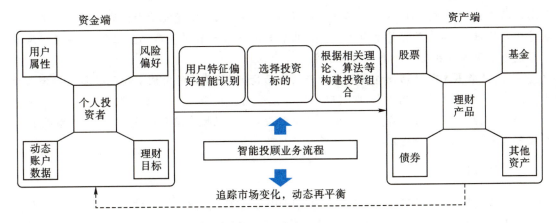

图 6-3 智能投顾服务模式

智能投顾是金融科技在个人理财/财富管理领域的应用,属于面向消费者业务模式,大致包括根据客户画像的风险属性来确定股票、债券和货币的配置比例,根据市场舆情监测分析提供主题投资策略,根据量化指标分析量化投资策略,针对海外成熟市场的全球资产配置等。智能投顾可以通过大数据、云计算、AI 等技术对投资者画像,深入分析投资者的财务状况、消费习惯、风险偏好、预期收益等,然后运用资产配置模型选择投资标的为客户形成投资组合,并持续动态优化。

运用智能投顾技术,可以基于用户个性化需求,提供差异化的资产配置、产品推荐服务。正是认识到智能金融新阶段的这一特征,2018 年 4 月 27 日,由中国人民银行、银保监会、证监会和外汇局等联合下发的《关于规范金融机构资产管理业务的指导意见》中也专门设置了关于智能投顾的原则性规定。

智能投顾降低了投融资双方信息不对称与交易成本。智能投顾主要包括三个要素:数据、投资模型与决策算法。智能投顾是金融机构服务客户的手段之一,在美国,大型资产管理机构是智能投顾最大的使用者和受益方,可通过使用智能投顾减少人力成本、降低服务门槛。

阅读材料 6-1

投米 RA

投米 RA 是宜信公司于 2016 年 5 月正式推出的智能理财平台,也是最早在国内开展智能投顾服务的平台之一。投米 RA 基于现代资产投资组合理论,通过投资专家团队的经验和知识形成一套资产配置模型,由代码实现模型,并结合数据挖掘和深度学习算法,在为不同的投资者进行资产配置的同时,不断根据金融市场情况调整模型参数,实现自我升级,从而不断优化投资建议,实时应对市场变化。

投米 RA 智能投顾服务的背后是拥有多年丰富金融从业经验的全球资产配置专家,他们结合自身的专业知识与行业经验,建立了投米 RA 的资产配置模型,其中包括通过量化手段监控与预测风险的风险控制模型,以及综合成本与预期收益、量化测算资产相关性的资产选择模型。

投米 RA 在提供智能投顾服务时,首先会通过大数据技术描绘客户画像,综合多重数据源信息对客户进行多维度的刻画,对客户的投资风险偏好、风险承受能力和投资目的期望进行准确量化定位,进而后台量化算法会为用户提供符合其需求的最优资产配置组合,在投资者风险承受能力范围内达到最高的平稳收益水平。

同时,投米 RA 会根据投资者所持资产及市场情况,在合适的时间智能调整所持组合内的资产比例,使资产保持最优状态,即实现智能资产平衡。投米 RA 持续跟踪市场变化,做出相应的分析,并判断投资者的资产是否偏离目标配置,当出现投资路径偏差时,将对投资者持有的组合进行再平衡,充分提高投资账户的资产风险回报率。

二、智能投研

人工智能技术在投资管理领域业务的应用中,资本首先关注面向消费者端(C 端)的创新,随着技术成熟度与产业采用度的提升,资本逐渐开始关注面向商用端(B 端)的创新。相较于智能投顾,智能投研较晚受到资本市场关注,但随着行业的发展,智能投研受到的关注并不弱于智能投顾。

智能投研的价值主要在于运用机器学习、自然语言处理等人工智能技术进行大量信息的自动获取和分析,并得出经济事件和资产价格的预测,甚至是投资策略。其目标是替代人类完成财富管理或投资建议的工作,最终实现投资组合的自动优化。其中,较知名的有贝莱德推出的风险管理与交易平台——阿拉丁平台(Aladdin Platform)。目前,阿拉丁平台同时持续跟踪着约 3 万个投资组合,覆盖的资金规模已超过 15 万亿美元。此外,高盛先后投资了 Motif 和 Kensho 公司,其中,Kensho 公司是一家金融数据分析服务提供商,拥有民用领域较大的非结构化地缘政治和全球自然事件的数据库,其开发的数据分析工具 warren 通过自然语言搜索寻找事件和资产之间的相关性,分析事件对价格的影响,并做出相关预测辅助投资。

目前,资产管理机构建设基于传统市场数据、文本信息收缩以及卫星数据等另类数据的信息平台,借助大数据和人工智能进行数据挖掘,跟踪股票基本面的动态变化,更好地探索行业、市场趋势,寻求最佳的投资机会;也可以通过基础信息平台,提升信用评价能力,解决信息不对称问题,更有效地进行债券投资决策。另外,资产管理机构也可以利用预定算法,实现高频交易,进行量化投资,提高把握市场机遇的能力。

国内的智能投研平台,更多的是交易和管理的流程系统,偏 IT 技术的运用,包括各个资产管理公司自己开发的交易和管理平台,也有万得这样的数据供应商,其主要缺点是缺乏投资决策分析功能,不能自动进行数据的获取和分析工作。

阅读材料 6-2

冉冉升起的机器人分析师

机器人市场的发展,得益于数据分析、微芯片和传感器等技术的进步,而随着技术的演进,未来的机器人将变得更加灵活和强大,可以执行更为复杂的任务,甚至可以替代金融业的分析师的工作。据报道,当机器人分析师研发成功,50%的金融分析师将会因此失业。

我们可以按照交易证券是初次发行还是已经发行将金融市场分为一级市场和二级市场,其中一级市场主要是面向上市公司的股权交易以及公司的首次公开发行,而二级市场则是面向已经上市的公司的股票、债券的买卖。下面我们一起来看一看机器人分析师在这两类市场中分别是怎么工作的。

1. 一级市场

在一级市场，大量私有公司几乎不做任何信息披露，因此对于一级市场的投资人而言，搜集充足的、真实可靠的信息从而对行业、公司发展进行分析的分析师是必不可少的。

这些分析师主要存在于私募股权投资机构，负责匡算行业规模、预测发展前景等工作，进而为投资经理的投资决策提供支持。一级市场的信息不会公开披露，数据的真实性没有保障、可靠性较低，甚至有很多数据不可得。例如，对行业内主要参与者的经营数据，分析师往往需要花费大量时间阅读研究报告、新闻，在数据库中检索，甚至根据一些权威的统计数据进行估算。机器人分析师的出现，有望替代人工完成这些烦琐和重复的工作。

目前，机器人分析师已经能够利用公开数据对项目进行筛选、分析和推荐，其1分钟的工作量相当于一个成熟分析师40个小时的工作量。一旦这项技术发展成熟并在行业内得到大力推广，将会对整个一级市场的研究工作带来巨大变革。机器人分析师的工作通常分三步走，即信息采集、模型建立和投资建议（见图6-4）。

图6-4 机器人分析师的工作步骤

首先，机器人分析师在互联网上抓取所有需要分析的企业信息，自主判断信息的优劣，并对数据进行清洗、整理之后，建立一个涵盖企业投融资情况、运营情况、商业模式等各类信息的数据库。由于机器具备快速采集信息、整理数据的优势，这项工作并不需要花费很长时间。初步建立数据库之后，机器人分析师会每年追踪相关企业，及时在数据库更新其信息，从而记录企业的成长轨迹。

其次，机器人分析师将基于已有的数据为每个企业建立模型。通过分析企业的商业模式，利用标签进行分类。完成初步分类后，他们会根据项目所在行业的发展情况、项目本身的关注热度以及企业的公开数据建立模型。随着输入数据的不断丰富，模型的精确度也会逐渐提升，利用模型预测结果的可信度也会越来越高。这是人工智能的典型应用，赋予机器自我学习的能力，再利用机器本身强大的运算能力，不断地进行模型算法迭代，实现自我判断力的提升。

最后，机器人分析师能够利用模型运算，预测企业未来发展情况，给出项目的投资建议。在现阶段，机器人分析师的模型输入均为公开数据，已经能够实现媲美传统投资机构的成绩，可见人工智能的潜力巨大。

可以预见，随着时间的推移，机器人分析师得出的结论将得到越来越多投资机构的认可。也就是说，机器人分析师建议投资的公司，将更容易得到投资机构的青睐，快速获得融资。这会为创业企业提供披露更多数据的动机，未来这些创业公司很有可能主动为机器人分析师提供公司的真实数据，以获得更准确的评估结果，从而获得投资机构合理的投资建议。

2. 二级市场

和一级市场不同，各国的证监会均对二级市场的公众公司有详细的信息公开披露要求。因此对于二级市场的投资人来说，主要的工作是从公开渠道搜集尽可能多的信息进行研究，这些工作虽然烦琐，但不可或缺。

在中国，二级市场的分析师主要集中在大型券商的研究所中，小部分集中在私募和资产管理公司中。以券商为例，这些分析师的主要工作是负责提供研究报告，为二级市场的基金、保险和资产管理公司提供购买股票、债券的建议。其研究报告本身营利性较弱，大部分采取免费的形式，收入主要依靠基金等买方机构在券商席位上交易，从而赚取交易佣金。

分析师的研究报告主要分为两类：公司点评研究报告和深度研究报告。分析师撰写点评研究报告的时间点主要有：公司发布年报、季报之时；公司有重大资产重组事项时（如并购或收购其他公司）；公司有重大利好或利空消息时；市场发生重大变化，并对公司产生重大影响时。公司会在上述时间，根据调研、分析的研究结果，对公司提供买入或者卖出的建议。深度研究报告主要是分析师在长期追踪公司动态后，长期看好公司未来的价值增长。此类报告通常介绍细致，涉及内容包含行业现状及趋势、公司基本面分析、财务数据分析和公司未来发展战略等。

由于二级市场的信息不对称，以上两种研究报告均需要分析师在对行业和公司基本面充分理解的基础上，搜集市场上所有和公司相关的信息，根据以往的历史数据和分析师的经验对公司进行主观的价值判断。

二级市场机器人分析师的出现，有望将分析师从繁杂和重复的数据搜集工作中解放出来，并利用机器学习算法来更好地判断各类事件对公司股价的实际影响。

首先，做点评研究报告的机器人分析师，需要着重分析重大事件对各家公司的影响，这要基于整个市场的横向研究。它们需要搜集到和其他主流数据库等量的资料，如Wind（万得）数据终端、Bloomberg（彭博）终端、S&P Capital IQ（标准普尔资本智商）等，对这些数据进行扫描，建立不同的变量对数据进行分类。例如，分析当政府出台大力发展基础建设的政策时，剔除其他影响因素，衡量政策本身对房地产公司的股价造成多大影响。随着研究的事例逐渐丰富，研究的公司逐渐多样，该机器模型的判断将非常准确。我们可以想象，当获得足够多的样本后，未来当类似的事件发生时，机器便可以精准地判断该事件对目标公司股价的影响，并给出相应的投资决策。据报道，由摩根士丹利证券资深股票策略师发明的机器人分析师，预测日本股市在最近4年的任何时间点上，30天后上涨和下跌的情况准确率高达68%。

其次，做深度研究报告的机器人分析师，需要找到引起资产价值波动的所有关联事件，而不是单一事件。它们着重做的是对公司的纵向研究。例如，撰写中国铁建的深度研究报告，需要搜集其上市以来所有对股价变化的事件，提取出影响该资产价格的所有可能变量，通过特征工程算法，选择出和当期资产价格波动较为相关的变量，再通过机器扫描所有和这些变量相关的数据源，将变量值输入由历史数据训练的机器学习模型中，从而得出资产价格的波动区间。

根据这些信息，找出与公司股价波动最相关的事件，并对它们未来的发展情况和概率进行预测，以此来判断该公司的投资价值。例如，我们发现中国铁建中标了一个项目大单，其股价有80%的概率会上涨5%~10%，这样的事件就是"重大事件"。机器便会针对这一事件进行详细分析,公司有哪些资质可以中标大单,公司在技术上有什么优势等,根据这些分析判断公司未来中标大单的可能性,由此协助我们判断公司的投资价值。

机器人分析师对公司价值的判断更加中立,不会存在分析师为了操纵股价而放出大量对公司有利的信息,掩藏对公司不利信息的现象。由于很多分析师对市场影响很大,投资者容易被引导而高估或低估标的公司资产,使得真正了解市场信息的人有巨大的套利空间。如果未来二级市场的分析师都是机器人的话,整个市场信息将更加透明,市场将更加有效。同时,当公司发现资本市场可以有效地发现自己的价值时,将更有动力通过提高公司业绩来提升股价,这在根本上提高了市场的效率,真正体现了分析师对市场价值的发现作用。

当然,类似于一级市场,二级市场的机器人分析师同样会遇到相当多的困难。例如,上市公司会因为避税或者战略上的原因,对财务数据进行调整,甚至为了提升股价而进行财务造假,这可能会严重影响机器人分析师的判断。另外,机器人分析师无法处理非量化的信息,而分析师会去现场调研,根据和高管的谈话得到一些相对一手的信息,这些机器人分析师暂时还无法做到。但机器人分析师在数据搜集和基于大数据的统计分析能力方面,一定是市场所需要的,我们同样期待其能在二级市场上发挥巨大的作用。

三、智能服务

客户交互中的客户指的是投资者,交互则是指投资者为了获取资产管理产品信息和资产管理服务与资产管理信息平台或者销售人员进行沟通互动的过程。传统的客户交互模式是客服人员或销售人员与客户当面或者电话进行交流互动。投资管理公司客服人员经常收到投资客户和潜在投资人的问题咨询,这些问题往往是一些简单的问题,具有很高的重复性,但需要耗费大量的时间。传统客户交互模式的主要线下场所通常包括银行网点、券商营业部和公司或客户的办公场所等。为了扩大服务客服的广度和密度,此种模式必然需要大量的销售人员,但同时也显然增加了资产管理机构的成本,对客户需求的把握局限于面谈和问卷调查,对客户的画像并不全面、系统。从客户的角度看,客户与销售人员的沟通受限于其当时场景所能获取的信息,未必可以做出理性的投资判断。

在人工智能、云计算等技术应用于客户服务系统之后,传统的网页在线客服及各类客服软件均开始被SaaS云客服和机器人客服所代替,从而产生智能服务的概念。金融行业作为智能服务的典型应用领域,近年来受到各类机构的广泛关注。以百度、阿里巴巴、腾讯为代表的涉及金融业务的互联网巨头不仅在内部金融业务中应用智能服务,而且将智能服务的能力向各大金融机构输出。无论是传统的投资管理机构还是各类新兴的投资管理机构,均通过外包或自建系统等方式引入智能服务,以期为投资者提供更好的客户体验。

人工智能技术通过模拟人类的意识、思维和行为,能够替代人类智能地执行视觉感知、语音识别、决策等任务。人工智能在各个领域的应用都已经有了长足的发展,在保险科技领域也不例外。目前以智能客服、智能顾问平台、图像定损为主,其中智能客服的落地应用较早。

面向客户端,运用聊天机器人和自然语言处理(NLP),智能客服可以提供快速回答问题服务,满足客户的服务需求,提高效率,给客户带来更好的体验。通过智能客服可以很好地接管这部分工作,解放人力,让人去处理更复杂的咨询工作,从而提高客服效率和客户满意度。同时,人工智能可以帮助客户在大量的信息中迅速发现他们所需要的信息,优化用户体验。金融科技在资产管理中的应用可以有效替代人海战术的传统模式,同时改善客户体验。其中,互联网的应用包括网页客户端、电脑桌面客户端和移动客户端、微信公众号、微信小程序等,可以打破客户交互的时空限制,由线下的有限场景转变为线上的多样化场景。客户可以 24 小时登录各类终端获取与资产管理相关的信息,并且与人工客服或机器人客服取得联系,极大地改善了客户获取资产管理服务的体验。

智能客服机器人如图 6-5 所示。

图 6-5 智能客服机器人

四、智能产品管理

智能产品管理满足了投资者在产品投资方面的多样化需求,为其提供了"一站式"产品挑选、购买与管理分析服务。为投资者提供的智能产品管理服务主要针对移动互联网时代客户随时随地产生的碎片化需求特点,在移动端为用户提供在线场景化产品植入、全产品线信息获取、产品购买与后续的产品管理分析服务。

例如,资管云通过运用云计算技术,建立了云平台。该平台可以连接产品注册系统和资管信息交互系统,实现与机构的估值系统、信评系统、资金划拨系统,以及行业的集中登记系统、交易系统、托管系统的无缝对接,覆盖买卖双方投前、投中、投后的全部流程,且通过标准化操作处理非标业务,提升市场的运行效率。此外,它还可以为会员单位提供覆盖场外基金投资、交易、运营、清算的全流程、定制化、一站式管理平台,支持直销交易和代销交易、传真交易和电子化交易。

基于云计算,避免像传统资产管理公司那样在开业初期投入大量的时间、财力来创建数据中心,将投资管理数据全量业务部署在云金融机房中,资产管理机构可以按需购买云服务,减少了自建资管系统的成本,同时对于通用的资管模块,包括资讯、行业基本数据、业绩分析等,各个资产管理机构可以以共享的方式使用,这样既降低了各自的成本,又增加了云计算服务供应商的客户,达到了多方共赢的效果。

阅读材料 6-3

中国外贸信托"五行生财"应用系统

中国外贸信托于 2018 年开发了一款名为"五行生财"的移动财富管理应用系统,该系统能够为客户提供 24 小时自助的、全流程的智能化移动投资服务。"五行生财"应用系统主要包含四个方面的功能。①"一站式"产品营销体系。该应用系统根据外贸信托"五行配置方略",将产品的中后台管理系统以及前台营销、宣传与服务系统全面整合,根据投资者的财富管理需求,为投资者提供更加多元化的视角,使其了解投资管理机构的产品体系。②产品信息面板服务。基于过往在平台积累的投资者交易行为数据,挖掘投资者对财富管理产品的需求特点,结合机构现存的产品体系,更加智能化地为投资者提供产品信息面板,包括产品交易明细、资产收益情况等信息。③远程开户服务。该系统采用中国金融认证中心(CCFA)实名认证与数字证书技术,利用生物识别技术,为投资者提供远程开户服务。④全流程在线交易服务。该系统实现了财富管理产品的全流程在线投资与交易服务,借助基于SaaS交付模式的电子合同签约等多种技术,使投资者可以移动在线完成产品浏览与筛选、产品投资预约、交易视频双录、在线电子签约等交易流程。

五、量化投资

传统的量化投资策略是通过建立各种数学模型,试图从各种金融数据中找出市场的规律并加以利用。无论是根据人的经验判断,还是通过经典的数学模型,所能识别的模式都是有限的。从探寻股票市场的全局来看,人类积累的经验判断可以接近某一个局部的最优,而真正全局的"最优解"或许超出了目前传统量化力所能及的范畴。

之所以出现这种局限性,首先,对于市场中蕴藏的复杂的非线性规律,很难通过传统数学模型进行挖掘;其次,对于海量数据的挖掘,因于计算机运算能力的限制,如果不利用数据挖掘算法,往往需要耗费大量的时间。人工智能能够提供非线性关系的模糊处理,弥补了人脑逻辑思维模式的单一性,同时,如果加以利用相关算法,可以大幅提高规律的搜索效率。人工智能的引入也使得投资策略更加丰富,人工智能算法对于非线性模式的因子挖掘在多因子领域比传统线性多因子模型更加敏锐。

随着计算机科技日新月异的高速发展,大数据分析与人工智能技术在许多领域得到了应用。由于得天独厚的数据量以及广泛的关注度,在金融市场中如何运用新的人工智能技术进行预测和数据分析已经成为迫在眉睫的需求。在量化资产投资领域,机器学习技术也在近几年蓬勃发展。

人工智能与机器学习技术的发展是一个渐进的过程,需要经历"机器辅助人-机器与人合作-机器完全自我学习"三个发展阶段。虽然完全强化学习在围棋上取得了突破,但目前仅在解决封闭空间的简单任务中取得成功,离普适还有一定距离,对于量化投资来说,将会是投资经理的经验和人工智能相融合的模式。人脑的抽象思维、情感思维是目前AI所不具有的,而AI的模糊运算和计算能力也是人脑不能企及的。可以预见,在未来的相当长一段时间内,将会是人与机器融合的模式。

六、产品设计

资产管理产品是满足客户资产管理需求的载体。零售客户、高净值客户以及机构客户的需求具有很大差异,因此需要匹配不同的资产管理产品。传统的权益类、固定收益类、商品期货类资产管理产品,通常是基于财务、宏观经济、行业等结构化数据建立的资产管理组合,这些数据通常由政府部门、上市公司和一些行业协会发布,通常是事后统计的滞后数据。基金公司等投资机构在投资债券时受到获取信息难度大、传统信用风险评价滞后等问题制约,投资效率难以进一步提升。但随着互联网、物联网技术的发展,对于数据的跟踪和分析越来越需要及时甚至提前预测。因此,在资产管理产品方面,基于实时性的非结构化数据的资产管理产品更能体现出资产的准确价值,更能把握投资的先机。投资机构可以开发出新的智能风控手段,用于及时、准确、全面地评估发债主体的信用风险。不同于个人信贷领域高度成熟的智能风控,由于公司债券的复杂特征,债券投资领域的智能风控目前还处于初步应用阶段。

根据现代投资组合理论,充分分散的投资组合具有更小的风险,同等风险水平下收益更高。因此,资产管理产品不仅仅需要在权益类或固定收益类资产中分散,还要在大类资产中做分散投资。因此,不直接投资股票、债券和商品期货等底层资产,而是投资于已有的股票基金、债券基金和对冲基金,形成基金中的基金(fund of founds, FOF)产品,更能满足不同投资者的胃口。对于这一类 FOF 产品,涉及的底层资产、资产管理者数量庞大,需要进行分析的数据量庞大,因此依靠人的主观定性分析是不科学和不完善的,而大数据和人工智能更能处理海量数据,形成具有不同风险收益水平的多样化产品。

大数据在金融业的应用也逐步深入,从产品设计延伸到监管产品风险、产品流程改进等更为复杂的领域,为金融机构的产品开发商业决策提供了坚实的数据基础。另外,在产品设计方面,金融机构利用大数据为不同的客户群体量身定制差异化产品,优化客户体验,同时还可以提高客户黏性。

阅读材料 6-4

易方达 Ark+Bond 智能风控

易方达基金认为,智能投资包含智能投研、智能投顾、智能交易、智能风控等多个方面,它们相互协作以完成最终的智能投资。在智能风控方面,易方达基金自主研发了 Ark+Bond 系统,该系统使用人工智能技术中的机器学习算法,对发债主体相关数据进行分析,并根据分析结果进行违约预测,提前发现具有较高违约风险的发行人。借助 Ark+Bond 智能风控系统,基金经理可以及时获得预警,避免投资高违约风险发行人的债券,从而减少债券投资中违约所产生的损失。在数据不断积累更新的基础上,利用机器学习算法,该风控系统可以快速地迭代升级,并不断扩大债券发行主体的覆盖面,提高预警概率。

七、智能营销

金融行业数据资源丰富,而且业务发展对数据的依赖程度高。大数据技术在金融领域的应用起步早、发展快,已经成为金融行业的基础要素。当前,金融行业的大数据应用已经非常普遍和成熟,也取得了较为显著的应用成效,最大的特点是数据资产化愈加凸显,有深度的大数据分析变得越来越重要,用户画像和知识图谱成为最重要的技术。

客户画像指对客户资产管理的需求进行准确和细致的描述,用户画像包含的内容并不完全固定,根据行业和产品的不同,所关注的特征也会不同。大数据的运用,可以对客户进行更加精准的画像。面谈和问卷调查所获取的客户信息通常是碎片化的,甚至只是客户的一面之词,既不全面,也不客观。通过对大数据的运用,资产管理机构可以结合业务需求进行用户画像。从实用角度出发,可以将用户画像信息分成五类,分别是人口属性、信用属性、消费特征、兴趣爱好、社交属性。例如,大数据用户场景数据收集标签如表 6-1 所示。

表6-1　大数据用户场景数据收集标签

用户标签	行为数据	浏览、搜索、社交、线下活动
	场景数据	时间、地点、基于位置的服务（location based services，LBS）
	兴趣数据	品牌数据、体育数据、娱乐数据
	属性数据	性别、年龄、学历
	状态数据	婚恋、消费、居住
	设备数据	设备类型、设备型号、操作系统

通过客户画像，资产管理产品可以实现精准营销，对接到有真实需求的客户。精准营销是人工智能在营销（零售）领域的应用场景。它基于大数据爬虫、机器学习等技术，通过掌握更多的用户信息，构建用户360度立体画像，提供千人千面的个性化营销，对不同的细分客户推荐不同的产品和资讯。保险资产管理机构营销时，通过精准匹配，可降低用户的搜寻成本，扩大金融产品的交易规模；同时，根据大量的用户信息分析出客户的金融需求变化和倾向，定向推送符合其风险承受能力和风险偏好的产品。

精准营销改变了以往营销方案制定、营销人群选择、营销渠道接入需要人工处理的模式，它可以自动完成目标人群筛选、营销推送、营销效果跟踪、营销算法更新等工作。同时，通过用户画像筛选目标人群，通过推荐算法获取合适的产品并自动完成投放，通过用户反馈跟踪推荐算法的效果，对推荐算法模型进行迭代调优。

思考题

1. 什么是资产管理？
2. 资产管理有什么具体的核心技术？
3. 什么是智能投顾？具体的服务模式是什么？
4. 机器人分析师的工作步骤是什么？
5. 你在网络购物过程中接触过智能客服吗？你认为智能客服的优势和缺陷是什么？

第七章　区　块　链

第一节　区块链概况

一、区块链的本质

区块链诞生的故事，要从比特币讲起。因为区块链就是作为比特币的底层技术和基础架构而诞生的。2008年，在金融危机爆发和蔓延的大背景下，一个化名为中本聪的神秘人物发明了比特币。

比特币的本质是一套去中心化的记账系统。其实比特币的核心并不在于"币"，在这套系统中，实际上也不存在独立的"币"的概念。我们说××有多少比特币，实际上是说在他支配的比特币"账户"中存在多少"余额"。因此我们可以看到，比特币真正的创新之处在于其实现了准确、完整且唯一的去中心化记账。这套去中心化记账系统的名字，就叫做区块链。

区块链并不是天外来客式的创新，而是对多种现有技术的整合，其中主要包括P2P网络技术、密码学、时间戳和去中心化的共识算法。中本聪通过创新的区块链技术，创造了用户集体维护的比特币系统。这个系统没有层级的管理结构，用户出于自身的利益选择自身的行动，成为系统的一分子，进而共同维护了系统的安全稳定，推动了系统的持续发展。

当比特币的影响力逐渐扩大的时候，作为比特币背后的支撑技术，区块链开始引起人们越来越多的关注。从2014年开始，区块链逐渐成为独立于比特币的概念，人们认识到，这项技术不仅可以应用于比特币这样的货币试验，还可以广泛应用于金融领域乃至金融领域之外。

区块链并不是一个无足轻重的发明，它的出现也绝非偶然随机的事件。如果我们从更高的视角来审视文明与社会的发展，就会发现，区块链的出现其实有深刻的历史必然性。在人类文明的历史长河中，有两样东西的诞生，具有极为特殊的地位，其他任何创造都无法与之相提并论，它们就是文字与货币。文字的发明，使得人类能够在精神层面做到可靠的交流与传承；而货币的发明，则让人类在物质层面能够做到这一点。如果没有文字与货币，人类作为一个群体将无法获得知识与财富的迭代与累积，也就不会有现在辉煌的文明成果。

如果我们进一步追本溯源，文字与货币都是人类进行更高效交流的手段，本质上，文字作为一种人际交流的手段，承载的是信息；而货币作为一种价值传输的载体，承载的是信用。自两者诞生以来，人类信息传播和价值交换的手段也一直没有停止过迭代和进化。

大体来说，传播信息的手段沿着文字、印刷术、电信号一路走来，而传递价值方式的演化基本上就是一部货币演化史。纵观人类社会的发展进程，信息传递和价值交流的技术发展存在着深刻的联系，你无法想象在原始部落使用移动支付，也同样无法想象在现代社会使用贝壳消费。

互联网的出现，使人类的信息传播手段实现了一次飞跃，信息可以不经过第三方，点对点地实现在全球范围的高效流动。然而,互联网并没有对有价值的信息进行保护的内在机制,网上复制传播一条信息,乃至篡改一条信息的成本几乎为零,我们无法点对点地传递带有所有权的信息。也就是说,我们的价值传递手段并没有实现同步的升级。在互联网上,我们面临着信息的传播能力远超过价值的转移能力的尴尬。一些传统行业如唱片业、出版业,在互联网诞生后受到了很大冲击,就是这个特征带来的必然结果。

我们可以看到,在传播信息的路径上,人类从文字开始,最终创造出了互联网这样高效的信息传播网络;为了价值传递,人类从货币开始,也必将创造出与互联网相匹配的价值传递网络。区块链就是在这样的背景下诞生的。信息传递和价值传输密不可分,我们有了互联网这么一个全球范围的高效可靠的信息传输系统,必然会要求一个与之匹配的高效可靠的价值传输系统。也就是说,区块链的诞生不是偶然的,其背后有着深刻的必然逻辑。

二、区块链在金融业中的应用

在银行业,区块链技术可以用于供应链金融。供应链金融是有别于传统信贷的融资模式。传统的信贷融资模式下,金融机构主要是根据融资企业的历史财务信息以及抵押物来提供授信;而供应链金融模式下,资金提供方可以免去审查融资企业的财务信息,转为对产业链上企业的交易状态进行综合评价,针对单笔或者多笔交易提供融资服务。

大企业往往有长期固定的银企合作,而中小企业由于没有长期固定的银企合作以及存在信息不对称等问题,因而面临着较高的融资成本与融资壁垒。供应链金融可对具有供应关系的整个供应链条进行信用评估,利用企业间的交互合作等关系传递信用,使大企业为中小企业信用背书,提高中小企业的信任水平,解决信息不对称等问题,提升中小企业的融资效率。但是,目前供应链金融业务仍然存在信息化程度低、信息管理水平低、企业间连接程度低等问题。因为供应链涉及不同的主体,需要各主体之间进行信息互通,但是许多重要信息都是由各主体分别储存,缺少一个对信息进行集中管理的平台。

利用区块链技术,可以使供应链中各方共同搭建一个联合区块链。在该联合区块链上,各参与方可以通过节点更新信息、储存数据,共同参与共识验证等工作,进行集体维护,保证数据块内信息的真实可靠性,从而搭建了一个公开、透明、可追溯的信息平台。供应链金融业务是基于基础交易而提供的金融服务,通过区块链技术,各参与方可以通过节点上传资金、交易、融资等基础交易数据,以此构建多方共享的公共账本。区块链的共识机制保证信息经过多方验证,避免了金融业务中的做假风险,使其真实反映企业的信用和还款能力,从而解决了信息背书、信息不对称等问题,提升了供应链金融的服务效率。例如,在传统票据融资业务中会存在票据复制、银行违规操作等问题,对票据融资的监管也存在着缺陷和漏洞。利用区块链技术,可以将线下的票据业务信息化,将企业的交易兑付等信息输入线上数据块,利用区块链的不可篡改性、防伪性保证了企业信息的真实、有效,可以为金融机构以及监管机构提供更多的有效信息,同时可追溯、可查询,也避免了票据复制等问题。在企业应收账款融资中,区块链的共识机制可以保证账本上企业交易、资金、融资等信息的真实性,因此,银行可以更好地对企业的应收账款质量进行合理评估,避免了信息做假和信息不对称等问题。传统的授信融资往往需要企业与银行有长期的银企合作,要求比较高。通过区块链技术,银行可以直接获取账本上真实、有效的相关企业信息与融资情况,从而确定合适的授信额度,提升授权融资的贷款速度,降低传统授信融资中的信息不对称等风险。区块链技术可以显著提高企业的融资效率,提升社会效益与经济效益。

区块链技术还可用于电子支付。电子支付以电子计算机及其网络为手段,将负载有特定信息的电子数据用于资金流程并具有实时支付效力。目前的电子支付主要为第三方支付,第三方平台作为交易中介存储着大量的交易信息,存在着第三方支付平台泄露信息等安全隐患。同时,业务流转中需要多方建立代理关系,在不同系统中进行记录、对账与清算等操作,造成了支付成本偏高等问题。基于区块链的电子支付系统结合区块链去中心化的特点,绕过第三方中介机构,直接让客户、商家、银行三方成为区块链上的一个节点,从而形成三方之间的电子支付系统闭环。基于区块链的共识机制,每一个节点都可以验证公共账本是否完整、真实和可靠,从而对账本信息形成共识,并通过节点对交易记录进行记账,形成交易信息数据块。因此,基于区块链电子支付的交易、转账记录在共识之后就成为不可更改、可追溯的信息,从而确保了公共账本中记录的真实性与安全性。交易中的违规行为也会被永久记录,监管机构可以全方位地对交易进行监管,压缩了交易双方违规操作的空间,营造了公开、透明的电子支付交易环境。此外,基于区块链技术的电子支付系统还具有集体维护、去中心化、去信用化等特点,可以直接对交易产生信用数据,不需要通过中介机构或交易主体特别建立信用关系,从而降低了交易过程中的信用成本。

在证券业,区块链还可用于资产证券化。在资产证券化过程中,会涉及发起人、受托人和投资人等各类金融机构。资产证券化的基本流程是:发起人将证券化资产出售给 SPV(信托机构),然后信托机构将这些资产汇集成资产池,再以该资产池里基础资产未来所产生的现金流为偿付支持在金融市场上发行有价证券融资,最后用资产池里基础资产产生的现金流来偿还所发行的证券。

资产证券化的基础资产往往数量繁多、真实性水平较低,其核对调查需要消耗大量的时间成本,也容易出现信息遗漏等错误,且数量众多的数据点由于缺乏标准的数据转换过程,使业务的进行存在一定的难度,可能导致发起人对基础资产放宽审查标准,对基础资产的风险水平和质量情况没有合理评估。此外,发起人可能将垃圾资产混入资产组合出售给投资者,加剧了信息不对称的风险,显著提高了资产证券化产品的风险水平。信托机构在对资产支持证券进行托管时,需要定期对资产池里的资产进行数据更新。由于资产池的底层资产结构复杂,信托机构往往无法做到高效、及时地更新数据,导致信息时效性较低,投资者无法全面地了解资产的回收、早偿、逾期等情况,也在一定程度上限制了资产支持证券在二级市场上的流动。

在区块链技术下,可以构建一个贯穿证券化全程的不可篡改的、可追溯的、信息完善的公共账本。传统的交易依靠信用中介收集基础信息,大量的数据被浪费和隐藏。在区块链技术下,每一个市场参与者可以通过节点将资产信息、交易信息上传至账本,通过共识机制将经过认证的新信息在各个节点进行更新,使所有节点均存储在经过认证、不可篡改、可追溯的基础资产数据里,从而提高基础资产信息的真实性与时效性。区块链的链式结构可以将资产与证券直接连接,避免了业务系统对接的问题,从而提高了数据流转效率,降低了信息损失程度。分布式账本可以实时进行数据更新,让资产证券化流程中的各参与方实时了解资产现金流回收情况,使存续管理变得更加透明。同时,二级市场的投资者可以通过公共账本获取最新的基础资产的质量情况、基础资产的质量变化与证券的流动性、信用价差的变化等信息,有利于投资者准确评估证券价值,降低投资者所面临的信息不对称与信用风险,从而活跃二级市场。

此外,区块链技术还可用于征信。近年来,大数据技术的运用使信用分析摆脱了传统信用信息列示与定性评价的阶段,使定量分析的深度、广度和可靠性都有了明显提升。目前,互联网金融平台主要采取线上大数据征信与线下自征信、购买第三方征信平台服务这三种模式。但是各征信体系之间仍然难以对接,平台之间征信信息不互通,有重复建设的现象,社会整体征信成本高。在区块链技术下,可以建立一个不可逆、无法篡改、匿名性、去中心化、可追踪、共同维护的征信数据库。区块链的共识机制保证了上链数据的真实性,且数据一旦生成,不可更改,保证了征信机构对数据可靠性的要求。区块链中各节点具有一致性的信息,基于共识机制对系统进行维护,从根本上改变了中心化的信用创造方式。各征信机构可以在公共账户上实现信息互通,缓解重复建设的现象,且通过区块链使数据产生规模经济,发挥最大效用。传统方式处理繁杂的征信数据往往需耗费大量的运营成本,而利用区块链技术可实现数据快速上链,减少不必要的信息损失,剔除中介环节,从而提升行业运行效率。

阅读材料 7-1

桑坦德集团的区块链应用

根据英国《金融时报》的报道,全球银行巨头桑坦德集团(Santander Group)2018 年 4 月 13 日推出了一款基于区块链技术的跨境外汇交易应用程序。

据悉,这款名为 One Pay FX 的应用程序首先会在西班牙、英国、巴西和波兰四个国家的市场推出,桑坦德银行旗下客户可以下载使用。预计在之后的几个月时间里,他们可能会把该应用程序推广到更多国家,为更多中小企业提供跨境汇款服务,并将产品可用性延伸至其他金融机构。

这款应用程序是基于 Ripple 公司提供的分布式账本技术开发的,桑坦德银行也成了首批向消费者提供基于区块链的外汇支付服务的银行之一。事实上,Ripple 公司和桑坦德集团早在两年前就开始布局区块链技术应用,并且在英国分部进行内测。

2015 年,桑坦德集团曾通过旗下风投公司 InnoVentures 参与 Ripple 公司 3200 万美元的 A 轮融资,并提供了 400 万美元的支持。

此外,根据英国《金融时报》的报道,这款跨境外汇交易应用程序最初覆盖的四个国家的外汇交易量,占到了桑坦德集团外汇交易总量的近一半。

第二节 数字货币

一、什么是数字货币

数字货币简称为 DIGICCY,是英文"digital currency"(数字货币)的缩写,是电子货币形式的替代货币。数字金币和密码货币都属于数字货币(DIGICCY)。数字货币是一种不受管制的、数字化的货币,通常由开发者发行和管理,被特定虚拟社区的成员所接受和使用。

关于数字货币,需要明确数字货币≠货币数字化,即数字货币绝不仅仅是纸币的数字化那么简单,支付宝之类的软件只是钱包和银行卡的一个延伸,背后对应的还是具体的银行账号和花花绿绿的纸钞,而数字货币则不同了。举个例子,我们去喝咖啡,用数字货币的结算方式属于"支付",而用支付宝、微信就属于"支付系统"了,它背后需要记账、结账、对账,也就是说,支付宝、微信本质上是支付系统,而数字货币则是支付工具,也就是货币。

数字货币可以被认为是一种基于节点网络和数字加密算法的虚拟货币。数字货币的核心特征主要体现在三个方面：①由于来自某些开放的算法，数字货币没有发行主体，因此没有任何人或机构能够控制它的发行；②由于算法解的数量确定，所以数字货币的总量固定，这从根本上消除了数字货币滥发导致通货膨胀的可能；③由于交易过程需要网络中各个节点的认可，因此数字货币的交易过程足够安全。电子货币、虚拟货币和数字货币的对比如表7-1所示。

表7-1 电子货币、虚拟货币和数字货币的对比

特性	电子货币	虚拟货币	数字货币
发行主体	金融机构	网络运营商	无
适用范围	一般不限	网络企业内部	不限
发行数量	法币决定	发行主体决定	数量一定
储存形式	磁卡或账号	账号	数字
流通方式	双向流通	单向流动	双向流通
货币价值	与法币对等	与法币不对等	与法币不对等
信用保障	政府信用	企业信用	网民信念
交易安全性	较高	较低	较高
交易成本	较高	较低	较低
运行环境	内联网、外联网、读写设备	企业服务器与互联网	开源软件及P2P网络
典型代表	银行卡、公交卡、支付宝等	Q币、盛大币、各论坛积分等	比特币、莱特币等

二、数字货币的实现形式

1. 总量恒定型：比特币

尽管区块链的倡导者们有意把区块链技术作为一种中性的独立技术从比特币中抽离出来，但不可否认，比特币是第一个初步成功并引起广泛关注的区块链应用。它在发行机制、分配机制、币值调节机制上有不少创新。中本聪将比特币定义为一种点对点的电子现金系统，"电子现金"表明他想要发明的并不仅仅是一个支付系统，而是一套有着独立货币哲学的货币系统。

比特币最常被人提及的特性就是总量恒定。比特币的最高上限为2100万个。在2009年初比特币网络开始运行的最初几分钟内，比特币的数量为零。当大约10分钟过去后，第一个区块产生了，生产出这个区块的"矿工"（区块生产者）也就获得了50个比特币的奖励。这50个比特币就是世界上产生的第一批比特币。通过查询历史数据，我们可以看到最早的这个区块，也就是区块0的详细信息。

区块奖励并不是一成不变的，每隔4年，区块奖励就会减半。也就是说，2009年开始时，区块奖励是每个块50个比特币；到2013年，区块奖励就会减半为25个；到2017年，区块奖励就会再次减半为12.5个；以此类推，直至2100万个比特币分发完毕。这就是比特币的发行机制。尽管2030年左右比特币就能达到2000万的发行量，但是要到2140年左右才会达到最终2100万的发行总量。

比特币通过将新产生的币作为区块奖励分配给"矿工"的方式完成整个发行过程，这一过

程的最主要特点有三个。

一是发行有严格的既定规则,任何人都没有权利修改这些规则,进行规则外的增发。这一约定和经济学家、诺贝尔奖获得者弗里德曼的观点非常接近。弗里德曼认为,根治通货膨胀的唯一出路是减少政府对经济的干预,控制货币增长。控制货币增长的方法是实行"单一规则",即中央银行在制定和执行货币政策的时候要"公开宣布并长期采用一个固定不变的货币供应增长率"。

二是发行的主体是不特定的,任何人只要打开运算设备(不管是矿机还是普通计算机)都可以参与到"挖矿"也就是货币的发行过程中。这个特点体现了去中心化的精神,只要拥有算力,任何人都可参与而不取决于参与者的身份、地位。

三是存在真实的发行成本,该成本主要包括购买矿机的成本和运行矿机的成本。这些成本的存在"赋予"了比特币某种价值。从经济学角度看,决定价格的并非成本,而应该是市场供需关系。你可以花费数亿美元的成本把一块蛋糕发射到火星之上,但这块蛋糕并不会因此获得数亿美元的身价。但是不可否认,成本的存在给了市场一个极强的心理预期信号。成本就像是一张比特币市场价格的安全网。回顾比特币的历史价格,每当触及成本时,总会快速迎来反弹。

从发行需要成本,发行依照收敛性曲线这些特性来看,比特币模拟的恰好是黄金这种贵金属。和比特币类似,黄金的总量有限,开采需要一定的成本。然而,比特币可以跨地域转移、几乎可无限分割、可编程、易保管等特性确实可以完胜黄金这种几千年来人类世界共通的价值存储手段。

2. 锚定型:比特股

非弹性供给的货币会导致币值不稳定,而难以成为一般经济计量单位。如何创造一种能够保持币值相对稳定的货币,一直是数字货币领域的热门话题,这种稳定货币如果被发明,那么基于数字货币的支付结算将会变得非常简单易用。

比特股就是这样一个试图解决这个问题的、基于区块链技术的系统。比特股设计了一套发行"比特资产"的机制。比特资产是一个总称,具体的资产可以是比特美元、比特人民币、比特黄金等。比特股的创始人丹尼尔·拉姆(Daniel Larimer)认为通过其设计的去中心化的发行和交易,各种比特资产将能够锚定各自对应的标的物,实现币值的稳定。比如,比特美元将能够锚定美元的价值,使1比特美元总是等于1美元的购买力。

这种市场锚定基于下面的具体机制。

首先,比特股系统中内置了一种同样名为比特股(BTS)的数字货币。BTS的币值和其他数字货币一样,是具有高度波动性的。我们可以设计一种机制,用BTS做抵押发行一种新资产,并把这种资产分为A份额和B份额,A份额保持币值的稳定,而由B份额的持有者吸收所有的波动。A份额持有人的收益是获得了稳定的币值,可以用于定价、支付、价值存储;B份额持有人的收益是获得了杠杆,因为其吸收的是A+B整体的价格波动。天底下当然没有免费的午餐。A份额获得稳定币值的交换条件是丧失了BTS币值上涨时的收益权,B份额获得杠杆的交换条件是BTS币值下跌时蒙受的加倍损失。当B份额的市值靠近临界点,将要不足以覆盖整体波动时,B份额将被平仓。在这里,稳定的A份额就是前文所描述的能够锚定现实资产的"比特资产"。

这样的设计非常类似中国证券市场上的分级基金,但两者还是存在差别。两者的本质区别在于,比特股的设计中,包含 A、B 份额的类似"分级基金"的发行权是由完全去中心化的市场完成的。任何持有 BTS 的用户,只要能在市场上找到交易对手方,就能够抵押 BTS 发行出比特美元、比特人民币、比特黄金这样的比特资产。事实上,用户甚至可以自己和自己成交,发行出 A 和 B 份额,然后留下自己想持有的部分,将另一部分通过市场转让出去。在这种设计下,货币的发行权成为一种纯粹的市场行为,因此比特股创始人丹尼尔·拉姆把这样的机制称为"去中心化的央行"。

但是这里还存在一个问题,即 A 份额相对于什么而言比较稳定。通过同样的抵押机制生成的比特资产为什么有的能锚定美元,有的就能锚定石油?比特股给出的答案很简单:"仅仅因为名字不同"。当一种比特资产被命名为比特美元时,所有发行、交易的市场参与者都会判断市场中的其他交易者对这种比特美元的价值判断,而其中最合理的假设就是市场中的其他参与者也会认为比特美元的价值应当锚定美元。因此,当比特美元币值高于美元时,会有人抛出获利,当比特美元币值低于美元时,会有人买入,等待恢复 1∶1 时获利。

3. 政府发行型:央行数字货币

与前两种类型的数字货币不同,央行数字货币是由各国中央银行或类似机构发行的,属于央行负债,具有国家信用,与法定货币等值。中国央行数字货币研究所曾对其进行了清晰定义,即"其功能属性与纸钞完全一样,只不过是数字化形态","是具有价值特征的数字支付工具",也就是流通中的现金。各国央行发行数字货币的出发点很简单。首先,纸钞的流通成本太高。据美国零售商和银行估计,持有实物美元的年均成本在 60 亿美元左右,其中包括会计、储存、运输和安全成本。纸钞逐渐退出交易已经是大势所趋。一旦纸钞退出交易,那么央行就和货币的使用者切断了所有的直接联系,用户使用的不再是央行直接发行的货币,而是银行、第三方支付所发行的 IOU(欠条),央行的货币政策将更难被传导至市场。其次,日本和北欧国家央行已经在实施所谓的负利率,然而负利率只能传导到金融机构而无法传导至个人。因为一旦在个人层面实施负利率,那么个人的第一反应就是从银行提取现钞,这会造成全国范围的挤兑和银行业危机。如果现钞退出市场交易,央行就可以更好地实施包括负利率在内的货币政策,从而更强地影响市场。这也是荷兰央行用 DNBCoin、英国银行用 RSCoin 进行数字法币概念验证的出发点。

在央行数字货币的研发上,中国走在了世界前列。2016 年 1 月 20 日,来自中国人民银行的一则新闻引起了很多人的关注,其标题看似非常普通——"中国人民银行数字货币研讨会在京召开",然而它的内容却是轰动性的,文中明确指出,在我国当前经济新常态下,探索央行发行数字货币具有积极的现实意义和深远的历史意义。发行数字货币可以降低传统纸币发行、流通的高昂成本,提升经济交易活动的便利性和透明度,减少洗钱、逃漏税等违法犯罪行为,提升央行对货币供给和货币流通的控制力,更好地支持经济和社会发展,助力普惠金融的全面实现。未来,数字货币发行、流通体系的建立还有助于我国建设全新的金融基础设施,进一步完善我国支付体系,提升支付清算效率,推动经济提质增效升级。

会议要求,人民银行数字货币研究团队要积极吸收国内外数字货币研究的重要成果和实践经验,在前期工作基础上继续推进,建立更为有效的组织保障机制,进一步明确央行发行数字货币的战略目标,做好关键技术攻关,研究数字货币的多场景应用,争取早日推出央行发行的数字货币。数字货币的设计应立足经济、便民和安全原则,切实保证数字货币应用的低成本、广覆盖,实现数字货币与其他支付工具的无缝衔接,提升数字货币的适用性和生命力。

时任中国人民银行行长周小川指出,"数字货币的技术路线可分为基于账户和基于钱包两种,也可分层并用而设法共存。区块链技术是一项可选的技术,其特点是分布式簿记、不基于账户,而且无法篡改。如果数字货币重点强调保护个人隐私,可选用区块链技术。人民银行部署了重要力量研究探讨区块链应用技术,但是到目前为止区块链占用资源还是太多,不管是计算资源还是存储资源,应对不了现在的交易规模,未来能不能解决,还要看。"

周小川所说的基于账户和基于钱包的概念,实质上是指基于服务器的电子货币和基于私钥的加密货币。前者即普通电子货币,账户所有权并不真正属于用户,而是托管于服务器之上。后者即以比特币为代表的加密货币,用户拥有账户的绝对专属权,不仅可以用自己的密钥开启,还可以通过智能合约授权别人拿密钥开启,账户的控制权归根结底在用户端,商业银行也未必有权开启。

2020年8月15日,经中国人民银行营业管理部批准,百信银行通过虚拟发卡系统发行的数字银行卡正式亮相。这标志着国内首张数字银行卡正式面世,人民币终于迎来大升级,数字货币时代正式来临。

三、硬件钱包

数字货币硬件钱包是一种实体设备,私钥储存在设备内的受保护区域中。硬件钱包与纸质钱包类似,但在收付款方面的功能更强。到目前为止,还没有发生过大规模的硬件钱包漏洞或黑客窃取资金事件。硬件钱包也能抵抗病毒,且私人密钥不能以明文的形式从这些设备中移除。目前,越来越多的数字货币交易者选择硬件钱包。

市面上的硬件钱包的实现方式主要有两大类别。一种是以 Legder Nano S、碧盾、Trezor、Keep Key 为代表的基于芯片的硬件钱包,另一种是以库神、Bep 为代表的基于安卓系统的钱包,也称为类手机钱包。前者的保护重点是私钥本身的芯片级安全保护,强调的是即使用户遗失或设备被黑客窃取情况下,私钥也不会流失,也能保护用户的资产安全。后者的保护重点是冷热端在交易时隔离,在设备未遗失,也未被针对性破解攻击的情况下,交易是安全的。总之,相对基于芯片的硬件钱包,类手机钱包在黑客拿到物理设备后更容易发起针对性攻击(见表7-2)。

表7-2 硬件钱包分类

项目	芯片类	安卓系统类
代表产品	Legder Nano S	库神
保护机制	私钥本身的芯片级安全保护	冷热端在交易时隔离
一般情况	保护程度一样	保护程度一样
丢失情况	保护程度高	保护程度低
安全性	高	较高

硬件钱包安全性指标主要包括三个方面:

一是私钥保存安全性。硬件钱包保存的是一个密钥对(一个公钥+一个私钥)。谁拥有了这个密钥,谁就拥有了钱包里的资产,那么就可以支配这些资产了。而一旦密钥丢失,这些资产也就永久性地丢失了。所以作为硬件钱包,在安全性问题上,首要解决的问题就是如何采用极为安全的方式来保存用户的密钥。硬件钱包的私钥被保存在硬件设备内,私钥的签名过程都在硬件钱包中进行。市面上的硬件钱包基本都能保证私钥不会流出到 PC 端,从这一角度来看,安全性是可以得到有效保障的。此外,硬件钱包使用的芯片种类至关重要。使用安全芯片的硬件钱包能够有效地保护私钥。相较而言,使用普通 ARM 芯片的硬件钱包对于私钥的保护相对弱,因为没有使用专门的安全芯片对私钥进行存储。如果黑客获取到物理设备,比较容易发起针对性攻击。

二是防电子攻击。黑客如果获取到硬件钱包,会采用各种方式侵入硬件中,包括侵入式攻击(物理攻击,使用探针进行监听)和非侵入式攻击。一种典型的非侵入式攻击是电子探测攻击,攻击方式包括 SPA 和 DPA 攻击。采用安全芯片的硬件钱包比普通 ARM 芯片更能有效抵御攻击。对于各种形式的电子探测攻击,它都能做出有针对性的防护,可以有效地抵御各种形式的电子探测攻击。

三是防交易伪造。在一个交易过程中,硬件钱包是没有能力判断计算机或手机运行环境安全性的,也不能把安全体系建立在要求用户的计算机或手机运行环境安全的基础上。而在针对操作流程和安全体系的攻击中,黑客会通过攻破计算机或手机的客户端软件诱骗用户同意签署一个伪造的交易。为防止这一类攻击,一个好的硬件钱包应该做两个核心验证,来保障签署的交易和实际发生的交易一致:一是要有用于可视化验证交易信息的可信显示屏,而不依赖于电脑或手机端的信息显示;二是可信任的确认按钮,用来确认或拒绝签署交易。因此很多硬件钱包会设计一个独立的显示屏,来让用户确认发送的交易地址和交易金额与客户端显示结果的一致。

第三节 智能合约

一、智能合约的起源与定义

"智能合约"概念由计算机科学家、加密大师尼克·萨博(Nick Szabo)于 1993 年左右提出,1994 年他写成的《智能合约》论文,是智能合约的开山之作。

尼克·萨博对智能合约的阐述以一个自动售货机的例子开始。我们可以认为智能合约的原始祖先,是不起眼的自动售货机。在经过潜在的、损失有限的评估后,自动售货机使钱箱里的钱远远少于破坏者付出的代价。售货机根据显示的商品价格收取投币,通过一个简单的机制形成了最初的计算机设计科学。自动售货机是一种搬运合约:任何持有硬币的人都可以与供应商交易。同时,锁定钱箱和采用其他安全机制保护售货机储藏的硬币和货物不被破坏,从而支撑在各种各样的区域部署自动售货机,并且产生盈利。

在自动售货机概念的基础上,尼克·萨博给出了智能合约的定义:智能合约超越了自动售货机中嵌入各种有价属性的范畴,通过数字方式控制合约。智能合约涉及具有动态性、频繁主动执行性的财产,且提供更好的观察和验证,其中主动积极的措施必须丝毫不差。

尼克·萨博告诉我们的是,智能合约本质上的抽象概念是在个人、机构和财产之间形成关系的一种公认工具,是一套形成关系和达成共识的协定。智能合约的条款(如抵押品、产权划分等)可以嵌入到处理硬件和软件中,以这样的方式使违约成本非常昂贵(甚至令人望而却步)。例如,为房屋而设计出的数字保障智能合约,根据智能合约设计策略,持续完善房屋抵押品协议以便其更充分地嵌入到处理合约条款中。根据合约条款,这些协议将使加密密钥完全控制在具有操作属性的人手中,而此人也将正当地拥有该房屋财产。简单来说,为了防止偷窃,使用者需要完成正确的解锁过程,否则房屋将切换至不可使用状态,比如门禁失效和设施失效等。在传统方式中,如果房屋被用作还贷,有一个令债权人头痛的问题是很难查收赖账者的房屋,需要通过频繁沟通才能收回房屋钥匙等。为了解决这一问题,我们可以创建一个智能扣押权协议:如果物主不交费,智能合约调用扣押权协议,把房屋钥匙的控制权交给银行,该协议可能会比雇佣追债人更便宜、更有效。

同时,尼克·萨博提出了智能合约的三要素:①一把可以允许业主同时排除非法第三方的锁;②一个允许债权人秘密接入的后门;③后门只在违约且没有付款的一段时间内被打开,最后的电子支付完成后将永久地关闭后门。

在智能合约理念的基础上,我们可以给出智能合约的定义,即智能合约是一套以数字形式定义的承诺,承诺控制着数字资产并包含了合约参与者约定的权利和义务,由计算机系统自动执行承诺定义了智能合约的本质和目的。

以一个销售合约为例:卖家承诺发送货物,买家承诺支付合理的货款。数字形式意味着合约需要被写入计算机可执行的代码中,只要参与者达成协定,智能合约建立的权利和义务,就由一台计算机或者计算机网络执行。

智能合约模型示意图如图7-1所示。

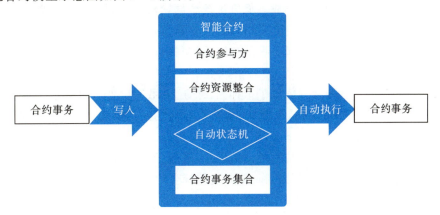

图7-1 智能合约模型示意图

智能合约程序不只是一个可以自动执行的计算机程序,它本身就是一个系统参与者,对接收到的信息进行回应,可以接收和储存价值,也可以向外发送信息和价值,这个程序就像一个可以被信任的人,可以临时保管资产,总是按照事先的规则执行操作。

智能合约的实现需要底层协议支持,选择哪个协议取决于许多因素,最重要的因素是在合约履行期间被交易资产的本质。再次以销售合约为例,假设参与者同意货款以比特币支付,选择的协议很明显将会是比特币协议。在此协议上,智能合约被实施,因此,合约必须要用到的数字形式就是比特币脚本语言。比特币脚本语言是一种非图灵、完备的、命令式的、基于栈的编程语言。

二、智能合约与传统合约的区别

智能合约与传统合约(如法律合约)有相似之处,比如均需要明确合约参与者的权利、义务,违约方均会受到惩罚等。但是,智能合约与传统合约存在着显著的区别,如表7-3所示。

表7-3 智能合约与传统合约对比

比较维度	智能合约	传统合约
自动化维度	自动判断触发条件	人工判断触发条件
主客观维度	适合客观性的请求	适合主观性的请求
成本维度	低成本	高成本
执行时间维度	事前预防	事后执行
违约惩罚维度	依赖于抵押资产	依赖于刑罚
适用范围维度	全球性	受限于具体辖区

(1)自动化维度。智能合约可以自动判断触发条件,从而选择相应的下一步事务;而传统合约需要人工判断触发条件,在条件判断准确性、及时性等方面均不如智能合约。

(2)主客观维度。智能合约适合客观性请求的场景,传统合约适合主观性请求的场景。智能合约中的约定、抵押及惩罚需提前明确;而主观性判断指标很难纳入合约自动机中进行判断,也就很难指导合约事务的执行。

(3)成本维度。智能合约的执行成本低于传统合约,合约执行权利、义务条件被写入计算机程序中自动执行,且在状态判断、奖惩执行、资产处置等方面均具有低成本优势。

(4)执行时间维度。智能合约属于事前预定、预防执行模式;而传统合约采用的是事后执行,根据状态决定奖惩的模式。

(5)违约惩罚维度。智能合约依赖于抵押品、保证金、数字财产等具有数字化属性的抵押资产,一旦违约,参与者的资产将遭受损失;而传统合约的违约惩罚主要依赖于刑罚,一旦违约,可以采用法律手段维权。

(6)适用范围维度。智能合约技术可全球采用,适用于全球范围;而传统合约受限于具体辖区,不同国际地区的法律、人文等因素均影响着传统合约的执行过程。

三、智能合约与区块链

尼克·萨博关于智能合约的工作理论迟迟没有实现,一个重要原因是缺乏能够支持可编程合约的数字系统和技术。区块链技术的出现解决了该问题,不仅可以支持可编程合约,而且具有去中心化、不可篡改、过程透明可追踪等优点,天然适合于智能合约。因此也可以说,智能合约是区块链技术的特性之一。

如果说区块链1.0是以比特币为代表,解决了货币和支付手段的去中心化问题,那么区块链2.0就是更宏观地对整个市场去中心化,利用区块链技术转换许多不同的数字资产而不仅仅是比特币,通过转换创建不同资产的价值,区块链技术的去中心化账本功能可以被用来创建、确认、转移各种不同类型的资产及合约。几乎所有类型的金融交易都可以被改造成在区块链上使用,包括股票、私募股权、众筹、债券和其他类型的金融衍生品如期货、期权等。

基于区块链的智能合约包括事务处理和保存的机制,以及一个完备的状态机,用于接受和处理各种智能合约,而且事务的保存和状态处理都在区块链上完成。事务主要包含需要发送的数据,而事件则是对这些数据的描述信息。事务及事件信息传入智能合约后,合约资源集合中的状态会被更新，进而触发智能合约进行状态机判断。如果自动状态机中某个或某几个动作的触发条件满足，则由状态机根据预设信息选择合约动作自动执行。

智能合约系统根据事件描述信息中包含的触发条件，当满足触发条件时，从智能合约自动发出预设的数据资源，以及包括触发条件的事件。整个智能合约系统的核心就在于智能合约以事务和事件的方式经过智能合约模块的处理，输出仍是一组事务和事件。智能合约只是一个事务处理模块和状态机构成的系统，它不产生智能合约，也不会修改智能合约；它的存在只是为了让一组复杂的、带有触发条件的数字化承诺能够按照参与者的意志，正确执行。

基于区块链的智能合约构建及执行分为如下几步。

步骤一 "多方用户共同参与制定一份智能合约"的过程，包括如下环节：

A. 用户必须先注册成为区块链的用户，区块链返给用户一个公钥和私钥；公钥作为用户在区块链上的账户地址，私钥作为操作该账户的唯一钥匙。

B. 两个以及两个以上的用户根据需要，共同商定了一份承诺，承诺中包含了双方的权利和义务；这些权利和义务以电子化的形式，编程机器语言，参与者分别用各自私钥进行签名，以确保合约的有效性。

C. 签名后的智能合约，将会根据其中的承诺内容，传入区块链网络中。

步骤二 "合约通过 P2P 网络扩散并存入区块链"的过程，包括如下环节：

A. 合约通过 P2P 的方式在区块链全网中扩散，每个节点都会收到一份；区块链中的验证节点会将收到的合约先保存到内存中，等待新一轮的共识时间，触发对该份合约的共识和处理。

B. 共识时间到了，验证节点会把最近一段时间内保存的所有合约，一起打包成一个合约集合(set)，并算出这个合约集合的哈希(Hash)值，最后将这个合约集合的 Hash 值组装成一个区块结构，扩散到全网；其他验证节点收到这个区块结构后，会把里面包含的合约集合的 Hash 值取出来，与自己保存的合约集合进行比较，同时，发送一份自己认可的合约集合给其他的验证节点；通过这种多轮的发送和比较，所有的验证节点最终在规定的时间内对最新的合约集合达成一致。

C. 最新达成的合约集合会以区块的形式扩散到全网。每个区块包含以下信息：当前区块的 Hash 值、前一区块的 Hash 值、达成共识时的时间戳以及其他描述信息；同时，区块链最重要的信息是带有一组已经达成共识的合约集；收到合约集的节点，都会对每条合约进行验证，验证通过的合约才会最终写入区块链中。验证的内容主要是合约参与者的私钥签名是否与账户匹配。

步骤三 "区块链构建的智能合约自动执行"的过程，包括如下环节：

A. 智能合约会定期检查自动机状态，逐条遍历每个合约内包含的状态机、事务以及触发条件；将条件满足的事务推送到待验证的队列中，等待共识；未满足触发条件的事务将继续存放在区块链上。

B. 进入最新一轮验证的事务，会扩散到每一个验证节点，与普通区块链交易或事务一样，验证节点首先进行签名验证，确保事务的有效性；验证通过的事务会进入待共识集合，等大多数验证节点达成共识后，事务会被成功执行并通知用户。

C. 事务执行成功后，智能合约自带的状态机会判断所属合约的状态，当合约包括的所有事务都顺序执行完后，状态机会将合约的状态标记为完成，并从最新的区块中移除该合约；反之，将标记为进行中，继续保存在最新的区块中等待下一轮处理，直到处理完毕。整个事务和状态的处理都由区块链底层内置的智能合约系统自动完成，全程透明、不可篡改。

第四节　区块链的未来

一、区块链面临的技术挑战

尽管区块链的巨大应用价值已经被广泛认知，但是区块链技术的发展还没有达到成熟阶段，尤其是在企业级商业应用方面，区块链的数据存储能力、通用性、功能完备性等还存在明显不足。

1. 数据存储能力存在瓶颈

区块链系统存储的数据随着时间的推移只有追加而没有移除，数据只增不减，这对区块链系统数据存储能力提出了更高的要求，且在处理以几何倍数增长的企业数据时，这一要求更高。

不同于公链虚拟货币"账户余额"式的数据内容，企业场景下的数据包含结构化和非结构化的庞杂数据。以电商供应链为例，每日新增的数据记录数量通常在千万条级以上，如若再沿着供应链条进一步展开，每延伸一级数据量都会进一步扩大。

目前区块链系统存储账本数据的典型方式是基于文件系统或者简单的键值数据库，并没有采用分布式存储，因此数据存储能力与实际需求之间存在较大的差距，这决定了在技术上需要探索更为有效的大数据存储方式。

2. 通用性仍待完善

为了适应多样化的业务需求，满足跨链数据安全与数据高效共享需求，区块链系统需要设定记录数据的通用标准，通用化地表示各种结构化和非结构化信息。

目前区块链系统大多采用特定的共识算法、密码算法、账户模型、账本模型、存储类型，缺乏可插拔能力，无法灵活适应不同场景下的特定要求，也无法完全满足不同业务的数据贡献要求，更无法支持不同主体之间的跨链解决方案。

3. 功能完备性存在缺失

现有区块链系统的模型抽象单一，难以适应业务系统敏捷开发的要求。同时，用户认证、多级授权等功能的缺失无法满足企业级应用的开发。此外，涉及企业业务协作时，跨企业的事件通知机制显得尤为重要，但少有区块链系统能够提供相关功能支持。

二、区块链技术的发展方向

区块链技术正在快速走向成熟。一方面，处理性能、通用性、扩展性、安全与可监管、易用性等底层技术不断演化；另一方面，业务创新不足、利益现状制约、监管法规缺失、应用方案不完善等业务问题不断得到解决。从本质上来说，后者也是技术成熟度的问题。随着技术的进一步发展，区块链行业发展的诸多桎梏也将得到破解。区块链技术的发展方向是应对企业级应用场景下面临的许多挑战，突出表现在以下几个方面。

1. 自主研发技术由底层兴起

2018年,各家大型区块链研究机构和技术型企业均开发研制了自己的底层链技术。底层链作为核心引擎,在数据账本、共识协议、密码算法、存储等方面引入新的研究成果和工程架构,从而解决性能、伸缩性、扩展性、安全性等方面的基础和关键技术问题,建立了不少创新性的技术架构和应用方案。

2. 技术平台化进一步深入

2018年,区块链技术率先改变了企业应用。企业要求简单快捷的业务"上链"过程,BaaS(blockchain as a service)平台应运而生,为企业快速部署区块链提供了便捷的通道。BaaS平台能够提供灵活易用和可伸缩的区块链系统管理能力,无缝融合多种区块链系统的部署管理,向企业级用户提供公有云、私有云及混合云环境快速部署能力,降低区块链系统入门难度,降低企业应用区块链的技术及人力成本,提供"开箱即用"的区块链服务,促进应用落地。未来在大规模企业级应用中,BaaS平台必将作为基础级设施在企业推广区块链的道路上发挥重要作用。

3. 跨链技术进一步发展

构建在公链模式上的商业模式的特点是用户(尤其是C端用户)接入方便、数据安全、交易便捷。公链系统构建了一个开放式的系统,但是管理成本很高,这决定了公链系统不适合企业级的商业运用。在运用联盟链作为底层技术的商业模式中,节点数量有限,没有接入此联盟链的节点就无法获取、共享数据资产和信息。此外,大多数联盟链没有激励模式的创新,这就限制了区块链技术的运用价值。因此,为了解决联盟链存在的数据资产流动问题,相较于重新打造一条公链,通过跨链技术将联盟链模式的B端场景与公链模式的消费者端场景建立联系,显得更加经济、有效。它实现的是实际上的公链模式,但是比公链模式更加灵活、更具可操作性,也顺应了当下连接B端和C端场景的新一波数字化浪潮。现阶段比较可行的技术方案是通过BaaS平台实现区块链底层的跨链互通,打造企业联盟链间的跨链枢纽,将架构在不同区块链底层的小联盟通过BaaS平台互联互通,逐步形成多平台、多底层融合的超大规模企业联盟生态。

4. 开源社区助力技术成熟

随着越来越多的开源项目的发布,区块链开源社区的出现将促进市场教育和技术成熟。首先,开源为区块链行业的开发者提供了一个学习和创新发展的平台。开放高质量的技术代码,同时配备简明清晰的设计文档和代码示例,能够帮助开发者快速建立明确、有效的学习路径,快速进入区块链技术领域,促进开发者深入地学习、理解区块链技术,并将其真正应用于企业业务场景中。其次,对于企业来说,开源能够提高研发效益,加速技术创新。开源社区欢迎全球范围内区块链研发人员广泛参与,共同完善底层链,进而使其他企业减少对底层技术的研发工作,专注于开发自身的应用软件,提高研发效益,节约人力资源,降低时间成本,利用群体的力量实现单一企业无法企及的创新发展速度。最后,开源能够促进区块链技术应用生态的构建。当下越来越多的传统行业巨头开始意识到在区块链技术的大潮之下,基于区块链的技术特性可构建信任联盟关系,创新商业模式。但实现这一切的前提条件是要有安全可靠的技术支撑,而开源使技术能够更快成熟。

思考题

1. 什么是区块链？它与比特币的联系是什么？
2. 简述区块链在金融业中的应用。
3. 简单谈谈电子货币、虚拟货币和数字货币的区别与联系。
4. 什么是智能合约？它与传统合约的区别是什么？
5. 查找资料，谈谈数字货币能否替代现代货币体系？

第八章 众筹

第一节 众筹简介

一、众筹定义

虽然大众筹资的行为早在千百年前就出现了,但是它真实进入人们的视野和生活在近些年才发生。互联网的广泛普及和互联网传播直接迅速的特性促使众筹进入了一个新的领域。互联网众筹帮助身处世界各地、工作在不同领域的许多人实现了他们简单的愿望。

众筹作为网络商业的一种新模式,来源于"众包"。杰夫·豪 2006 年提出"众包"的定义为:一个公司或机构把过去由员工执行的工作任务,以自由自愿的形式外包给非特定的(而且通常是大型的)大众网络的做法。与"众包"的广泛性不同,"众筹"主要侧重于资金方面的帮助。

众筹,是指项目发起者利用互联网和社会性网络服务(SNS)传播的特性,发动众人的力量,集中大家的资金、能力和渠道,为小企业、艺术家或个人进行某项活动或某个项目或创办企业提供必要的资金援助的一种融资方式。和传统的融资方式相比,众筹的精髓就在于小额和大量,融资门槛低且不再以是否拥有商业价值作为唯一的评判标准,为新型创业公司的融资开辟了一条新的路径,从此,其融资渠道不再局限于银行、私募股权投资(PE)和风险投资(VC)。

二、众筹分类

众筹项目种类繁多,不单单包括新产品研发、新公司成立等商业项目,还包括科学研究项目、民生工程项目、赈灾项目、艺术设计、政治运动等。因此,逐步兴起的众筹网络平台也各有侧重。比如,Kickstarter 是一家总部位于纽约的美国公益公司,它维持着一个专注于创意的全球众筹平台,不支持慈善和法律诉讼项目;而随后建立的 Indiegogo 和 RocketHub 众筹平台的融资项目则囊括创意类、小型企业、目标事业三大类。国内知名的众筹网站点名时间、点梦时刻等基本可看作创意筹资平台;淘梦网则是一个独立电影(微电影)垂直众筹平台;积木网(2013 年 10 月 1 日停止运营)是一个集网站、开源软件和其他非营利项目为一体的网络募捐平台,不接受商业项目;大家投、天使汇、3W 咖啡等则是创业股权式众筹平台。

三、众筹参与者

虽然众筹项目种类繁多,但众筹项目的运行通常主要需要三方面的参与——发起者、支持者和平台。发起者,亦称筹资者,是指那些有创造能力但是缺乏资金的个人或团体,也就是融资过程中需要资金的一方;支持者,亦称出资者,是指那些对发起者的创意或回报感兴趣并且愿意给予帮助和支持的个人或团体,也就是融资过程中提供资金的一方;平台则是指连接发起者和支持者的媒介,目前以互联网网站平台为主。

四、众筹流程

众筹普遍运作的流程大致如下:

首先,需要资金的个人或团队将项目策划交给众筹平台,经过相关审核后,便可以在平台的网站上建立属于自己的页面,通过视频短片、图片、文字介绍等把自己渴望实现的创意或梦想向公众介绍和"炒作"。此外,发起者还需提前设定筹资项目的目标金额以及筹款的截止日期。随后,对该项目感兴趣的个人或团队可以在目标期限内承诺贡献一定数量的资金,最小的出资额甚至可以是1元。

接下来,不同的网络众筹平台会分别采用"达标入账"方式、"当即入账"方式或"达标入账"与"当即入账"相结合的方式对所筹资金进行管理。基于"达标入账"方式,在项目成功前,项目支持者贡献的资金并不会直接到达项目发起者手中,而是先由众筹平台掌握;只有当项目成功后,即项目在规定的目标期限内达到或超过目标筹资金额,支持者的资金才会从众筹平台的账户划拨到项目发起者的账户。项目发起者能够得到资金的前提是项目在规定时间内成功得到甚至超过目标筹资金额,否则得不到任何资金,资金将全部返还给支持者。"当即入账"方式则是指不论项目在规定的时间内是否达到筹资目标,只要有支持者出资,资金当即被打入项目发起者的账户。"达标入账"的融资模式旨在保护项目支持者的利益,项目支持者可以根据自己的风险和收益偏好来决定支持以"达标入账"方式发起的项目抑或是以"当即入账"方式发起的项目。出于风险规避的考虑,一般项目支持者更偏好采用"达标入账"方式进行筹资的项目。项目发起人由于项目急需资金,所以更倾向于采用"当即入账"的融资模式。一般情况下,如果项目发起者自己有一定的资金或者发起项目紧急,那么通常会选择"当即入账"的融资模式;如果项目发起者仅仅只是想测试项目是否可行,则多数会选择"达标入账"的融资模式。

对于线上筹资项目,一些众筹平台会从中抽取一定比例的佣金(通常低于10%)作为服务费用。比如,国外的Kickstarter仅对融资成功项目收取5%的手续费。在"当即入账"模式下,众筹平台会对融资成功的项目收取较低比率的手续费,而对融资不成功的项目收取较高比率的手续费,比如国外的RocketHub会对成功融资的项目收取4%的手续费,而对融资不成功的项目收取8%的手续费。在"达标入账"或"立即入账"可选模式下,手续费的收取方式更加灵活。比如前文提到的Indiegogo,在"达标入账"模式下,该平台仅向成功融资的项目收取4%的手续费,但在"当即入账"模式下,该平台向成功融资的项目收取4%的手续费,对融资不成功的项目则收取9%的手续费。

当然,也有一些企业并不把手续费作为众筹平台的主要收入来源甚至不对上线的融资项目收取任何费用,比如追梦网自成立起就一直实行完全免费的运营策略,"垂直型众筹平台"淘梦网也是完全免费的。对此,淘梦网的相关工作人员回应称:"淘梦网整体运作是基于原创影视作品的,所以线下我们会进行各类作品的发行工作以及版权方面的服务工作。目前,淘梦网的九成收入来自作品的发行以及版权方面的服务。"

至此,通过众筹网络平台进行筹资的部分已经基本完成。但是,筹资完成后的"回报"环节也是整个众筹流程不可或缺的一部分。众筹不是捐款,支持者的所有支持一定要有相应的回报。如果项目成功启动,项目的支持者会根据出资数额的多少获得项目发起者一定的回报。通常情况下,回报可以以股权凭证、债权凭证、红利、现金、会员资格、产品或服务等形式进行。

当然,如果目标未能达成,在"达标入账"模式下,由众筹平台代为管理的资金将会被全部如数返还到项目支持者手中;在"当即入账"模式下,已经拨付给项目发起者的资金则会由项目发起者依据众筹平台的相关条款予以处置。

阅读材料 8-1

国内众筹平台的"达标入账"和"当即入账"

国内主流的众筹平台(如点名时间等)为了保护项目的支持者,普遍采用"达标入账"的众筹模式。并且,所筹款项会被分成两个阶段拨给项目发起者,即先付50%的资金去启动项目;项目完成后,确定支持者都已经收到"回报"才会把剩下的钱交给项目发起者。既然项目发起者预测了项目启动所需的资金额度,即在众筹平台上列示的筹资额度,那么,如果所筹资金未能达到预期额度,即使发起者拿到这笔资金,也依然不足以实现项目启动。退一步讲,就算通过压缩启动资金、降低费用成本等方式利用"当即到账"的资金勉强启动项目,也只能草率完成项目,最终依然无法达到预期的标准和要求。这不仅会造成资源的浪费,更会让支持者失望甚至挫伤支持者的投资积极性。此外,通过"达标入账"方式,在筹资的这段时间里,可以观察大众对于项目的反应。如果直到筹资截止日期依然无法完成合理的筹资目标,那么从某种程度上说,市场对该项目并不看好,因此该项目也就没有投资的必要了。毋庸置疑,"达标入账"方式在一定程度上保护了支持者的权益,同时有效地避免了资源的浪费。当然,也有一些众筹平台(如乐童音乐)采用"当即入账"模式,以方便项目发起者尽快实现其梦想。

第二节　众筹模式

一、奖励制众筹

奖励制众筹平台看上去与团购网站十分相似,但又有所不同。相似之处在于两者都通过在网络上发布活动(或项目)来吸引大众参与者的支持;明确规定所需的支持者人数(或金额)下限和截止日期;在截止日期内达到或超过预设的目标人数(或金额)下限,活动(或项目)方可生效,否则,资金将被返还给项目的支持者。两者的不同之处在于,众筹较团购多了一重期货性质,换言之,众筹更像是一种团购和预购相结合的产物,"买家"(即众筹平台的项目支持者)无法在支付后立即获得"卖家"(即众筹平台的项目发起者)售出的"商品"(即众筹平台项目的回报)。通常,根据项目的不同性质,项目发起者会在项目成功后的几天甚至几十天内同项目的支持者兑现事先所承诺的回报。既然具有预购性质,众筹模式一方面能够使消费者的消费资金前移,提高生产资金筹备和销售等环节的效率,产生出原来可能无法实现的新产品;另一方面通过众筹可以获得潜在消费者对于预期产品的市场反馈,从而满足用户更加细化和个性化的需求,有效规避盲目生产所带来的风险和资源浪费。

众筹平台的规模越大、知名度越高,其桥梁的作用越能更好地发挥出来。如果平台规模较小,浏览人数和参与人数不多,众筹平台不仅不能很好地起到桥梁的作用,反而会对项目发起者的判断造成干扰。比如一个市场需求量很大且具备发展潜力的优秀项目,发布在了一个流量很低、名不见经传的非主流众筹平台上,那么能看到该项目的潜在支持者就少,愿意支持并投资的人自然而然就更少。且不说项目筹资很容易以失败而告终,该众筹平台上的有限支持者也并不能代表该项目的目标客户群体,因此,众筹平台上这些有限支持者的反馈价值也就大大降低了。众筹和普通筹资相比,突出的就是一个"众"字,正所谓"众人拾柴火焰高"。通常情况下,众筹平台的流量和知名度是成正比的,通俗地讲,上线的高质量众筹项目越多,寻觅项目的出资者越集聚,平台的知名度越高;而平台的知名度越高,出资者越集聚,高质量众筹项目也会蜂拥而至。正因为众筹项目、出资人和众筹平台之间具有相辅相成、相得益彰的连锁反应,若要实现互惠共赢,就必须让其步入一个良性循环的发展轨道。

就如同生产商和供应商为了争取更高的市场占有率而费尽心机抢占更多的销售渠道一样,众筹项目的发起者似乎也可以通过同时在多个众筹平台上线发布项目以占有更多的"资源"。虽然目前法律还未对奖励制众筹项目能否同时在多个众筹平台上线发布这一问题做出明确规定,但一些大型众筹平台如点名时间已经在其网站的"项目规范"中对此做出了明确说明:"项目在点名时间上线期间,不能在中国大陆其他类似的众筹平台同时发布。无论项目是否筹资成功,一经发现将立即下线处理,其项目上线期间所筹得的金额将被立即退回给支持者在点名时间上开立的账户中。"既然同一个项目无法同时在多个众筹平台上上线发布,那么,审慎地选择一家拥有"资源"最多的众筹平台来发布筹资项目就显得更加重要了。

阅读材料8-2

筹资平台 Kickstarter

建立时间和地点:2009年在美国纽约成立。

创始人:佩里·陈(Perry Chen)、燕西·斯特里克勒(Yancey Strickler)和查尔斯·阿德勒(Charles Adler)。

众筹运营规则:募集时间设定为1~60天。

"全部或者零":募集资金达到或者超过预设目标的时候可以拿到募集款项,否则就全部返回给支持者。

佣金:收取最终融资额的5%作为报酬,资金交易平台亚马逊也会从中扣除3%~5%的手续费;如果未在融资期内筹措到预设的融资额,则资金返还给各出资方,项目夭折。

募集项目管理模式:如果你想通过Kickstarter募集资金,就一定要通过这个管理模式的审核,即所有项目创建者遵循以下三个准则。

(1)项目必须符合该网站的13大类别,才有可能通过审核,13大类分别是:艺术、漫画、舞蹈、设计、时尚、影视、食物、音乐、游戏、摄影、出版、技术和喜剧。

(2)创设者必须杜绝该网站的禁止行为,包括慈善和宣传活动。

(3)Kickstarter的硬件和产品设计项目有额外的要求,包括:禁止使用照片般逼真的效果图和模拟演示产品;限制对单个项目或对"一套想法"项目需要实物原型、需要制造计划。

该募集项目管理模式是为了强调Kickstarter的众筹属性,即为人们所支持项目的完成而募集,而不是一个产品订货(预售)。Kickstarter同时强调了一个概念,即一个项目由创设者和募捐者共同协作,所有类别的项目都要描述创作过程中所面临的风险与挑战。这个项目的目标亦在教育公众并鼓励其对社会做贡献。

二、募捐制众筹

募捐制众筹平台发展迅速,很快成了非营利组织获取捐款以帮助有需要的人的一个主要途径。今天,募捐众筹项目在不同的平台快速发展,向那些在生活当中遭遇到不幸的人们提供基础生活和金钱上的援助。

在募捐制众筹模式下,通过众筹平台支持某个产品或服务从形式上看似乎和通过电商预购某个产品或服务没有太大差别。但是,实际上众筹平台的项目支持者和电商商品的消费者的心理活动是存在差异的。如果说消费者通过电商购买某种产品看重的是"物有所值",那么募捐制众筹模式下支持者对某个项目的"出资支持行为"则表现出更多的"重在参与"的属性,换言之,募捐制众筹的支持者几乎不会在乎自己的出资最终能得到多少回报,显然,他们的出资行为带有更多的捐赠和帮助的公益性质。虽然众筹网站和电商网站都能提供一盒巧克力或一束玫瑰花,但众筹网站致力于让"消费者"(出资者)忘掉购物这回事儿,认为自己并非在消费,而是资助了一个梦想。众筹网站和团购网站的区别就在于众筹网站带有一定程度的公益性质,将购买消费品的行为转换成了捐助梦想的行为。因此,在募捐制众筹模式下,大众作为投资人,与其说在进行一项投资行为,不如说是在进行一项带有赠予性质的公益行为。

三、股权制众筹

2012年4月,时任美国总统奥巴马签署了《促进创业企业融资法》(《JOBS法案》),进一步放松对私募资本市场的管制。法案允许小企业在众筹融资平台上进行股权投资,不再局限于实物回报;同时,法案也做出了一些保护项目支持者利益的规定。法案规定,对每一个项目来讲,其融资规模在12个月内不能超过100万美元,同时也限制了每一个特定出资者的融资规模,即不可超过其年收入的5%。该法案的通过为众筹融资网站提供了新的发展空间,也为金融创新提供了法律框架。

股权制众筹平台FundersClub是美国《JOBS法案》的产物。《JOBS法案》允许公司吸收除传统投资者外的资金。FundersClub严格筛选一批"高客户增长、'钱途'乐观、受投资者追捧和其他增长信号"的初创公司,供"合格的投资者"挑选。FundersClub对出资者要求很高,必须具备年收入超过20万美元或者净资产超过100万美元身价,出资者出资额度最小为1000美元,并获得股权作为回报。等这些公司被收购或者上市,出资者可以将股权变现获取回报,FundersClub从中收取手续费。同时,所有的法律文书和转账手续都在网上完成。作为股权制众筹模式的代表,FundersClub和奖励制众筹的代表Kickstarter在三个方面存在着明显的不同。首先,Kickstarter上的支持者得到的回报只是产品样品或项目源代码等,不会是资金回报,而FoundersClub则刚好相反;其次,Kickstarter不限制出资额度和支持者身份,FoundersClub则对出资者和出资额度做出很高的要求;最后,相较强调实现"草根梦想"的Kickstarter,FoundersClub对项目的选择和审核更为严格。

中国的众筹模式2011年才出现,目前有一定规模的众筹网站已经不下10家,如点名时间、众筹网等。但不同于其他互联网模式,众筹涉及集资、回报等经济问题。不可否认,目前奖励制众筹在我国众筹行业中居于主导地位,但从国外特别是众筹领域起步较早、发展较快、发展程度较高地区的发展轨迹来看,股权制众筹和借贷制众筹将会是今后众筹业发展的重点方向。因为不同的出资者风险偏好不同,相对于单纯的实物产品而言,一些出资者可能对现金回报更加偏好。这样出资者可以提供一部分资金给项目发起者(即筹资者)使用,待项目结束后分享项目的收益或承担项目的亏损。这很好地解决了以往因众筹融资项目亏损、不能兑现曾对出资者所承诺的收益而产生法律风险的问题。此外,在此基础上还可以细分融资结构,借鉴资产证券化的收益与风险结构。比如分为债券与股权同时融资,待项目取得收益后,先将资金分给固定收益的出资者,再分给股权出资者,等等。这样做可行是因为不同的人对于风险和收益的偏好不同,有利于细分市场,从而达到资源配置最优的目的。

目前,根据我国的法律法规和政策,股权制众筹在我国化身为凭证式、会籍式、天使式众筹三大类表现形式。凭证式众筹一般都是通过熟人介绍加入众筹项目,投资者不成为股东;会籍式众筹投资者则成为被投资企业的股东;天使式众筹则有明确的财务回报要求。

四、借贷制众筹

借贷制众筹,也称为债务制众筹或贷款制众筹,目前已经开始发展。从某种程度上,P2P网贷平台可以看作是借贷制众筹的转型。

Prosper被称为美国第一家P2P借贷平台,这家公司刚开始允许借方和贷方自行设置贷款利息。在2010年,它们改变了策略,所有贷款利率皆由网址自动设置。Prosper提供的贷款款项从2000美元到35000美元不等,利率在6.73%至35.36%之间波动。

申请者只需在线填一个表格,然后提交等待批准即可。如果挂牌得到认可,集资程序将启动,为期14天,直到过期。所有的申请者都会得到一个Prosper比率,一个特有的计算程序会计算出这个Prosper比率。如果借贷成功,Prosper将从中抽取利润,利润率为0.5%~4.95%。

Kiva是一个设立在美国的微型投资平台,一直以来都在稳步发展。Kiva的使命是将借贷双方连接起来,帮助人们脱离贫困。Kiva借助互联网和遍布全球的小额信贷机构网络为个人提供最低25美金的贷款,帮助他们在世界的每个角落创造发展机会。

在英国,P2P借贷发展迅速,几个不同的平台已经在英国市场站稳脚跟。英国政府已经开始对这些P2P借贷平台进行审核,但是由于法律条款的欠缺,很多网站平台在很短的时间内就占领了市场。

阅读材料 8-3

P2P网贷领域将全面接入央行征信系统

2019年9月4日,记者从中国人民银行获悉,不论是在营的还是已退出经营的P2P网贷机构,均将全面接入征信系统,网贷领域失信人或将面临提高贷款利率、限制提供贷款等惩戒措施。

近年来,部分借款人借机恶意逃废债、逾期不还款,加剧了P2P网贷行业风险。为加大P2P网贷领域借款人失信惩戒力度,保护出借人利益,互联网金融风险专项整治工作领导小组和网络借贷风险专项整治工作领导小组日前下发了《关于加强P2P网贷领域征信体系建设的通知》。

通知提出,支持在营P2P网贷机构接入金融信用信息基础数据库运行机构、百行征信等征信机构。征信机构需依法合规采集、整理、保存、加工并对外提供信用信息,保护信息主体合法权益。

"多头借贷和恶意逃废债是困扰P2P网贷行业发展的突出问题。此举可以降低网贷机构的风控成本和运营成本,保护出借人权益。"中国政法大学互联网金融法律研究院院长认为,接入征信系统对借款人有威慑和惩戒作用,会提高其偿债意愿。

尽管近几年网贷平台撮合的交易利率有所下行,但仍有部分平台推出高收益的借款项目。依据相关法律规定,民间借贷年利率超24%,法院将不予保护。

因此,在P2P网贷机构向征信机构报送的相关信用信息中,通知明确提出要上报所撮合网贷交易的利率信息。利率超过人民法院支持的借贷利率的,信息主体有权提出异议,要求更正。

互联网金融风险专项整治以来,已有不少网贷机构退出,而一些借款人趁势打起"逃废债"的主意,损害了出借人权益。对此,通知提出,对已经退出经营的P2P网贷机构,仍将收集、筛选相关失信信息并转送征信机构。

其实,此前已有多批网络借贷平台借款人恶意"逃废债"信息,以及出险网贷机构"跑路"高管人员名单,纳入央行征信系统和百行征信系统。

为加大对网贷领域失信人的惩戒力度,通知提出,鼓励银行业金融机构、保险机构对P2P网贷领域失信人提高贷款利率和财产保险费率,或者限制向其提供贷款、保险等服务。同时,鼓励各地依法建立跨部门联合惩戒机制,对失信行为加大社会惩戒力度。

中国人民大学未来法治研究院金融科技研究中心主任表示,网贷机构加速接入征信系统,有利于网络借贷平台的良性退出,全面提升网贷行业从业者和借款人的诚信意识和信用水平,推动行业稳定健康发展。

资料来源:P2P网贷领域将全面接入征信体系[EB/OL].(2019-09-05)[2022-06-01]. http://www.gov.cn/xinwen/2019-09/05/content.5427350.htm.

第三节 众筹对金融市场的影响

一、众筹模式的金融本质

传统金融与非正规金融两类势力分别从各自的优势领域出发,两头切入,使得当前众筹融资呈现出多元化发展态势。不过,从实质上看,目前的众筹融资仍然主要表现为金融对互联网信息技术的工具性应用,这是互联网金融初级发展阶段最为重要的特征。随着发展的深入,必然表现为金融本身对互联网商业环境特别是社交网络的适应。

众筹融资模式当中,互联网起到为资金供需双方提供融资信息的平台和资金划转的平台作用,其作用没有突破工具性的范畴。尽管这种工具性在应用中的表现越来越多元化,但众筹融资模式背后的金融本质属性却泾渭分明,从概念外延来看,众筹与P2P属于互联网金融中的互联网融资形式。

进一步看,众筹融资属于直接融资的范畴。众筹平台实质上是股权或物权的融资平台或场所。在整个直接融资的金字塔体系图中,证券业处于金字塔的顶端,互联网融资则处于底端。如果说证券市场是精英们的融资王国,那么互联网融资平台就是草根们的融资乐园。证券业和众筹分别代表了精英金融和普惠金融,众筹融资是草根型普惠金融的典型。

网络融资最直接的价值在于渠道价值,以精准数据为基础形成信用评价体系,以供需双方网络直接融资促成资源配置机制,以便捷支付和风险分担建立民主化融资模式,对传统融资格局和中介游戏规则带来革命性的挑战。

通过对互联网众筹时产生和积累的大数据进行应用开发,从技术上对传统金融信用风险管理模式带来了挑战。众筹的直接融资需要经过复杂的风控和财务规则后才有可能私募或IPO，投资也因此几乎成为机构专利。然而，通过整合物流、信息流等信用风险的控制关键节点，以快捷方便的网络信用贷款、筹款、预售或捐赠等形式，众筹融资能够迅速抢占小微市场，迫使各类交易所、商业银行和投资机构将自身定位从金融市场的高端下移。

众筹给传统融资的支付结算和渠道运营带来了挑战。用户在柜面办理结算业务的传统方式逐渐被以支付宝为代表的第三方支付和微信、二维码支付等移动支付模式蚕食，筹资成功后甚至不需要借助传统筹资渠道即可完成募集资金的交付结算、账户使用情况监管，甚至可能由此扩展到更广泛的网络理财领域。

众筹会直接调整传统融资格局和中间服务机构。传统投融资机构主要以专业技术、密集知识和风险解决方案向大中企业客户和高端零售客户提供安全、稳定、低风险和低成本的金融产品与服务。互联网金融模式下，市场参与者更为普及化和大众化，快捷、方便、灵活化、多样化的金融需求成为普通客户的价值诉求。一方面，资金供需双方通过网络平台进行机会发现和交易匹配，大大削弱了金融中介的独立性和必要性；另一方面，供需双方之间交易要素透明、信息沟通充分、互动及时、定价机制市场化，大幅降低了信用评级和信息不对称，弥补了传统信贷融资和投资的服务空当。这从根本上对传统筹资渠道的价值实现和营利模式形成了冲击。

二、侧翼颠覆

颠覆的机会，首先来自市场，众筹迎合了融资市场上最有活力的小微企业和新兴产业服务业的资金需求。在美国，甚至有人把众筹比作"挽救美国经济的最佳创新工具"，认为众筹给人民带来了新的动力，因为允许任何人为商业创新、生意机会乃至一项公益事业提供资金，从而使每个人都可能"有所作为"；同时，众筹允许社会各个阶层资助能够带动就业的新企业，也为这些企业提供了可筹措资金的新渠道。纳斯达克市场上中小公司的成功故事一再揭示，这类正常方式很难融资成功的资金需求者中，孕育着未来的企业巨人。

颠覆的机会，其次来自体验。基于互联网的众筹是一种革命性的融资和投资体验，过去的活动参与者或商品购买者通过众筹变身为投资者，这种商业关系的改变带来长远的影响，在目前还难以估量其影响的深度。

对传统融资最大的颠覆是对信用方式的颠覆。华尔街高高的石墙，曾经是传统金融机构拥有的低成本信用的象征，他们借此廉价地获取巨额资本；而对小企业主、信用卡消费贷款用户，信用成本却是极其高昂的——哪怕只是迟付一天账单，也可能被长久地计入征信记录并因各种理由收取高达30%～40%乃至成倍数的还款利率。传统融资渠道为中小企业和个人创新者设置的"无理"的信用值体系，恰恰是社会创新与发展的阻力。用众筹的信用替代垄断的信用，即是颠覆。

众筹融资，也已成功实现对多层次资本市场的最底层的卡位，当我们一再听到那些貌似不可能成功的项目众筹成功而对其发出由衷的赞赏时，众筹的颠覆行动其实已经开始。今天已经看得到的突出颠覆，就是带来了新的监管形态和大量的众筹平台引进了风险资本。

三、组织再造与身份优化

众筹带来的影响，将是对传统行业组织模式的再造和组织成员关系的优化。相比团购，众筹模式更直接地抓住了需求提前表达，这是传统模式无法做到的。当不再依靠批量折扣营销时,组织再造和身份优化就同时展开了。比如,通过众筹,拍电影可以实现先有观众和票房后拍摄;通过众筹,作家可以定制写作;通过众筹,智能设备可以私人定制。通过众筹融资之后,参与者的角色正在发生变化,不同角色之间的边界开始模糊起来,这使得组织活动发生了深刻的变化。

通常,一个企业组织起必要的资源,设计生产出商品,卖给消费者,后者再用它满足某些需求,这一过程涉及了各种参与者,各自扮演着不同角色,每种角色执行了上述过程的若干项功能,并从中获得回报,这些回报包括:①创造某种东西所带来的成就感;②参与某个创造过程的满足感;③看到某种东西被创造出来的满足感;④看到某人获得创造成就的满足感;⑤享受被创造出来的东西;⑥知道某种东西在被人消费的满足感;⑦看到某人享受某种东西的满足感;⑧获取要素租金;⑨获取工资;⑩获取企业红利;⑪其他类似于④或⑥的高阶满足。

传统模式中,回报通常只有⑤、⑧、⑨。众筹模式下的角色搭配将更为灵活,第⑩项得到考虑,但实际上其余各项也在起着不可忽视的作用,忽视它们就难以识别和理解某些角色的行为。比如慈善家,他们的满足来自看到某种商品被他们希望帮助的某些人消费(⑥),而不是自己消费(⑤);比如某位父亲,他的满足来自看到儿子在创造神奇的东西(②),但他可能并不理解那到底是什么,也说不上喜欢。

学术译书的例子或许更直观:学者甲很推崇某本英文书,希望它被译成中文(③),他找到同样很喜欢该书的学生乙,后者觉得翻译该书是一种荣耀(②);为了筹集资金,甲和乙向读者发起众筹,读者丙读过该书,并希望出现中译本(③),于是捐了一小笔钱;读者丁被该书主题所吸引,并且信赖甲的眼光,于是预订一本(⑤);为加快译书进度,乙雇用职业翻译丁为助手,后者按字数拿工资(⑨)。

在传统的产业模式中,上述功能和相应回报通常都以固定的搭配组合在各种职业身份之中,比如天使投资人组合了③和⑩,雇员组合了②和⑨。然而,众筹这样的新模式,可能将打破职业身份的界限,让参与者以更灵活的意图参与不同的事业,形成前所未有的新型搭配,或许还会创造出新角色。比如,不必成为职业投资家,也可为乐见其成的项目提供一笔投资;不必成为企业的雇员,也可以为它所从事的事业出一份力,参与完成其中的一部分工作;可以仅仅构思、描述和发起一个项目,而让其他更有精力和经验的人去完成后续过程;或者你只是扮演项目布道者角色,凭借表达能力和号召力去招募参与者。

由于社交网络能够在庞大人群中找出志趣相投的少数人,有着可信的提前意愿表达机制和高效率的协调组织手段,且众筹模式下的角色搭配将更为灵活,因此它可以为各种另类搭配找到更多适用项目,并让一些原本不可能开展的项目变得可行。

第四节 众筹风险

一、法律风险

1. 非法集资风险

在金融管制的大背景下,民间融资渠道不畅,非法集资以各种形态频繁发生,引发了较为严重的社会问题。在关于"非法集资"犯罪的认定标准上,最高人民法院给出了司法解释,根据《最高人民法院关于审理非法集资刑事案件具体应用法律若干问题的解释》第一条,非法集资应当同时满足四个条件:①未经有关部门依法许可或者借用合法经营的形式吸收资金;②通过网络、媒体、推介会、传单、手机信息等途径向社会公开宣传;③承诺在一定期限内以货币、实物、股权等方式还本付息或者给付回报;④向社会公众即社会不特定对象吸收资金。从形式上看,众筹平台这种运营模式未获得法律上的认可,它通过互联网向社会公开推介,并确实承诺在一定期限内给以回报(募捐制众筹除外),其中股权制众筹平台以股权方式回报给出资者,奖励制众筹平台主要以物质回报方式给出资者,借贷制众筹平台以资金回馈方式回报给出资者,且均公开面对社会公众。所以,单从这一条文来讲,众筹平台的运营模式与非法集资的构成要件相吻合。

但是,我们对于任何行为进行法律定性时,都不能只注意其形式要件,更要看这一行为的实质要件是否与法律规定、立法精神相违背。因此,我们除了要考虑众筹平台是否符合"非法集资"的形式要件,还要深入考察众筹平台是否符合对"非法集资"犯罪定性的实质要件。《最高人民法院关于审理非法集资刑事案件具体应用法律若干问题的解释》的立法目的中写道:"为依法惩治非法吸收公众存款、集资诈骗等非法集资犯罪活动,根据《中华人民共和国刑法》的规定,现就审理此类刑事案件具体应用法律的若干问题解释如下……"可见,该司法解释的出台是为惩治非法吸收公众存款、集资诈骗等犯罪活动,是为了维护我国社会主义市场经济的健康发展。反观众筹平台,其运营目的包括鼓励支持创新、发展公益事业及盈利。良性发展的众筹平台并不会对我国市场经济产生负面影响,不符合非法集资犯罪的实质要件,所以不应被定性为非法集资犯罪。但与此同时,我们也要严加防范不法分子以成立众筹平台或者发布众筹项目为外衣,实际骗取项目支持者和出资人资金的行为。

2. 代持股风险

凭证式和会籍式众筹的出资者一般都在数百人乃至数千人。部分股权式融资平台的众筹项目以融资为目的吸收公众投资者为有限责任公司的股东,但根据《中华人民共和国公司法》第二十四条规定:"有限责任公司由五十个以下股东出资设立。"那么,众筹项目所吸收的公众股东人数不得超过五十人。如果超出,未注册成立的不能被注册为有限责任公司;已经注册成立的,超出部分的出资者不能被工商部门记录在股东名册中享受股东权利。目前在中国,绝大部分对股权式众筹项目有兴趣的出资者只愿意提供少量的闲置资金来进行投资,故将股东人数限制在五十人以内将导致无法募集足够数额款项来进行公司的运作。因此,在现实情况中,许多众筹项目发起者为了能够募集足够资金成立有限责任公司,普遍采取出资者代持股的方式来规避《中华人民共和国公司法》关于股东人数的限制。采用代持股的方式虽然在形式上不违反法律规定,但在立法精神上并不鼓励这种方式。当显名股东与隐名股东之间发生股东利益认定相关的争端时,由于显名股东是记录在股东名册上的股东,因此除非有充足的证据证明隐名股东的主张,一般会倾向于对显名股东的权益保护。所以,这种代持股的方式可能会导致广大众筹项目出资者的权益受到侵害。

3. 知识产权权益受到侵犯的风险

这一问题主要针对奖励制众筹平台,其特点是众筹项目以具备创新性为主。奖励制众筹平台成立的主要目的之一在于挖掘创意、鼓励创新。其上线众筹项目的发起者的主要目的在于实现其创意,贩卖其创意;而出资者的投资出发点在于支持创意、购买新颖的产品。但是,发布在奖励制众筹平台中的众筹项目大都是还未申请专利权的半成品创意,故不能依知识产权相关法律保护其权益。与此同时,几个月的众筹项目预热期给了盗版商"充分的"剽窃时间。几个月的时间,盗版商完全可以仿造发布在众筹平台筹资的创新项目并达到量产再流通到市场中,这就使众筹项目失去了其最重要的创新性而流失掉诸多客户。所以,从保护知识产权利益的角度出发,许多众筹项目的发起者只向公众展示其创意的部分细节。具有出资意愿的创新爱好者由于无法看到项目全貌而无法对产品形成整体、全面的印象,也就大大降低了其投资兴趣和投资热情。所以,我国知识产权相关法律法规在创新性众筹项目方面的缺失降低了创意发布者的创新积极性,也使众筹项目出资人对创新项目的支持力度大打折扣,严重制约了众筹行业的发展。

4. "公开发行证券"的风险

《中华人民共和国证券法》第九条第一款规定:"公开发行证券,必须符合法律、行政法规规定的条件,并依法报经国务院证券监督管理机构或者国务院授权的部门注册。未经依法注册,任何单位和个人不得公开发行证券。证券发行注册制的具体范围、实施步骤,由国务院规定。有下列情形之一的,为公开发行:①向不特定对象发行证券;②向特定对象发行证券累计超过二百人,但依法实施员工持股计划的员工人数不计算在内;③法律、行政法规规定的其他发行行为。"众筹平台在募集资金过程中毫无疑问是面对不特定对象,且人数常常超过二百人,很容易触犯《中华人民共和国证券法》关于公开发行证券的规定。奖励制众筹平台为了规避这一风险采取不以现金回馈的方式回报出资者,将投资行为演变为团购、预购行为,从而使整个众筹法律关系与《中华人民共和国证券法》撇清。股权制众筹平台对这一问题则是采取成立有限合伙的方式,即由众筹出资者成立有限合伙企业,再由合伙企业对众筹项目发起者进行投资。《中华人民共和国证券法》第九条第二款规定,"非公开发行证券,不得采用广告、公开劝诱和变相公开方式",而股权式众筹平台的这种方式即属于变相公开的一种形式。因此,目前股权式众筹平台的发展在中国的法律大环境下受到诸多限制。

5. 监管制度缺失引发的风险

目前成立一个众筹平台只需进行工商登记和网站备案,对于众筹项目的审核由众筹平台全权负责。也就是说,目前并没有专门针对众筹平台的监管部门,没有专门针对众筹平台的监管规定,或者我们还可以说,目前众筹平台基本是在监管真空地带发展。众筹平台涉及大量的公众资金和社会群众,一旦失控,会产生大量争诉,容易引发社会经济问题和社会稳定问题。所以,监管制度的缺失会使众筹平台的出资者面临投资风险,亦不利于整个众筹平台行业的发展和规划。

二、信用风险

1. 项目发起者信用风险

项目发起者的信用风险主要包括众筹平台对项目发起者的资格审核不够全面引起的问题以及项目发起者在募集资金成功后不能兑现其承诺的问题。首先,关于项目发起者的资格问题,现行法律并没有专门规定,根据《中华人民共和国民法典》上"法不禁止即自由"的原则,任何自然人、法人、其他组织均可以在众筹平台上发布众筹项目。在现实操作层面上也确实如此,众筹平台可以接受任何自然人、法人、其他组织在线注册、发布项目。由此可见,众筹平台对项目发起者的资质并无过多要求和硬性审核,而这就会因此产生以虚假身份发起项目的信用风险问题。一旦该项目成功募集资金,出资者可能无法再次与项目发起者取得联络,更无法获得应有回报。这不仅损害了出资者的利益,也给众筹平台造成了信用风险。所以,众筹平台至少应对其上线项目的发起者做真实性核查,以此来保证出资人的利益和其平台自身的信用。

其次,关于项目发起者在募集资金成功后不能兑现其承诺的问题。目前通过众筹模式进行筹资的项目大多为创意类项目,一定程度上相当于预售,项目支持者看好某种创意,通过资助的形式使其有足够的资金来将创意变为实物。但出资者和项目发起者双方没有任何实际的接触,出资者仅仅是通过在众筹平台上挂出的项目介绍决定是否对其进行资金支持。对于成功募集资金的众筹项目,众筹平台通常会将款项拨付到众筹项目发起者的账户,在这之后,将不再负有对众筹项目监督的义务,后期的监督缺乏会导致权力的滥用。

取得款项的众筹项目发起者有些会按照项目发布时的公告对出资者兑现承诺;有些由于其项目计划不周或其他原因,虽然竭尽全力,但仍然无法兑现承诺;更有甚者,将筹集到的款项挪作他用。对于第一种情况,是成功的众筹项目。对于第二种情况,项目发起者具有违约责任,出资者可以通过诉讼等手段努力取回出资,但将花费大量成本,甚至再次付出的资金会超过最初对众筹项目的出资,得不偿失。所以说,去追究项目发起者的责任对出资人来说是件极为鸡肋的事情,很大程度上会挫伤出资人的投资积极性。对于第三种情况,项目发起者不但具有违约责任,还可能具有诈骗的动机,但是出资者对其目的动机难以取证,也难以证明项目发起者将款项挪作他用,故难以胜诉。

对于此类风险,众筹平台均声明不承担任何责任。也正是众筹平台无法控制项目募集资金成功后的资金流向以及项目发起者是否会兑现承诺的缺陷,给了筹资者跳票的机会,即项目拿了钱却延迟交货或者项目中途夭折。美国宾夕法尼亚大学沃顿商学院管理学教授伊桑·莫利克进行的研究显示,约75%的项目无法按期完成,这也让出资者逐渐意识到,在众筹网站上的预售行为和网上购物不一样,前者可能面临无法交货的风险,进而导致出资者对众筹行业产生信任危机。因此,能否很好地解决这一问题,将会直接影响众筹的发展。

2. 众筹平台的信用风险

众筹平台的信用风险主要在于资金托管。众筹平台在目前属于普通的互联网线上平台,其注册为普通工商企业。《支付结算办法》第六条规定:"银行是支付结算和资金清算的中介机构。未经中国人民银行批准的非银行金融机构和其他单位不得作为中介机构经营支付结算业务。但法律、行政法规另有规定的除外。"可见,只有银行可以作为支付结算和资金清算的中介机构,而众筹平台并不具有银行牌照。根据《非金融机构支付服务管理办法》,这是在支付宝发展起来后,立法与时俱进地针对互联网支付服务所做的新规,其中第三条第一款规定,"非金融机构提供支付服务,应当依据本办法取得《支付业务许可证》,成为支付机构";第三款规定,"未经中国人民银行批准,任何非金融机构和个人不得从事或变相从事支付业务"。可见,目前只有取得《支付业务许可证》的非金融机构才能从事支付服务,而众筹平台并不具备这种资格。但在实际操作中,出资者将出资拨付到众筹平台的账户,再将资金打到成功募集的项目上,众筹平台实质上在其中担当了支付中介的角色。整个资金流转过程并没有资金托管部门,也未受到监管机构的监督。也就是说,众筹平台完全在靠着自己的信用经营着如此庞大的资金量。那么,一旦众筹平台出现信用危机,投资者的出资将难以追回。此外,从项目开始到结束的一段时间内,被托管的资金是会产生收益的,而资金在托管期间所产生的收益应该如何分配也尚无法律做出明确规定。总之,诸多投资者因为以上诸多问题对众筹平台持怀疑和观望态度。

思考题

1. 什么是众筹？众筹有什么分类？
2. 奖励制众筹、募捐制众筹、股权制众筹、借贷制众筹之间的区别与联系是什么？
3. 请简述众筹模式的金融本质。
4. 为什么众筹可以带来组织再造与身份优化？
5. 众筹的信用风险体现在哪些方面？

第九章　金融科技基础技术

第一节　大数据

一、什么是大数据

从文明之初的"结绳记事",到文字发明后的"文以载道",再到近现代科学的"数据建模",数据一直伴随着人类社会的发展变迁,承载了人类认识世界的努力和取得的巨大进步。然而,直到以电子计算机为代表的现代信息技术出现后,为数据处理提供了自动的方法和手段,人类掌握数据、处理数据的能力才实现了质的跃升。信息技术及其在经济社会发展方方面面的应用(即信息化),推动数据(信息)成为继物质、能源之后的又一种重要战略资源。

在移动互联网迅猛发展、信息爆炸的背景下,移动硬盘容量从 GB 逐渐过渡到 TB,互联网公司所要处理的数据级别从 PB 跃升到 EB 乃至 ZB,如百度每天处理的数据量将近 100 PB,相当于 5000 个国家图书馆的信息量的总和。

尽管不同的学者、机构对大数据的定义不尽相同,对大数据特征的概括也各有侧重,但以下几个特征是业界普遍认可的:

(1)数据量大,包括采集、存储和计算的量都非常大。伴随着移动互联网以及各种随身智能设备的广泛使用,物联网和云计算、云存储等技术的发展,数据不仅仅产生自无数的个人,还产生自无数的智能设备,因此数据被大量生产出来。

(2)类型繁多,数据种类和来源多样化。数据种类包括结构化、半结构化和非结构化数据,涵盖了文本、图片、音频、视频、地理位置信息、模拟信号等多种类型。数据来源也多种多样,包括相关企业、用户、自动设备等。

(3)价值密度低。随着互联网以及物联网的广泛应用,信息感知无处不在,会产生大量低价值密度的数据内容,如人的行为模式、天气数据等,因此结合业务逻辑并通过算法来挖掘数据价值显得尤为重要。

(4)速度快、时效高。数据增长速度快,处理速度也快,时效性要求高。比如,搜索引擎要求几分钟前的新闻可供查询,个性化推荐算法尽可能要求实时完成推荐。这是大数据区别于传统数据挖掘的显著特征。

(5)在线。数据是永远在线的,是随时能调用和计算的,这是大数据区别于传统数据最大的特征。现在我们所谈到的大数据不仅仅是大,更重要的是数据变得实时在线了,这是互联网高速发展背景下的特点。比如,对于打车工具,客户的数据和出租司机的数据都是实时在线的,这样的数据才有意义。放在磁盘中而且是离线的数据远远不如在线的数据商业价值大。

不言而喻,大数据是互联网广泛流行之后才产生的现象。IBM 的研究称,整个人类文明所获得的全部数据中,有90%是过去几年内产生的。如何驾驭和使用大数据,使它更好地为经济和生活服务,是人类不得不面对的问题。

阅读材料 9-1

大数据先锋:日本先进工业技术研究所的坐姿研究与汽车防盗系统

日本先进工业技术研究所(Japan's Advanced Institute of Industrial Technology)的教授越水重臣(Shigeomi Koshimizu)所做的研究就是关于一个人的坐姿。很少有人会认为一个人的坐姿能表现什么信息,但是它真的可以。当一个人坐着的时候,他的身形、姿势和重量分布都可以量化和数据化。越水重臣和他的工程师团队通过在汽车座椅下部安装总共360个压力传感器以测量人对椅子施加压力的方式,把人体坐姿特征转化成了数据,并且用0~256这个数值范围对其进行量化,这样就会产生独属于每个乘坐者的精确数据资料。

在这个实验中,这个系统能根据人体对座位的压力差异识别出乘坐者的身份,准确率高达98%。

这个研究并不愚蠢。这项技术可以作为汽车防盗系统安装在汽车上。有了这个系统之后,汽车就能识别出驾驶者是不是车主;如果不是,系统就会要求司机输入密码;如果司机无法准确输入密码,汽车就会自动熄火。把一个人的坐姿转化成数据后,这些数据就孕育出了一些切实可行的服务和一个前景光明的产业。比方说,通过汇集这些数据,我们可以利用事故发生之前的姿势变化情况,分析出坐姿和行驶安全之间的关系。这个系统同样可以在司机疲劳驾驶的时候发出警示或者自动刹车。同时,这个系统不但可以发现车辆被盗,而且可以通过收集到的数据识别出盗贼的身份。

越水重臣教授把一个从不被认为是数据,甚至不被认为和数据沾边的事物转化成了可以用数值来量化的数据模式。这样创新性的应用创造出了这些信息独特的价值。

资料来源:[数据研究]日本先进工业技术研究所的坐姿研究与汽车防盗系统[EB/OL].(2018-11-01)[2022-06-18]. https://www.sohu.com/a/272625593_398736.

二、国外大数据标准发展现状

随着大数据技术的不断发展,各国际标准化组织也纷纷展开了大数据标准化的研究。

1. ISO/IEC JTC1

2013年11月,国际标准化组织/国际电工委员会第一联合技术委员会(Joint Technical Committee 1 of the International Organization for Standardization and the International Electrotechnical Comission,ISO/IEC JTC1)成立了大数据研究组,其目的是:研究ISO、IEC和其他标准化组织大数据相关的技术、标准、模型、研究报告、用例和应用情况;研究大数据领域常用的术语和用例;评估现有大数据标准化市场需要情况,判别标准空白,并给出JTC1未来基础标准化工作的优先顺序的建议。

2012年6月在SC32(数据管理与交换委员会)柏林全会上成立了下一代分析和大数据研究组。该研究组主要的研究内容为有关下一代分析、社会分析和底层技术支持领域中潜在的标准化需求。

2. ITU-T

国际电信联盟远程通信标准化组织(ITU Telecommunication Standardization Sector, ITU-T)下的第十三研究组(SG13)正在进行大数据需求方面的研究,建立了基于云计算的大数据需求和能力项目。

3. NIST

2013年6月19日,美国国家标准与技术研究院(National Institute of Standards and Technology, NIST)召开了大数据公共工作组项目启动会,其目标是研究一致的定义、分类、安全参考架构和技术路线,在工业界、学术界、政府内对大数据形成一致的观点。

4. CSCC

云标准用户协会(Cloud Standards Customer Council, CSCC)在2013年3月18日举办的"云中的大数据:为未来做准备"论坛中,展示了大数据应用的实际案例,同时还成立了大数据工作组。各个行业的用户组织借此分享了大数据应用的最佳实践。

5. SNIA

全球网络存储工业协会(Storage Networking Industry Association, SNIA)于2012年4月成立了大数据分析技术委员会,致力于大数据分析的市场培育和发展,并注重和大数据分析相关的产业主体的合作,共同推动大数据的市场拓展和教育。大数据分析技术委员会在大数据分析方面的工作侧重于存储和存储网络的使用。

6. WBDB

美国国家科学基金会(NSF)等机构发起的大数据标准研讨会(Workshop on Big Data Benchmarking, WBDB),其目的是通过评估大数据应用的软硬件系统,来促进行业标准和基准测试的发展,并推动实现不同的大数据解决方案的公平比较。2012年5月,在美国加州圣何塞(San Jose)举办了第一次研讨会;2012年12月,在印度浦那(Pune)举办了第二次研讨会;2013年7月,在中国西安举办了第三次研讨会,其会议主题是Big Data TOP 100排行榜。前两次会议已经讨论引进TOP 100排行榜的概念——根据性能、效率、性价比等因素来排名,第三次会议Big Data TOP 100排行榜根据大数据应用的负载性能来排名。第三次研讨会重点关注大数据应用的规范和基准测试过程,具体包括性能指标、性价比指标和基准测试结果的验证。

7. DMG

数据挖掘组(Data Mining Group, DMG)是独立的、由厂商领导的组织,专门研发数据挖掘标准,正式会员有IBM、MicroStrategy、SAS、SPSS等。该组织开发的预测模型标记语言(Predictive Model Markup Language, PMML)标准是统计和数据挖掘模型的业界领先标准,得到了20多家厂商和组织的支持。使用PMML易于把一种应用系统上开发的模型部署到另一种应用系统上。

8. CSA

云安全联盟(Cloud Security Alliance, CSA)成立于2009年,是致力于提供云计算安全保障的非营利性组织,主要成员有eBay、ING、Qualys、PGP、Zscaler等。CSA在2012年成立了大数据工作组(Big Data Working Group,BDWG),主要开发数据中心与隐私问题的可升级技术,引领并明确大数据的安全与隐私,以帮助行业与政府在最佳实践中的实施,并与其他组织建立联络关系以便协调大数据安全与隐私标准的制定,推动创新研究以解决安全与隐私问题。

三、国内大数据标准发展现状

国内已经启动了制定大数据的相关标准工作。2015年9月11日,围绕数据存储的国家标准《信息技术 云数据存储和管理》(GB/T 31916—2015)发布。通过调研我国大数据技术、产业发展现状,分析大数据与实体经济融合带来的新标准化需求,2020年发布的《大数据标准化白皮书》(2020版)修订了前期提出的大数据标准体系框架,形成了新的大数据标准体系框架(见图9-1)。

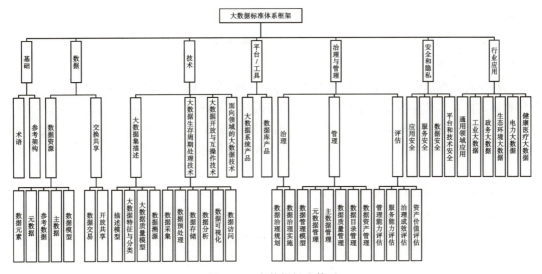

图9-1 大数据标准体系

大数据标准体系由7个类别标准组成,分别为基础标准、数据标准、技术标准、平台/工具标准、治理与管理标准、安全和隐私标准、行业应用标准。

1. 基础标准

基础标准为大数据其他部分的标准制定提供基础遵循,支撑行业间对大数据达成统一理解,主要包括术语、参考架构类标准。

2. 数据标准

数据标准主要针对底层数据相关要素进行规范,包括数据资源和交换共享两类。其中,数据资源标准面向数据本身进行规范,包括数据元素、元数据、参考数据、主数据、数据模型等标准;交换共享标准面向数据流通相关技术、架构及应用进行规范,包括数据交易和开放共享标准。

3. 技术标准

技术标准主要针对大数据通用技术进行规范,包括大数据集描述、大数据生存周期处理技术、大数据开放与互操作技术、面向领域的大数据技术四类。其中,大数据集描述标准主要针对多样化、差异化、异构异质的不同类型的数据建立标准的度量方法，以衡量数据质量；大数据生存周期处理技术标准主要针对大数据产生到其使用终止这一过程的关键技术进行标准制定，包括数据采集、数据预处理、数据存储、数据分析、数据可视化、数据访问等标准；大数据开放与互操作技术标准主要针对不同功能层次和功能系统之间的互联与互操作机制、不同技术架构系统之间的互操作机制、同质系统之间的互操作机制等相关标准以及通用数据开放共享技术框架等标准进行研制；面向领域的大数据技术标准主要针对电力行业、医疗行业、电子政务等领域或行业的共性且专用的大数据技术标准进行研制。

4. 平台/工具标准

平台/工具标准主要针对大数据相关平台及工具产品进行规范，包括大数据系统产品和数据库产品。其中，大数据系统产品标准主要针对业内主流的用于实现数据全生存周期处理的大数据产品的功能和性能进行规范；数据库产品标准则主要面向不同类型的数据库的功能和性能进行要求。此外，该类标准还包括相关产品功能及性能的测试方法和要求。

5. 治理与管理标准

治理与管理标准贯穿于数据生存周期的各个阶段，是大数据实现高效采集、分析、应用、服务的重要支撑。该类标准主要包括治理标准、管理标准和评估标准三部分。其中，治理标准主要对数据治理的规划和具体实施方法进行标准研制；管理标准则主要面向数据管理模型、元数据管理、主数据管理、数据质量管理、数据目录管理以及数据资产管理等理论方法和管理工具进行规范；评估标准则在治理标准和管理标准的基础之上，总结形成针对数据管理能力、数据服务能力、数据治理成效、数据资产价值的评估方法。

6. 安全和隐私标准

安全和隐私标准同样贯穿于整个数据生存周期的各个阶段，主要包括应用安全、数据安全、服务安全、平台和技术安全四部分。其中，应用安全主要对大数据与其他领域融合应用中存在的安全问题进行规范；数据安全主要围绕个人信息安全、重要数据安全以及跨境数据安全标准进行研制，保障数据主体所拥有的数据不被侵害；服务安全主要包括数据安全治理、服务安全能力和交换共享安全，面向数据产品和解决方案的安全性进行要求；平台和技术安全则针对大数据平台，以及以大数据平台为底座的应用平台的系统安全、接口安全、技术安全进行标准研制。

7. 行业应用标准

行业应用标准主要面向通用领域应用以及工业、政务、电力、生态环境等垂直行业领域应用开展标准研制。通用领域应用标准主要从大数据在通用领域中所能提供的共性服务出发，开展应用方法、能力评估等标准研制；垂直行业应用标准主要从大数据为各个垂直行业所能提供的服务角度出发，是各领域根据其领域特性产生的专用数据标准，包括工业大数据、政务大数据、电力大数据、生态环境大数据等领域应用标准。

四、大数据技术在金融行业中的应用

大数据在金融行业中的应用非常广泛，以资产质量判断和业务推荐为核心，展开了横跨银行业、证券业、保险业的广阔应用图景。

在银行业，大数据技术主要用于信贷风险评估和供应链金融。信贷风险评估方面，传统的

银行信贷业务以用户过往的信贷数据和交易记录为基础,判断相应的违约概率并决定是否认可贷款。现在,通过使用大数据分析技术,银行可以把内部数据(信贷和交易记录)与外部数据(如客户消费信息、征信记录等)进行深度整合,获得更多维度的全量数据,并结合客户的历史信用、行业发展状况和实时经营情况得到更接近事实的结论。供应链金融方面,银行通过企业之间的投资、控股、借贷、担保以及股东和法人之间的关系,生成企业间关系图谱,并通过分析关联企业的征信情况来对信贷风险进行有效的控制。

在证券业,大数据技术可用于量化投资和智能投顾。量化投资方面,所获得的数据维度得到拓宽,证券业对市场行情的了解更为精准,从而可以构建和提取出更多的量化因子,并结合股票市场投资反应和市场情绪,预测市场行情。智能投顾方面,通过大数据分析和模型量化,可以个性化判定风险偏好和交易预期,从而实施线上的投资顾问服务;同时,通过自然语言处理(NLP)技术,可以制作智能金融客服机器人,对标准化的问题进行回答,降低金融客服的工作成本。

在保险业,大数据技术可用于骗保识别和风险定价。骗保识别方面,同样通过内外部数据的有机整合,可以建立相应的保险欺诈识别模型,对异常数据进行有效监测,从而挑出疑似诈骗索赔,即骗保情况。风险定价方面,以车险为例,保险公司可以通过安装在汽车上的智能监控装置,收集车辆的行车数据、行为数据、健康数据等,以此确定当期保费。当真正需要出险时,也可以通过机器学习技术实现图片定损,大大提升索赔效率,降低操作成本。

阅读材料 9-2

蚂蚁金服数巢:一站式大数据共创服务平台

1. 项目背景

互联网时代,一切基于数据。数据的质量和数量成为影响金融大数据模型以及数据分析效果的重要影响因素,因此通过数据共享扩充数据量,从而提升模型效果的需求也变得越来越强烈。但数据共享问题重重,如何在满足用户隐私保护、数据安全和政府法规的要求下进行数据联合使用和建模,成为行业面临的难题。顺应时代发展,在国家推动"数据共享"的背景下,金融行业数据的整合、共享和开放正在成为趋势,给金融行业带来了新的发展机遇和巨大的发展动力。

2. 数巢大数据智能服务平台简介

蚂蚁金服数巢大数据智能服务平台(以下简称"数巢智能服务平台")可以在安全、可信、公允的数据环境中完成数据共享,解决了数据共享与隐私数据保护的问题;并能够提供数据交换、数据连接、数据加工、数据挖掘等一站式数据服务,覆盖了大数据探索和研究的全链路需求。

数巢智能服务平台的技术架构如图 9-2 所示。

数巢智能服务平台能够帮助金融机构实现数据的融合与共享,其架构如图 9-3 所示。

该平台上线以来,帮助金融机构进一步释放数据价值,产生了较好的经济社会价值。

3. 数巢智能服务平台的技术创新点

数巢智能服务平台帮助不同机构在满足用户隐私保护、数据安全和政府法规的要求下进行数据联合使用和建模,破解了数据共享和隐私保护难以平衡的难题,打破数据孤岛,发挥数据核变效应,具体的功能创新点有:

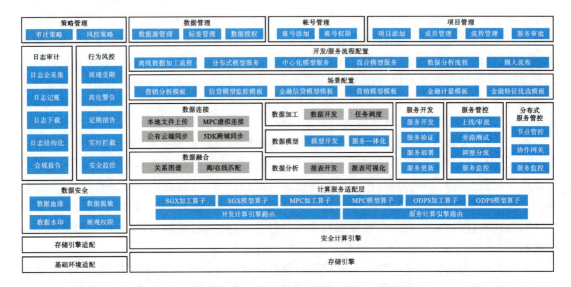

图 9-2 数巢智能服务平台

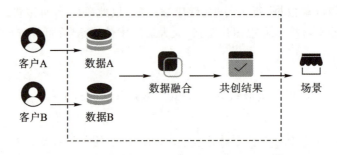

图 9-3 数巢智能服务平台数据融合与共享架构图

(1) 防止数据滥用：基于安全沙箱、多方安全协议技术、TEE 技术、远程认证技术，确保数据只能按约定好的行为进行使用，避免数据滥用。

(2) 隐私保护：基于 SGX 硬件加密等技术、可信计算集群化技术、主键保密技术等，确保数据无法被平台或者其他参与方窥探，避免隐私泄漏。

(3) 易用性：多数据源接入、实现可视化建模、模型一键发布部署、完备的 API 可支持发起训练任务等。

4. 数巢智能服务平台的应用实践情况

数巢智能服务平台通过多方数据安全高效融合共创的方式，全面连接数据、渠道、客户及合作伙伴等创造商业价值。

在银行业应用中，数巢智能服务平台搭建了一套基于多方安全计算技术（secure multi-party computation，MPC）下的数据融合、联合建模以及模型发布一体化平台方案，为蚂蚁微贷与银行的合作提供更完备的大数据风控能力支持。该联营合作模式，在具备用户端授权、隐私数据受保护的前提下，实现双方丰富变量的融合建模，帮助银行提升了风控效果以及数据处理的能力，符合政策监管要求，助力银行方实现科技自主。

在保险行业应用中，数巢智能服务平台为蚂蚁保险与传统保险公司的联合运营提供精准权益策略,提高风险识别率的安全合规共享环境,孵化的"车险分"应用可以显著提升车险的差异化权益能力,在通过购险前用户授权条件下,帮助保险制定更好的销售策略。通过车险定价模型实际评测的效果看,通过双方和其他合作方数据,车险分"从人"(从车主信息)因素能够细分不同风险的用户,对车主进行精准画像和风险分析,实现"千人千面"的精准权益策略。

5.数巢智能服务平台与大数据标准的协同及创新

蚂蚁金服数巢智能服务平台贯彻大数据标准体系框架,在遵循现行大数据标准规范之下,同时结合金融行业特性,将蚂蚁金服金融大数据实践积累的规范融入该平台。数巢智能服务平台以标准化的方式,从数据采集、数据融合、数据挖掘和数据呈现等全生命周期,根据不同类别数据的安全级别,设计、执行、复查、改进蚂蚁金服在各项云计算环境下的安全管理和技术控制规范措施,形成了更为严格的标准规范。数巢智能服务平台遵循"数据价值不侧漏、数据可用不可见、客户隐私不侵犯"的安全策略,覆盖从数据存储、数据访问、数据传输到数据销毁等多个环节的数据安全控制要求,并实现了与《数据分析与应用接口规范》《数据共享与服务接口规范》《信息安全管理体系实施指南》等大数据相关标准的对齐。此外,数巢智能服务平台作为金融级产品,对于安全有更高的要求。数巢智能服务平台实现了对于国家以及国际安全标准的对齐,通过了 ISO 27001 全球安全标准的认证、可信云服务(TRUCS)认证以及中国国家信息技术安全研究中心的信息技术安全性检测认证。

在合规以及数据安全保护前提下,国内跨机构的数据共享融合仍然处在初期的探索阶段。数巢智能服务平台实现了数据的多方协同和授权共享,得到了更准确高效的模型和决策。基于实践积累,数巢智能服务平台形成了跨机构数据共享的标准规范,为金融机构进行数据融合提供了标准借鉴。

资料来源:《大数据标准化白皮书》(2020 版).

第二节　人工智能

一、人工智能简介

人工智能(artificial intelligence,AI)是指开发和应用相应的计算机系统,来执行通常需要人类智力才能完成的任务,如视觉感知、语音识别、手势控制、机器学习和语言处理等。人工智能主要的研究领域有:计算机视觉、图像识别、机器学习、自然语言处理、语音识别、机器人。2016 年堪称人工智能元年,如果说 AlphaGo 点燃了民众对人工智能的关注,2017 年开年 AlphaGo 升级版"Master"的全胜纪录则让民众对人工智能的"威力"有了更深的认知。人工智能一般分为计算智能、感知智能和认知智能三个层次。

人工智能根据从底层到应用的技术逻辑,可以分成基础层、技术层、应用层(见图 9-4)。基础层从硬件和理论层面,为人工智能的实现提供了根本保障,主要包括 AI 芯片和深度学习算法。技术层是基于基础层的支撑,设计出的解决某一类过去需要人脑解决问题的通用方法,具体包括智能语音、计算机视觉、自然语言处理等。应用层是基于技术层的能力,去解决具体现实生活中的问题。比如,计算机视觉技术可以用于安防领域的人脸识别,自然语言技术可以用于智能客服等。

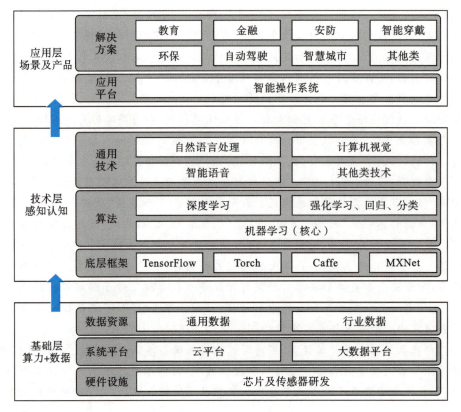

图 9-4 人工智能的技术逻辑

阅读材料 9-3

击败人类职业围棋选手的程序——AlphaGo

1. AlphaGo 是什么？

AlphaGo 是第一个击败人类职业围棋选手、第一个战胜世界冠军的电子计算机程序,是围棋史上最具实力的选手之一。2016 年 3 月,在全世界超过一亿观众的关注下,AlphaGo 经过 5 局对弈,最终以 4 比 1 的总比分战胜了围棋世界冠军李世石,这场比赛成了人工智能领域的一个重要里程碑。过去曾有专家预测,人工智能需要十年的时间才可能战胜人类职业选手。在这场比赛后,AlphaGo 凭借其"充满创意而又机智"的下法,跻身围棋界最高职业称号——职业九段行列,成为历史上首个获得这一荣誉的非人类棋手。之后,AlphaGo 的升级版本以"Master / Magister"的称谓与世界顶级的围棋选手进行了 60 场线上快棋赛,并取得了全胜的出色战绩。

2. AlphaGo 如何训练？

一直以来,围棋就被认为是传统游戏中对人工智能而言最具挑战性的项目。这不仅是因为围棋包含了庞大的搜索空间,更是因为对于落子位置的评估难度已远远超过了简单的启发式算法。为应对围棋的复杂性,AlphaGo 采用了一种新颖的机器学习技术,结合了监督学习和强化学习的优势。AlphaGo 通过训练形成一个策略网络(policy network),将棋盘上的局势作为输入信息,并对所有可行的落子位置生成一个概率分布。然后,训练出一个价值网络

(value network)对自我对弈进行预测,以 −1(对手的绝对胜利)到 1(AlphaGo 的绝对胜利)的标准,预测所有可行落子位置的结果。这两个网络自身都十分强大,而 AlphaGo 将这两种网络整合进基于概率的蒙特卡罗树搜索(MCTS)中,实现了它真正的优势。最后,新版的 AlphaGo 产生大量自我对弈棋局,为下一代版本提供了训练数据,此过程循环往复。

3. AlphaGo 如何决定落子?

在获取棋局信息后,AlphaGo 会根据策略网络探索哪个位置同时具备高潜在价值和高可能性,进而决定最佳落子位置。在分配的搜索时间结束时,模拟过程中被系统最频繁考察的位置将成为 AlphaGo 的最终选择。在经过先期的全盘探索和过程中对最佳落子的不断揣摩后,AlphaGo 的搜索算法就能在其计算能力之上加入近似人类的直觉判断。

人工智能的发展从最开始的定理证明以及逻辑程序语言,到神经网络理论的提出以及应用,可以用于解决一些简单的问题,但是实践中对于复杂问题的解决并不理想。随着硬件的进步、卷积神经网络模型优化、参数训练技巧的发展等,人工智能进入了基于互联网大数据的深度学习阶段,将大数据、神经元网络和数学统计的方法结合在一起,使得人工智能技术更有实用性,实际解决了很多传统的需要人类大脑才能解决的问题,取得了巨大的成功。

二、人工智能在金融中的应用

人工智能正在迅速被金融服务行业所采用,但尚处于初期和快速发展的阶段,可以分为:以客户为中心(或"前台")的使用,包括信用评分、保险营销和理赔、聊天机器人等;以运营为重点(或"后台")用途,包括支付处理、交易和投资组合管理等。

在银行业,人工智能技术可以用于信用评分。贷款人长期依赖信用评分为公司和零售客户做出贷款决策。历史上,金融机构交易和支付的历史数据是大多数信用评分模型的基础。这些模型使用回归、决策树和统计分析等工具,使用有限数量的结构化数据生成信用评分。潜在借款人必须拥有足够数量的历史信用信息才能被视为"可评价"。在缺少此信息的情况下,无法生成信用评分,潜在的、信誉良好的借款人通常无法获得信用并建立信用记录。现在,银行和其他贷方越来越多地转向额外的、非结构化和半结构化的数据源,包括社交媒体活动、移动电话使用和短信活动,以捕捉更精确的信用评分,并提高贷款的评级准确性。将机器学习算法应用于这一新数据集合,可以评估消费行为和支付意愿等定性因素。这类方法允许更高、更快、更便宜地划分借款人的质量,并最终导致更快的信贷决策。

在保险业,人工智能和机器学习应用程序可以大大增加一些保险部门的功能,例如,在承保中,基于 NLP 的 AI 系统可以改进大型商业承保、生活承保或残疾承保。这些应用程序可以通过过去的索赔培训学习,以突出人类决策者的关键考虑因素。在索赔处理上,机器学习技术可用于确定维修成本并自动分类车辆事故损坏的严重程度,帮助减少索赔处理时间和运营成本。

人工智能还可应用于聊天机器人,是帮助客户处理或解决问题的虚拟助手。这些自动程序使用 NLP 以自然语言(通过文本或语音)与客户端交互,并使用机器学习算法来改进。一些金融服务公司在它们的移动应用程序或社交媒体中正在推出聊天机器人。虽然许多机器人仍处于试用阶段,但随着聊天机器人越来越多地在年轻一代中使用,未来仍然具有巨大的增长空间。当前金融服务公司使用的聊天机器人很简单,通常提供余额信息或提醒客户,或回答简单的问题。值得注意的是,聊天机器人的使用增加与消息传递应用程序的使用增加有关。聊天机器人越来越倾向于提供建议并促使客户采取行动。除帮助金融机构的客户做出财务决策之外,金融机构还可以通过与聊天机器人的互动获取有关其客户的信息而受益。此外,保险业还在探讨使用聊天机器人提供实时的保险建议。

此外,人工智能还可以应用在交易和投资组合管理方面,主要有三个方面。首先,使用人工智能和机器学习技术,可以分析社交媒体数据,为众多金融机构,如银行、对冲基金、高频交易商以及投资平台提供"情绪指标"。这已经有相对较长的历史。其次,机器学习可用于创建"交易机器人",来降低交易成本。众所周知,买方自己的交易对市场价格的影响很难建模,特别是对于流动性较低的证券而言,因为过去可比较的交易数据很少。人工智能工具可以通过引入机器学习方法来减少交易对价格和流动性的影响。此外,人工智能可用于确定交易时点,以最小化给市场带来的影响。这些模型可用于为一系列情景设定最佳交易时间表,然后在实际交易进展时进一步调整时间表。最后,在投资组合管理中,人工智能和机器学习工具被用于识别价格变动的新信号,相比现有模型,可以更有效地利用数据和市场研究。机器学习工具的工作原理与传统投资中使用的现有分析技术相同,关键任务是识别来自数据的信号,在该数据上可以在不同的时间范围内进行与价格水平或波动性相关的预测,以产生更高的回报。为了使AI和机器学习有效,量化交易员需要对所使用的工具进行良好的监督和理解。此外,许多量化基金表示它们还不能完全自动化,目前,机器学习可能只会推动一小部分量化基金的交易。

阅读材料9-4

人工智能在金融领域的八个应用场景

人工智能被公认为是人类有史以来最伟大的一次革命,远超认知革命、农业革命和工业革命。人工智能从对弈(AlphaGo)到感知(微软小冰)再到决策(IBM沃森),正在越来越多的领域超越人类智慧,应用场景也从实验室走到各行各业。

目前AI技术已在金融、医疗、安防、教育等多个领域实现技术落地,且应用场景也愈来愈丰富。人工智能的商业化在加速企业数字化、改善产业链结构、提高信息利用效率等方面起到了积极作用。

每一次人工智能的发展都伴随着研究方法的突破,深度学习是近年机器学习技术突破的重要代表之一。随着人工智能研究和应用领域的不断延伸,未来人工智能将迎来更多种技术的结合应用。

人工智能应用场景和基本内容如表9-1所示。

表9-1 人工智能应用场景和基本内容

应用场景	内容
自然语言处理	自然语言处理是用计算机来处理、理解以及运用人类语言。由于自然语言是人类区别于其他动物的根本标志,没有语言,人类的思维也就无从谈起,所以自然语言处理体现了人工智能的最高任务与境界,也就是说,只有当计算机具备了处理自然语言的能力时,机器才算实现了真正的智能。从研究内容来看,自然语言处理包括语法分析、语义分析、篇章理解等

续表

应用场景	内容
语音识别和语言合成	语音识别是实现人机交互比较关键的技术,其所要解决的问题是让计算机能够"听到"人类的语音,之后结合自然语言处理技术通过语义理解才能"懂"人类语言的意思。语音识别技术主要通过语音特征提取、模式匹配、模型训练等技术方式将语音转化为计算机可读的输入。语音识别是一门交叉学科,所涉及的领域包括信号处理、模型识别、概率论、信息论、发声机理和听觉机理、人工智能等。 语音合成,是将任意文字信息转化为标准流畅的语音朗读出来,让机器实现像人一样开口说话。语音合成包括三个方面,首先语言处理要模拟人对自然语言的理解过程给出词语的发音提示,接着韵律处理根据语音规划音强等特质,最后进行声学处理输出语音。随着人工智能算法的加入,音色、情感等方面的模拟得以提高,使合成的声音更加自然,一定程度下可以达到真人说话的水准
物体识别	物体识别是计算机视觉领域中的一项基础研究,它的任务是识别出图像中有什么物体,并报告出这个物体在图像表示的场景中的位置和方向。目前物体识别方法可以归为两类:基于模型的或者基于上下文识别的方法,二维物体识别或者三维物体识别方法。物体识别一般基于大数据和深度学习实现,应用于图像或视频内容分析、拍照识图等业务场景
人脸识别	人脸识别是计算机视觉应用的主要领域之一,是通过分析比较人脸视觉特征信息进行身份鉴别的一种方式。人脸识别技术可划分为检测定位、面部特征提取以及人脸确认三个过程。人脸识别技术的应用主要是受到光照、拍摄角度、图像遮挡、年龄等多个因素的影响,在约束条件下人脸识别相对成熟,在自由条件下人脸识别技术还在不断改进
OCR	OCR 英文全称是 optical character recognition,中文叫做光学字符识别,是计算机视觉研究领域开展最早也是最成熟的成果之一。OCR 利用光学技术和计算机技术把印在或写在纸上的文字读取出来,并转换成计算机能够接受、人又可以理解的格式
图像搜索	以图搜图,在指定图库中搜索出相同或相似的图片,适用于图片精确查找、相似素材搜索、拍照搜同款商品、相似商品推荐等场景。它以深度学习和大规模机器学习技术为核心,通过图像识别和搜索技术实现
生物特征识别	生物特征识别技术涉及的内容十分广泛,包括计算机视觉、语音识别等多项技术,主要利用人体固有的生物特性,如指纹、面相、虹膜、掌纹、声纹,以及行为特征,如笔迹、声音、步态等来进行个人身份的鉴定。目前生物特征识别作为重要的智能化身份认证技术,在金融、公共安全、教育、交通等领域得到了广泛的应用
智能客服	智能客服是指能够与用户进行简单问题答复,通过人机交互解决用户关于产品或服务的问题。自然语言处理技术在各类人工智能技术中成熟度较低,但在客服领域中能够发挥较高的价值。人工客服存在培训成本高、服务效果难以统一以及流动性大的问题。以大数据、云计算特别是人工智能技术为基础,智能客服加速企业客服智能化,依靠知识图谱回答简单重复性问题,减少人工客服使用,提升客服效率及效果。客服机器人已替代40%~50%的人工客服工作,随着技术的不断完善,更多的客服工作将依靠人工智能完成

第三节 云计算

一、云计算的概念

目前,云计算一般提供的是基于 Web 浏览器的、在线商业应用程序的服务。传统的计算模式是在个人计算机(后续会介绍个人计算机)或特殊计算机上安装某些企业开发的软件。不管是销售大型机、个人计算机还是中型机的软硬件企业,都靠这种模式维持了其自身的生存。今天,一些公司仍然向其他企业出售软件序列号,让许多用户能获得软件包,但是这种商业模式正受到云计算模式的挑战。

云计算为用户提供可用的、便捷的、按需的网络访问,使其进入可配置的计算资源共享池,采用按使用量收费的模式。计算资源包括网络、服务器、存储、应用软件、服务。云计算用户只需投入很少的管理工作,与服务供应商进行很少的交互就能快速获取计算资源。云计算将分散的计算资源集中起来形成共享的资源池,通过网络进行组织调配,从而实现大规模的信息处理,并优化信息处理效率。在传统的部署框架里,企业的系统架构部署和运行维护消耗着大量的成本与时间。通过云计算技术,可以将计算、存储、网络等资源虚拟化,形成数据库,从而可以快速实现产品的部署,减少管理和建设环节,提升企业的运营效率。

云计算主要形态的发展很大程度上依赖于以下三种推动力量:

第一种推动力量是网络的普及。通过网络,软件公司可以仅靠鼠标点击和信用卡支付就能提供他们的产品和服务(包括更新),而不再采用传统的软件打包模式。这从本质上改变了软件公司,使其从提供软件包的方式转变成一种通过更新服务来进行更新和管理业务程序的方式。

第二种推动力量来源于在这种交付模式上走在较前沿的创新型软件公司。以将企业销售部门用于管理客户关系和预测产品而闻名的 Saleforce 为例,它不仅成了应用托管模式的先驱,它的计算机同时也组成了用户的数据中心。Saleforce 模式的使用已经非常广泛,并成了软件产业中用云计算来交付服务的使用模型,也可以称之为 SaaS。SaaS 为软件的销售方案铺平了道路,销售商卖的不仅仅是软件,更多的是服务。目前,许多供应商都在部署他们的 IaaS(主要用于数据中心和存储)及 PaaS(为企业提供完善的自主软件开发环境,这样企业不用购买完整的开发部件便可以和其他人共享)。

第三种推动力量是已经出现的大的计算密集型企业(如亚马逊、惠普、谷歌、IBM、微软)。一方面,他们拥有庞大的数据中心可以满足全球需要;另一方面,他们具备足够的能力让其他公司来使用他们的计算力。而实质上,这些企业销售的仅仅是他们计算机的时间和空间,即 IaaS。而对其他机构来说,可以把它当作一个公共设施使用。

云计算的服务模式如表 9-2 所示。

表 9-2　云计算的服务模式

层级	功能
基础设施即服务（IaaS）	主要提供计算基础设施服务，由云服务提供商把 IT 系统的基础设施层建设好，并对计算设备进行池化，然后直接对外出租硬件服务器、虚拟主机、存储或网络设施（负载均衡器、防火墙、公网 IP 地址及诸如 DNS 等基础服务）等，企业自主安装和管理操作系统、运营环境、数据库、组件和应用等
平台即服务（PaaS）	主要提供软件研发平台服务，即云服务提供商把基础设施层和平台软件层都搭建好，然后将平台软件层作为服务出租出去，客户可自主选择半平台 PaaS（只安装操作系统，其余由用户自己选择）或全平台 PaaS（安装操作系统、数据库、中间件、运行库等全部平台软件），然后在 PaaS 平台上进行软件开发、测试、在线部署等工作。另外，为了让消费者能直接在云端开发调试程序，PaaS 云服务提供商还得安装各种开发调试工具。租户只要开发和调试软件或者安装、配置和使用应用软件即可
软件即服务（SaaS）	主要提供互联网软件服务，即将软件部署在云端，让用户摆脱购买软件，再自行安装、维护、升级的困扰，只需使用云端设备接入计算机网络，然后通过浏览器或接口使用应用程序。SaaS 提供商为企业搭建信息化所需要的所有网络基础设施及软件、硬件运作平台，并负责所有前期的实施、后期的维护等一系列服务，客户不需要除了个人电脑和互联网连接之外的其他 IT 投资就可以通过互联网获得所需要的软件和服务

二、云计算安全架构

在安全方面，云计算不仅需要应对一些传统的挑战，比如数据遗失和服务器宕机等，而且还需要应对云计算一些特定的挑战。因此，必须要解决好云计算的安全问题，才能让更多的用户放心使用。云计算安全就是确保用户在稳定和私密的情况下在云计算中心上运行应用，并且保证存储于云中的数据完整性和机密性。云计算安全的架构共包括三大部分：云客户端、云端和第三方机构（见图 9-5）。它们之间的关系比较简单，主要有两点：一是云客户端通过访问云端来得到服务；二是第三方机构对云端的安全机制进行审核，并在其平时运行的时候，对其进行实时监控。

（一）云客户端

云客户端的安全关系到云计算的用户体验。要确保用户在非常安全和稳定的情况下使用和访问云上运行的应用，需要很多方面的增强，其中最重要的当属恶意代码保护，它主要采用防火墙、杀毒软件、打补丁和沙箱机制等手段来使云客户端免受木马、病毒和间谍软件的侵害。另外，利用云端的超强计算能力实现云模式的安全检测和防护，比如对于本地不能识别的可疑流量，任何一个客户端都可以第一时间将其发送到后台的云检测中心，利用云端的检测计算能力来进行快速的安全解析，并将发现的安全威胁特征推送到全部客户端和安全网关，从而使整个云中的客户端和安全网关都能检测这种未知威胁。

（二）云端

云端也就是公共云计算中心，它一般由云计算服务提供商负责管理，主要包括 7 个模块：整体监管与合规性、安全通信、用户管理、数据管理、应用保护、系统与网络以及物理设施。

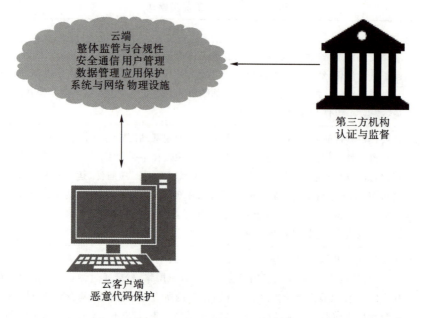

图 9-5 云计算的安全架构

1. 整体监管与合规性

整体监管与合规性模块处于整个云端安全架构的最顶层,主要有四方面的功能。一是对整个云端安全架构进行规划,也就是对企业业务和运行风险进行评估,确定相关的战略和治理框架、确定风险管理框架、制定相应的安全策略、管理和确立信息安全文档管理体系等。二是观测云计算系统整体的安全情况,使云计算管理者有效地管理和监控整个云计算中心,以防恶性事件发生,包括安全事件监管和响应,并生成安全事件相关的日志和报表。三是在合规性方面,这个模块可以定义一些与合规性和审计相关的流程,以确保整个云计算系统遵从其所需要遵守的协议,同时也为了帮助使用云服务的用户满足其自身的合规性需求,如金融行业必须满足行业主管部门的一些监管要求等。四是为了保持整个架构的可信度,这个模块支持引入第三方审计机构,对整个云计算安全架构进行认证。

2. 安全通信

安全通信模块是整个云端的网关,主要包括三方面的功能。首先是提供大容量的网络处理能力,能处理用户对云端的海量请求;其次是提供强大的防火墙功能,能应对诸如分布式拒绝服务(DDoS)等恶意攻击;最后是能通过使用安全套接层(SSL)、传输层安全(TLS)、虚拟专用网络(VPN)等安全技术来确保云客户端与云端通信的私密性和完整性。

3. 用户管理

用户管理模块主要用于认证与授权用户进入系统和访问数据的权限,同时保护资源免受非授权的访问,主要包括两个部分:一是需要确保每个用户只能访问他们得到授权的应用和数据,对用户的操作进行日志记录以检测每个用户的行为,以发现用户任何触及安全底线的行为;二是提供基于角色和集中的账号管理机制来简化认证管理,满足安全需要,降低成本,改善用户体验,提高效率和避免风险,同时支持在多种服务之间简化登录过程的单点登录机制。

4. 数据管理

对于大多数企业而言，数据安全特别关键，特别是在云计算中。企业数据大多存储于企业防火墙之外的云计算中心，因此在数据管理方面，必须对云计算要求非常苛刻。数据管理模块包括四个功能：一是数据的管理，根据数据类型和所属的组织来对数据进行分类和隔离，并设置完善的归类、保护、监控和访问等机制，以防止数据被误用和泄漏。二是数据加密，如用户在上传数据之前先使用密钥对其进行加密，并在使用时再解密，从而确保即使数据被窃取，也不会被非法分子所利用，且还可以通过数据检验技术来保证数据的完整性。三是云计算的数据备份，为避免由于硬盘故障和管理错误造成数据方面的遗失，需要对数据进行多次备份；同时在数据被删除的时候，要确保各种备份都被清除，包括备份所占的硬盘彻底清空。四是在数据存储地点方面，由于法律、政治和安全等原因，数据的存储地点对于部分企业而言非常关键，所以需要让用户有能力获知并选择其数据合理的存放地点。

5. 应用保护

在应用保护方面，主要包括三个部分。一是由于应用在很多场合会以虚拟镜像的形式部署，所以需要确保在主机上运行虚拟机的安全性，并同时通过监视虚拟机的运行情况来发现"恶意主机"的存在。并且，尽量减少每个虚拟机开启的服务和监听的端口。二是对应用本身进行安全方面的设计，比如支持 SSL 和超文本传输安全协议（HTTPS）等协议，来确保点对点的安全通信，并对应用进行完善测试，以尽可能减少安全方面的漏洞。三是对应用发布的 API 和 Web 服务等对外接口进行安全方面的加固，如使用安全密钥和电子证书等机制来确保服务的安全性。

6. 系统与网络

在系统方面，每个主机所处理的数据或者事务之间必须隔离，同时提供虚拟域或者基于规则的安全区这两种机制来进一步隔离服务器，减少服务器监听端口和支持的协议。在网络部分，将网络分为可信和不可信两部分，不可信部分一般在隔离区（DMZ），支持对入侵和 DDoS 攻击的侦测。还有就是检测和分析整个网络的流量来确保网络安全运行，并使用虚拟局域网（VLAN）机制来对网络进行安全隔离。

7. 物理设施

首先，在基础设施方面，要确保各种设备的冗余，包括电源、不间断电源（UPS）、制冷设备和路由器等，并可以在数据中心内置一台大功率的发电机以应对停电的情况。同时，考虑到云计算环境的业务连续性，设备的部署必须考虑到高可靠性的支持，诸如双机热备、配置同步、电源风扇的冗余、链路捆绑聚合和硬件旁路等高级特性，真正实现大流量汇聚情况下的基础安全防护。其次，在数据中心的人员方面，需要限制每个人的权限范围来提升安全性，并调查这些管理人员的背景，以避免商业间谍侵入，并配备视频监控系统来监视数据中心内部的一举一动。另外，在防灾管理方面，需要在不同地点建设多个数据中心，当发生停电、火灾和地震等的时候能够将服务切换到备用数据中心上运行。

（三）第三方机构

第三方机构一般具备很好的公信力，不会轻易被任何一方左右，而且在安全领域具备丰富的经验和技术。它的功能主要有两个。首先是认证，第三方机构能对云计算服务提供商的服务进行安全认证，采用标准化的技术手段和非技术手段来对服务进行检测，找出其安全漏洞，对其安全级别进行评估，使用户有信心将数据存储在云端和使用云端提供云服务。其次是监管，也就是第三方机构会实时监控云端运行状况，以确保它在安全范围内运行，这样才会提高用户对云端的信任度。

三、云计算在金融行业中的应用

金融行业一直属于数据密集型行业，随着互联网金融的高速发展，金融机构面临着产品迭代越来越快、业务数据量越来越大的挑战。云计算技术作为基础设施，为金融企业提供了低成本的、高效的服务模式，提升了金融行业的信息化水平。金融企业通过云计算技术，可以将管理组织中所有的信息数据通过云平台集中在一起，实现企业内部服务器、储存和设备等的集中管理，从而提升管理效率。与此同时，云计算具有可靠性和拓展性，金融企业通过云计算开展业务可以节省基础设施的建设时间，满足金融业务快速扩张的需求。

在保险业，保险机构有天然的大数据属性，其本质是通过数据分析来管理风险构建业务，拥有比较完善的数据中心和数据管理系统。目前，互联网金融保险产品对保险机构的数据计算能力、业务部署速度、产品研发速度提出了更高的要求。随着业务种类逐渐增加和规模的逐渐扩大，金融保险机构同时也将面临更为复杂的支付场景和应用场景。保险公司可以利用云计算技术，实现业务上云，在云端开发保险核心业务模块、财务模块、流程管理模块等，有效地促进金融产品和服务创新。另外，保险公司可以通过云计算深入采集、存储、分析海量的数据和信息，并从中挖掘出有价值的信息。云计算充足的存储空间和计算能力也进一步提升了保险公司大数据分析能力。此外，通过云计算技术还可以打造保险"行业云"，有利于促进整个保险行业加强信息共享，将行业里的信息进行整合，实现数据共享，加强规模效益，提高保险行业的整体效率。

在银行业，银行往往利用信息化技术建立以客户为中心，将客户信息与其账户数据、账务交易数据等金融行为信息关联在一起的信息系统，然后通过已有的数据信息对客户进行精准定位与需求分析等，为客户提供更精确的金融管理服务。伴随网络环境与客户行为的改变，银行的业务特征和业务量已经出现了颠覆性变化，这对银行传统的技术架构和服务保障体系形成了强烈的冲击。以往商业银行主要采用集中式IT架构，在基础设施方面投入高，业务流程相对复杂，对数据需求的响应速度慢。在传统IT架构下，银行需要通过不断扩容、购买软硬件设备以及扩大运行维护团队去支撑日益增长的业务需求，庞大、复杂的系统不仅限制了银行业务的创新发展，也带来了巨额的费用。云计算技术的应用可满足银行信息化系统的自动扩缩容、底层硬件兼容、业务快速部署等需求。基于云计算的虚拟化技术，银行可将服务器、网络、存储等资源虚拟化，更好地调度和分配资源，提高资源的利用效率，避免了重复建设。分布式架构可以实现不同计算机之间的通信，共享网络中的数据、资源和服务，可有效提高计算机设备资源的利用率和工作效率。另外，数据信息的可靠性和稳定性是银行系统正常运转的前提条件，而云计算技术的特征可有效提升客户数据处理的高效性和安全性。与银行传统的IT架构相比，云计算具有可扩展、低成本、灵活度高等特点，能够更好地满足银行数字化转型的需求。目前，大型商业银行多以"私有云"为主，采用云计算技术构建基础设施，打造共享资源池，在此基础上启动云平台建设和应用升级，优先针对互联网金融、第三方支付等进行服务创新。中小银行大多启动了"行业云"建设，积极推动银行云平台和普惠金融云的建设，产生产业协同效应。部分有一定技术基础的银行开始布局金融科技服务云平台,将自身的数据资源、流程管理、计算能力、服务等以云服务的方式提供给其他同业机构使用,在实现自身发展的同时也帮助同业以较低的成本,更快速地推进金融服务的互联网化转型。

此外,云计算技术还可以用于中小企业传统的信息系统建设中。传统的信息系统建设下,企业需要自行购买软、硬件设备,成本高;具体应用时,内外部信息交流少,往往存在"信息孤岛"问题。此外,由于当前既懂财务又掌握信息技术的人才少,中小企业经常面临缺乏专业人才的问题。在云计算技术下,企业不需要自己购买软、硬件设施,只需要向云服务提供商按需租用,有效地降低了企业财务信息化的成本。分布式技术使用户可以通过移动终端不受地域限制地进行办公,随时提取数据和掌控信息,进行多端信息交流,从根本上转变传统的办公方式,有效地解决了"信息孤岛"问题,避免了企业决策失误。云服务以云端作为软件运行环境,服务商负责管理维护,企业不需要提供人力资源,避免了由于人才荒造成企业经营效率下降的问题。另外,会计信息化与企业具体业务有效融合,使企业资源得以高效使用,持续提升企业的竞争实力。企业在建设会计云系统过程中可以选择多种模式。例如,中小企业在刚刚建设会计信息化之初可以采用 SaaS 模式,SaaS 模式投入成本低,不需要进行额外的信息系统构建就可以满足企业的需求,还可以实现财务数据共享。具有一定研发技术的中小企业可以采用 PaaS 模式,向云服务提供商租用研发平台,自行搭建应用软件层。PaaS 模式不但节省了开发维护的费用,还能优化中小企业的组织结构,为中小企业发展注入了活力,提高了企业发展的竞争力。IaaS 模式处于云计算构架的最底层,把硬件资源虚拟为能够量化的计算机技术资源池,根据用户需要进行出租。因此,中小企业不用一次性花费大量的资金购买计算机、服务器以及数据信息,只需要按照需求进行租赁。IaaS 模式在前期投资中具有经济实用性,具有较高的扩展弹性,且后期维护具有专业性。

阅读材料 9-5

阿里云金融行业云解决方案

阿里云为新金融行业提供量身定制的云计算服务,具备低成本、高弹性、高可用、安全合规的特性。其帮助金融客户实现从传统 IT 向云计算的转型,为客户提供完整的"云·端·数"的能力。

一、方案架构

金融行业基础设施上云,核心系统分布式架构,业务数据化,运营数字化的全方位解决方案。支持未来 5～10 年的金融业务敏捷,数据智能和人工智能技术能力。可解决四个方面的问题:①提供 IT 规划建议、企业架构咨询和软硬件基础设施;②轻资产投入,建设成本从数千万降低到数百万;③IT 人员在基础设施的维护上规模锐减;④从业务、技术和大数据等多个方面驱动金融科技创新。架构优势在于:高弹性、高稳定性、高安全性的成熟基础设施;轻资产投入,建设成本从数千万降到数百万的成熟软件架构;金融级分布式中间件,完整大数据产品,多维人工智能方案。

阿里云金融行业云解决方案架构如图 9-6 所示。

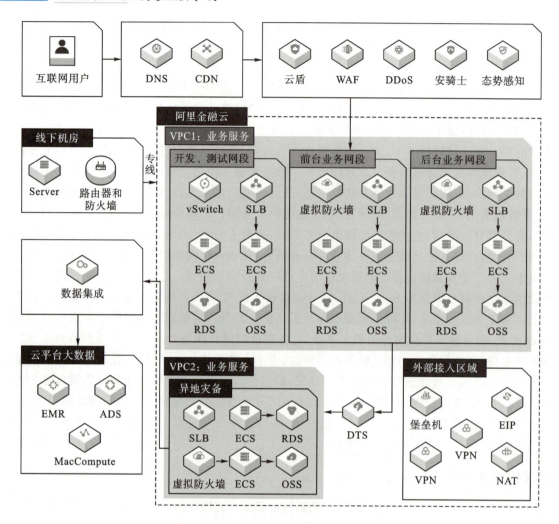

图 9-6 阿里云金融行业云解决方案架构

二、方案优势

1. 高效安全

拎包入住模式,IT 硬件零投入,云设施零维护量,直接通过互联网访问。金融云专属高规格物理集群,特高等级安全清洗,支持同城双活或两地三中心灾备能力。

2. 监管合规

金融云服务于银行、证券、保险、基金等金融机构。金融云采用独立的机房集群,与公共云物理隔离,且满足一行三会金融监管要求。

3. 异地容灾

金融云覆盖杭州、深圳、上海三个地区,每个地区拥有多个符合金融行业规范的物理机房,满足客户同城双活或两地三中心的灾备需求。

阿里云金融行业云方案优势如图9-7所示。

图9-7 阿里云金融行业云方案优势

资料来源：金融行业云解决方案［EB/OL］.［2022-06-01］. https://www.aliyun.com/solution/finance/financialcloud.

第四节 物联网

一、物联网概述

互联网的发展一开始以 PC 互联网为代表,海量信息通过互联网实现互联共享,然后步入移动互联网阶段,人与人之间实现互联互通,用户可以自己生产内容,现在是互联网的第三阶段"万物互联",即物联网。

物联网(internet of things,IoT)是指通过各种信息传感器、射频识别技术、全球定位系统、红外感应器、激光扫描器等装置与技术,实时采集任何需要监控、连接、互动的物体或过程,采集其声、光、热、电、力学、化学、生物、位置等各种需要的信息,通过各类可能的网络接入,实现物与物、物与人的泛在连接,实现对物品和过程的智能化感知、识别和管理。物联网是一个基于互联网、传统电信网等的信息承载体,它让所有能够被独立寻址的普通物理对象形成互联互通的网络。

物联网的发展将主要经历三个阶段:第一阶段,物联网的连接数将爆发;第二阶段,物联网生成的海量数据可以利用大数据技术进行分析,生成价值;第三阶段,人工智能技术等的成熟将迎来真正的物联网大数据时代(见表9-3)。目前,全球物联网行业发展仍处于第一阶段。未来,随着物联网规模的不断扩大,数据将成为主要推动力。

表9-3 物联网的发展阶段

阶段	数据解释	必要条件	当前状况
第一阶段	数据解释、数据简单分析及利用	硬件成本下滑,能耗降低,通信互联的可能性	快速发展中,爆发随时到来
第二阶段	数据价值开始体现,但是分析能力欠缺	应用需求:批量数据分析需求大规模出现,云计算发展,存储、计算成本下滑	数据使用量不到1%,云存储计算依然较贵
第三阶段	机器学习解决分析问题,大数据时代真正到来	机器学习、人工智能快速发展;实时数据分析及方案;综合解决方案;多种数据合作,真正实现大数据时代	人工智能处于发展初期;实时数据分析需求没有出现

二、物联网技术体系结构

物联网从其实现的技术途径来说,生态层次可分为三层:感知层、网络层和应用层(见图9-8)。

感知层是让物品说话的先决条件,主要用于采集物理世界中发生的物理事件和数据,包括各类物理量、身份标识、位置信息、音频、视频数据等。物联网的数据采集涉及传感器、RFID、多媒体信息采集、二维码和实时定位等技术。感知层又分为数据采集与执行、短距离无线通信。数据采集与执行主要是运用智能传感器技术身份识别以及其他信息采集技术,对物品进行基础信息采集,同时接收上层网络送来的控制信息,完成相应执行动作。短距离无线通信完成小范围内的多个物品的信息集中与互通功能,相当于物品的"脚"。

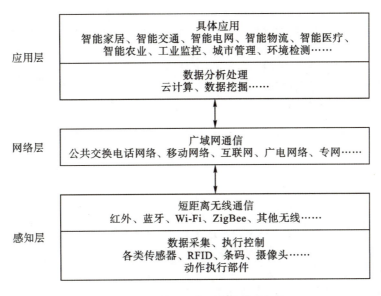

图 9-8　物联网的典型技术体系架构

网络层完成大范围的信息沟通，主要借助于已有的广域网通信系统（如公共交换电话网络、移动网络、互联网等），把感知层感知到的信息快速、可靠、安全地传送到地球的各个地方，使物品能够进行远距离、大范围的通信，以实现在地球范围内的通信。

应用层完成物品信息的汇总、协同、共享、互通、分析、决策等功能，相当于物联网的控制层、决策层。应用层完成物品与人的最终交互，感知层和网络层将物品的信息大范围地收集起来，汇总在应用层进行统一分析、决策，用于支撑跨行业、跨应用、跨系统之间的信息协同、共享、互通，提高信息的综合利用度，最大限度地为人类服务，如智能交通、智能医疗、智能家居、智能物流、智能电力等。

三、物联网的主要技术问题

1. 信息感知与处理

信息感知与处理，传感器是关键。传感器有3个关键问题要解决：一是物品的种类繁多，各种各样，千差万别，导致物联网末端的传感器种类繁多，不像电话网、互联网的末端是针对人的，种类可以比较单一。二是物品的数量巨大，远远大于地球上人的数量，其统一编址的数量巨大，IPv4针对人的应用都已经地址枯竭，IPv6虽地址众多，但它是针对人用终端设计的，对物联网终端，其复杂度、成本、功耗都是有待解决的问题。三是成本问题，互联网终端针对人的应用，成本可在千元级，物联网终端由于数量巨大，其成本、功耗等都有更加苛刻的要求。

2. 短距离无线通信

短距离无线通信也是感知层中非常重要的一个环节。由于感知信息的种类繁多，各类信息的传输对所需通信带宽、通信距离、无线频段、功耗要求、成本敏感度等都存在很大的差别，因此在无线局域网方面与以往针对人的应用存在巨大不同，如何适应这些要求也是物联网的关键技术之一。主要短距离无线通信技术如表9-4所示。

表 9-4 主要短距离无线通信技术

通信技术	介绍	优点	缺点
NFC	一种短距高频的无线电技术,属于 RFID 技术的一种,工作频率为 13.56 MHz,有效工作距离在 20 cm 以内	通信保密性好,成本较低,适合覆盖大量非智能物体	通信距离短,通信速率低
Wi-Fi	使用高频无线电信号发送和接收数据,使用以太网通信协议,通信距离通常在几十米	局域网部署无须使用电线,降低了部署和扩充的成本	通信距离有限,稳定性差,功耗较大,组网能力差
蓝牙	使用短波特高频(UHF)无线电波,经由 2.4 至 2.485 GHz 的 ISM 频段来进行通信,通信距离从几米到几百米不等	有"低功耗蓝牙""传统蓝牙"和"高速蓝牙"三种模式	各个版本不兼容,安全性较差,组网能力差,以及在 2.4 GHz 频率上存在电波干扰问题等
ZigBee	近距离、低复杂度、低功耗、低速率、低成本的双向无线通信技术,主要用于距离短、功耗低且传输速率不高的各种电子设备之间进行数据传输以及典型的有周期性数据、间歇性数据和低反应时间数据传输的应用	低功耗、低成本、低速率、高容量、支持 Mesh 网络、支持大量网络节点以及有较高的安全性	复杂,成本高,抗干扰性差,ZigBee 协议没有开源,IP 协议对接比较复杂

3. 广域网通信系统

现有的广域网通信系统主要是针对人的应用模型来设计的,在物联网中,其信息特征不同,对网络的模型要求也不同,因此,物联网中的广域网通信系统如何改进、如何演变是需要在物联网的发展中逐步探索和研究的。

表 9-5 广域网通信系统

通信技术	介绍	优点	缺点
LoRa	低功耗广域网无线通信技术	在 1 GHz 以下的非授权频段,故在应用时不需要额外付费;距离远、功耗低	速率相对较低,需部署基站,用运营商的网络进行广域网传输
NB-IoT	基于蜂窝的窄带物联网	长距离、低速率、低功耗、多终端	商业化与产业链建设在初级阶段

4. 数据融合与挖掘

物联网中的信息种类、数量都成倍增加,其需要分析的数据量成级数增加,同时还涉及多个系统之间各种信息数据的融合问题。如何从海量数据中挖掘隐藏信息等问题,都给数据计算带来了巨大挑战。云计算是当前能够看到希望的一个解决方法。

5. 安全

物联网的安全问题与现有信息网络的安全问题不同,它不仅包含信息的保密安全,同时还新增了信息真伪鉴别方面的安全。互联网中的信息安全主要是信息保密安全,信息本身的真伪主要是依靠信息接收者一人来鉴别,但在物联网环境和应用中,信息接收者、分析者都是设备本身,其信息源的真伪就显得更加突出和重要。并且,信息保密安全比互联网的信息安全更重要。

6. 标准

物联网涉及的环节多,终端种类多,其标准也多。有标准,才能使各个环节的技术互通,才能融入更多的技术,才能把这个产业做大。标准更是保护国家利益和信息安全的最佳手段。

7. 成本

成本是由技术决定的,是更复杂的技术问题。早期的一些物联网应用,起初想象都很美好,但实际市场推广却不够理想,其中很重要的原因就是受成本的限制。因此,如何降低物联网各个网元和环节的成本至关重要,甚至是决定物联网推广速度的关键。

四、物联网的关键技术

1. 射频识别技术

RFID 是 radio frequency identification 的缩写,即射频识别技术,俗称电子标签。射频识别技术是一种非接触式的自动识别技术,它通过射频信号自动识别目标对象并获取相关数据,读卡距离最远可超过 20 米。一套完整的 RFID 系统,其基本组成部分包括标签(tag)、阅读器(reader)和应用软件系统。其基本的工作原理为:标签进入磁场后,要么接收解读器发出的射频信号,凭借感应电流所获得的能量发送出存储在芯片中的产品信息(这一类标签我们称之为被动标签),要么主动发送某一频率的信号(这一类标签我们称之为主动标签);解读器读取信息并解码后,送至中央信息系统进行有关数据处理。不管是主动式还是被动式标签,都可以实现同时识别多个电子标签。在物联网中,RFID 是一个可以让物品开口说话的关键技术,是物联网的基础技术。

2. 传感技术

传感技术是对从自然信息源获取的信息进行处理和识别的一门多学科交叉的现代科学与工程技术,它涉及传感器、信息处理和识别等技术。传感器是指测量某一类物理变量,并将它转化为设备可以识别的电子信号的器件。传感器一般由敏感元件、转换元件、测量电路和辅助电源四部分组成。传感器的种类繁多,按照技术类别分有超声波传感器、温度传感器、湿度传感器、气体传感器、压力传感器、加速度传感器、图像传感器、电量传感器和位移传感器等;按测量目的不同分有物理传感器、化学传感器和生物传感器(见表 9-6)。传感器的功能与品质决定了传感系统获取自然信息的信息量和信息质量,是高品质传感技术系统构造的一个关键。

表 9-6 传感技术

类别	物理传感器	化学传感器	生物传感器
工作原理	应用的是物理效应,诸如压电效应、磁致伸缩现象、离化、极化、热电、光电、磁电等效应。把被测信号量的微小变化转换成电信号	以化学吸附、电化学反应等现象为因果关系的传感器,被测信号量的微小变化也将转换成电信号	是一种对生物物质敏感并将其待测物质转换为声、光、电等信号进行检测的仪器

续表

类别	物理传感器	化学传感器	生物传感器
具体应用	力传感器（压力、位移、流速、位置）、热传感器、声传感器（声波、超声、次声）、光传感器（图像、光纤）、电传感器（电阻、电容、电感）、磁传感器与射线传感器	气体传感器、离子传感器、湿度传感器	酶传感器、微生物传感器、免疫传感器、组织传感器、细胞传感器

3. 纳米技术

纳米技术，主要用于研究结构尺寸在 0.1 纳米至 100 纳米范围内材料的性质和应用。纳米技术关注当物质到达纳米尺度（0.1～100 纳米）时，物质所展现出来的特殊物理特性。例如，铜、银导体做成纳米尺度以后，它就失去了原来的性质，表现出既不导电也不导热的性质；把铁钴合金做成 20～30 纳米大小，它的磁性要比原来高 1000 倍。纳米技术的发展，使得我们可以制造更微型的电子标签，用以跟踪和监测小型物体或者分子级别的信息变化。

4. 智能嵌入技术

智能嵌入技术是将信息处理部件嵌入应用系统中的一种技术，它将硬件系统和软件系统固化到一起。嵌入式技术是在 Internet 的基础上产生和发展的，具有安全性和能快速地与外界进行信息交换的特点。嵌入式系统一般情况下都是小型的专用系统，这样就使得嵌入式系统很难承受占有大量系统资源的服务。如何实现嵌入式系统的 Internet 接入和嵌入式 Internet 安全技术，是智能嵌入技术的关键。在物联网的时代，一个个具备信息计算功能和网络接入的智能物品可以随时与物品的主人和其他物品进行信息交互。例如，冰箱可以提醒主人牛奶快过期了，当冰箱发现鸡蛋用完了时会主动发信息给超市进行购买，这些都是智能嵌入式技术在物联网中的应用。

5. IPv6 技术

随着互联网的发展，IPv4 定义的有限网络地址将被耗尽，为了扩大网络地址空间，我们将通过 IPv6 协议重新定义地址空间。在物联网中，我们试图构造一个任意物体之间的网络互联，因此每一个物体都需要一个 IP 地址，这时候 IPv4 协议肯定无法满足物联网的需求，因此大力发展 IPv6 技术是实现物联网的网络基础条件。

阅读材料 9-6

智慧城市

预计到 2050 年，全球将有超过三分之二的人口居住在城市之中。而随着城市化的发展，过度拥挤等问题产生的负效应将持续影响着城市居民，城市管理能力亟待提高。智慧城市通过高效的物物相连的互联网，监测、分析、整合城市中各个系统的关键数据，优化对包括交通、城市服务、环保、能源等方面的管理，提升城市人居环境和运行效率，实现可持续发展，其实质是通过信息化来提高城市政务管理水平。自 2009 年 IBM 提出"智慧地球"概念后，世界各国纷纷开启智慧城市建设浪潮。

智慧城市的范畴通常包括智慧交通、智慧水务、智慧燃气、智慧环卫、智慧停车、智能楼宇、智慧照明等。2014年,《国家新型城镇化规划(2014—2020年)》中首次提出,通过推动物联网、云计算、大数据等新一代信息技术创新应用,建设新型智慧城市。2016年,《关于进一步加强城市规划建设管理工作的若干意见》中指出,要推进城市智慧管理,到2020年,建成一批特色鲜明的智慧城市。

1. 什么是大数据？大数据有什么特征？
2. 为什么大数据在金融行业中有广泛的应用？
3. 什么是人工智能？其技术逻辑是什么？
4. 云计算的服务模式有哪些？云计算在金融行业中的应用是什么？
5. 简述物联网技术体系结构。

第十章　金融科技与风险识别及监督

第一节　金融科技发展中的风险

金融科技创新发展后金融市场上曾一度乱象丛生。如果说金融科技也是基于模式、场景而言的,那么金融科技更加突出的则是从技术进步这个角度而言的。金融科技企业的特殊性是低利润率,由于金融科技企业的利润率低,因此只能选择轻资产的规模增长路径。值得注意的是,尽管金融科技使金融体系更加多元化,从而实现了风险共担,但是也可能会使人们高估自身的风险承受能力。对于监管者来说,结合金融科技的发展情况,他们认为金融科技企业面临的传统风险主要是信用风险、结算风险、流动性风险、市场风险、操作风险。由此,金融科技对金融稳定也产生了一定的负效应。

一、信用风险

从监管者角度看,信用风险主要是指金融机构持有金融工具的债务人不能在约定日期或约定日期后的任何时候履约。金融科技的初衷在于有效降低信息不对称程度。但是,金融科技自身的信息不对称程度也不容忽视。伴随云计算、区块链和人工智能等技术在金融科技中的广泛应用,金融交易信息透明度在似乎有所提升的同时仍然无法回避基础算法存在"黑箱操作"的诟病。例如,金融科技平台在进行交易撮合时,主要是根据借款人提供的身份证明、财产证明、缴费记录、熟人评价等信息评价借款人的信用;平台在进行资产管理时通常通过打包嵌套,导致资金流向不明,使投资者信息无法触及资产端信息。

从信用风险看,主要是各类平台及服务中介可能出现的平台倒闭、跑路、挪用资金等风险。即使建立了账户托管制度,也无法实现与网站自身的破产隔离,一旦平台破产,债权人依然会遭受损失。在实践中,如果金融科技不能有效破解信息不对称难题,不仅传统金融因信息不对称等问题而产生的信用风险在金融科技中将依然存在,而且如果存在高杠杆,则意味着只有更少的股本才可以用于吸收信用风险或其他风险发生时的损失,并可能导致系统性重要交易对手损失暴露,甚至也不排除其成为诱发系统性金融风险的可能。

二、结算风险

按照国际金融机构的定义,结算风险指的是在债务结算过程中,支付方没有按预期要求及时履行支付义务。从种类看,结算风险包括交易对手风险和流动性风险。从定义看,结算风险中的交易对手风险是指交易对手方不能按照要求履约;结算风险中的流动性风险是指交易对手方最终能够履约,但不是在约定的期限内。在不产生系统性金融风险的前提下,监管者通常会鼓励金融科技创新,放开竞争,提高用户支付效率。但是,在清算环节(作为基础设施),监管者则不希望市场过度介入。《关于全面深化改革若干重大问题的决定》指出,要"加强金融基础设施建设,保障金融市场安全高效运行和整体稳定"。作为最重要的金融基础设施,支付清算体系是各类金融交易顺利进行的重要依托。如前文所述,金融科技并不改变金融本质,却改变了传统金融业务的风险特征。以数字普惠金融为例,其在便利居民消费、投资等活动的同时,也改变了资金在支付体系循环流转的模式,使金融交易脱离监管当局的金融管制,资金在银行体系之外循环,增大了金融"脱媒"的风险。此外,当前针对金融科技支付机构的客户备付金制度虽已建立,但是金融科技支付平台依然存在潜在的流动性风险,仍不可小觑。

三、流动性风险

与其他风险不同,流动性风险的特性使其具有不确定性高、冲击破坏力大的特点。流动性风险不仅与其他风险密切相关,金融顺周期性也由其体现,而且具有较强的传染性。此外,金融科技的低利润率增大了流动性与收益性相互平衡的难度。按照大数定律管控流动性风险的方法,将不再适用于"长尾分布"状态下的流动性风险管理。

按照国际金融机构的定义,流动性风险有两种形式:一种是金融机构不能在金融工具接近其市场价值时执行交易(也称为市场流动性风险);另一种是金融机构未能及时通过融资而获得资金,从而不能履约(也称为融资流动性风险)。由于现金支付数额或时间不确定,金融机构须准备足够的现金来满足支付需求。

在金融科技发展过程中,以上这些风险特性仍然存在,因此监管当局对流动性风险加强监管尤为必要。从流动性风险看,由金融科技支撑的金融活动,不论是第三方支付还是网贷平台,其资产与负债期限不匹配,同样可能引发流动性风险,或极易受到流动性风险的冲击。从网络支付机构日交易金额看,网络支付机构的流动性风险敞口比传统机构要大,呈现明显的"长尾"特征。

四、市场风险

市场风险是指由于基础资产市场价格的不利变动或者急剧波动而导致衍生工具价格或者价值变动的风险。金融市场一些重要变量(如利率、汇率、股价等)变动会导致金融机构的头寸面临损失的风险。金融机构的经济状况会因其自身所拥有资产(债务工具、权益、商品和货币)的市场价格反向变动而发生变动,从而带来风险。对于监管部门来说,以《巴塞尔协议Ⅲ》为例,该协议经历了从在险价值(VaR)向期望损失(ES)方法的转变,有助于确保在重大金融市场压力期间能够更加谨慎地捕捉"尾部风险"。

就金融科技而言,一方面,对金融科技企业市场风险的管理还不成熟,管理水平亟须提升;另一方面,监管部门必须审时度势,充分考量金融科技企业及中国金融市场风险管理的特殊性,采取主动性、可控性、渐进性原则,稳中求进,促进金融科技健康发展。

五、操作风险

操作风险是指由于不恰当或错误的内部流程、人员和系统或外部事件带来损失的风险。全球风险专业人员协会(GARP)建议根据引起损失事件的原因,对操作风险进行分类:一是雇员(企业员工的作为或不作为所导致的损失事件),二是业务流程(企业商业运作的执行所引起的损失事件),三是关系(损失事件是由企业与客户、监管部门或第三方的关联或联系引发的),四是技术(损失事件是由技术、数据或信息领域发生的泄露、盗窃、破坏或其他干扰引起的),五是外部因素(损失事件是由企业外部的人员或机构引发的)。

从业务流程看,某些为受监管的金融机构提供服务的第三方,可能并不受到同样程度的监督或审查。显然,金融科技会增强金融体系内的第三方依赖。以智能投顾为例,金融科技信贷可能依赖于高度集中的第三方数据提供商。此外,所有金融科技业务都可能会受到操作风险的影响,该风险可能源于信息系统、人为错误、管理失误和外部影响。伴随着网络攻击对整个金融系统的威胁越来越大,金融科技可能会进一步加剧这一风险。以人工智能为例,其高度依赖计算机系统,导致系统自身的操作存在一定的风险问题,系统升级过程中可能会出现故障,若处理不好也会造成损失。

第二节　金融科技与改善风险管理

随着互联网金融市场规模的不断扩大,从业机构的风险管理能力参差不齐,行业风险累积并集中爆发,大量互联网金融机构开始向金融科技转型。与此同时,央行和监管部门对行业的监管力度也在逐步加大。金融科技在提升金融服务便利性、促进普惠金融发展等方面起到了积极作用,但以技术驱动金融创新的金融科技并未改变金融的本质,金融活动的信用风险、操作风险、流动性风险等依然存在,网络安全、信息安全、个人隐私泄露等问题在金融科技领域十分严峻。目前,大数据、云计算、区块链、人工智能等技术快速发展,并在金融科技领域的产品创新和风险管理方面深入应用,这给金融科技风险管理带来了机遇,但也带来了新的挑战。金融科技呈多技术融合的发展趋势,日渐成熟的人工智能技术是金融科技风险管理实践中的核心技术,整个金融科技风险管理行业的发展脉络逐渐清晰,少数技术实力强、研发投入早、持续投入大的企业通过构筑技术壁垒,逐步占据了主要市场。

一、金融科技呈多技术融合发展的趋势

经过野蛮爆发式增长的互联网金融行业风险陆续爆发,规范发展成为互联网金融发展的主旋律,国务院也及时启动互联网金融风险专项整治工作,让互联网金融进入规范稳健的发展阶段。2018年,互联网金融的发展方向出现转折,行业巨头纷纷"去金融化",强化科技属性,突出金融科技,变身为向传统金融机构输出技术的服务商。与此同时,传统金融机构成立金融科技子公司,对外输出技术。机器学习、语音识别、声纹识别等人工智能技术也已在金融反欺诈、智能信审、智能催收等金融科技风险管理相关领域取得了良好的应用效果。金融科技融合也被广泛应用于金融产品差异化定价、智能营销和客服、智能研究和投资、高效支付清算等业务发展场景。金融科技呈多技术、跨行业融合发展之势。新一轮科技革命和产业革命蓬勃兴起,大数据、云计算、人工智能等现代信息技术与经济社会深度融合,对社会经济的各个方面都产生了深远影响,利用金融科技解决监管科技化、智能化问题是监管科技从理论研究到实践落地的目标。就监管而言,监管机构在金融科技领域的发展是滞后的。监管科技提出运用技术的力量重构监管机制,如利用大数据、机器学习、区块链等技术手段进行实时监控,审查金融风险,确保资产交易安全,提高反洗钱、反欺诈的效率和效益,降低合规成本,营造良好稳健的金融发展环境,在合规、风控、稽查等领域尝试新的技术应用手段。

二、人工智能成为金融科技风险管理体系的技术核心

随着人工智能技术的积累以及各行业对新技术应用投入的加大,人工智能在金融科技领域的应用实现了快速发展。金融科技公司、商业银行、互联网企业大多建立了基于人工智能的产品和风控体系,并且取得了很好的应用效果。人工智能已成为互联网企业、商业银行和第三方风险管理服务提供机构必须掌握的一种核心技术。在金融科技领域,人工智能无论是在智能决策、算法建模、智能营销、智能催收、智能信审等环节,还是在线下网点优化(网点无人化、智能化将是必然趋势)、线上服务体验(如集成了多种智能服务的 App 和电子银行)环节都有广泛的应用。互联网金融行业风险在规模效应累积下进一步放大并集中爆发,数百家互联网金融机构"暴雷",信用风险成为金融科技行业的主要风险,加强金融科技风险管理成为央行、监管当局、行业协会对金融科技行业加强监管和自律管理的重要手段,人工智能在金融科技风险管理体系中扮演着非常重要的角色。大数据时代信用风险管理体系是通过传统的商业智能工具来分析金融机构内部结构化数据,以及央行征信数据(结构化数据)的,利用人工智能算法(如自然语言处理)来解析各种与信用风险相关的外部非结构化数据。如根据司法涉诉数据(法院司法网站)、工商数据、授权媒体的舆情数据等统一进行风险建模,达到了提前预判和阻止不良贷款产生的效果。

基于大数据的金融科技信用风险管理系统仅仅依靠传统的单一机构内部数据和央行征信数据是远远不够的,要在大量非结构化外部数据中挑选出不涉及任何隐私的数据,找到与信用风险相关的数据源,并利用网络深度学习的方法搭建人工智能平台,对海量非结构化外部数据进行处理。依赖一个强大的人工智能平台,内外部的异构数据可以集中统一地参与到建模之中,建立一套完整的、全生命周期的新一代信用风险管理体系。

三、金融科技行业风险管理技术优势壁垒逐步构筑

随着金融科技进入规范发展的阶段,互联网金融用户规模持续扩大,网络信贷和理财的客户群基数已累积较大且呈增长态势,银行和互联网企业在金融科技中仍有较大的想象空间和试验机会。新兴技术在创新应用中快速发展并逐渐成熟,应用解决方案逐渐与场景结合,市场认可度稳步提升,成功案例逐渐增多,商业银行应用大数据、人工智能等开展金融产品和服务创新成为金融科技新的主要战场。例如,2018 年银行在场景金融方面加快创新合作,在电子商务平台、社区银行、移动生活服务、加油站金融、汽车金融、机场金融等方面选择与互联网、新零售、房地产、能源、制造、出行等行业进行深度跨界合作。新技术、新业务的创新发展伴随着未知风险的产生,业务风险、技术风险的防范和管理对仍未建立起良好的基础设施,尤其是技术能力成熟度不够的机构来说,是不可控的,这对金融科技业务的创新发展是致命的。

第三节　合规科技

一、合规科技出现的背景

2008 年的全球金融危机之后,金融部门的监管随之加强。十几年过去了,新规的浪潮几乎没有减弱的迹象。这些新法规不仅涉及资本和流动性要求,还涉及消费者保护、洗钱、数据

访问、隐私、网络犯罪等。遵守这些法规并体现其战略意义已成为首席风险官、首席运营官等金融机构高管的主要关注点。

这些监管要求加剧的直接后果是满足合规要求的复杂性和合规成本上升。比如说,合规部门的职员数量持续增长。据 Oliver Wyman 估计,合规部门员工已占总员工人数的 10% 到 15%,他们主要是从事与监管相关的文书工作。自 2008 年以来,投资银行在合规方面的支出增加了两倍。据《金融时报》的报道,全球银行业的合规成本为 7800 亿美元,金融机构和其客户均面临更加严格的监管环境,承担更高的合规成本。例如,由于反洗钱和 KYC 法规,对于客户开设银行账户这一简单业务,变得更复杂和耗时。金融机构的合规成本最终会转嫁为客户成本,也将影响股东的回报。

近几年,我国金融机构也面临日渐趋紧的监管环境。"一行两会"对我国金融机构的处罚和监管力度一直保持在一个很高的水平。根据中国证监会及其派出机构公开披露的信息,2018 年,证监会对于证券公司及从业人员所采取的行政处罚和行政监管措施共计 114 项,罚没金额共计 7989.75 万元。其中,罚款金额 5647.27 万元,没收金额 2342.48 万元;针对机构罚没款 4378.64 万元,针对个人罚没款 3565.41 万元。在采取的处罚措施中,主要有罚款、责令改正和出具警示函,对于少数违法违规较严重的机构和个人,采取暂停业务、暂停新增客户或撤销资格等监管措施。从行政处罚和市场禁入两个指标看,监管也一直有趋严的态势。

同样地,银保监会以强化金融监管为重点,以防范系统性金融风险为底线,始终保持整治金融市场乱象的高压态势,持续加大行政处罚力度,从严打击重点领域违法违规行为。根据中国银保监会官网数据统计,2017 年至 2019 年第二季度,银保监会系统为严厉查处违法违规行为,有效规范市场秩序,促进行业健康发展,共做出行政处罚决定 11735 份,罚没金额总计 59.41 亿元,罚没金额超过了之前 10 年的总和。其中,银行业监管领域共做出行政处罚决定 8888 份,合计 54.88 亿元;保险业监管领域共做出行政处罚决定 2847 份,罚没合计 4.53 亿元。从 2011 年开始到现在,银保监会持续加大对金融机构的监管力度。

二、合规科技的概念与发展

随着合规成本的上升和监管态势的趋严,合规科技(RegTech)也应运而生。2015 年,英国金融行为监管局(FCA)认为,国际金融危机以后,金融机构需要满足更高的监管要求,技术运用能够帮助金融机构更好地满足合规要求,降低合规成本。英国金融行为监管局将合规科技定义为:采用新技术,满足多样化的监管要求。结合其语境来看,这一定义指向的主要对象为金融机构。2016 年,英国金融行为监管局进一步阐述了合规科技的定义:合规科技是金融科技的子集,即通过新技术,帮助金融机构更加有效且高效地满足监管要求。2015 年,国际金融协会将合规科技定义为金融机构在合规成本上升的背景下,运用技术手段实现合规的技术解决方案。2018 年,巴塞尔委员会认为合规科技主要是指金融机构为实现报告合乎监管要求、流程所运用的各种金融科技手段。总的来看,以上定义均将合规科技的运用主体定位为金融机构。我们仍沿用国际的惯用表述,将合规科技界定为金融机构采用技术手段满足合规要求。

合规科技不是一类新生的技术,但是像其他的技术一样,正经历快速的发展期。合规科技的发展如图 10-1 所示。

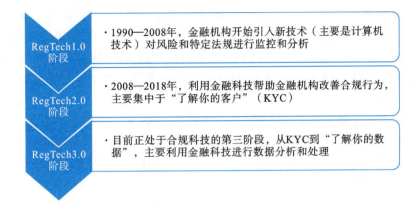

图 10-1 合规科技的发展

1. RegTech 1.0 阶段

2008年金融危机之前,大型金融机构就已经开始应用风险价值以及其他电脑化的交易模型对风险和特定法规进行监控和分析。金融机构开始因为合规性目的而大量使用科技,我们将此阶段称为 RegTech 1.0。

2. RegTech 2.0 阶段

2008—2018年,金融机构提出了针对复杂的新法规、金融机构面临的诉讼、监管补救领域以及整体降低合规成本的解决方案,我们将此阶段称为 RegTech 2.0。这主要因为在金融危机之后,金融机构面临巨大的合规成本,对于合规服务的需求激增。这些公司针对后来出台的法规,如 PSD 2(修订后的支付服务指令)、MIFIDll(修订后的欧洲金融工具市场指令)、4MLD(欧盟第四号反洗钱指令)和《通用数据保护条例》(GDPR),围绕 SaaS 和 OpenAPI 的模型提供解决方案。它们还基于大数据技术提供数据处理服务,如数据收集、监控、分析和报告等。

3. RegTech 3.0 阶段

RegTech 3.0 具备了过去的学习经验,且得到世界各地监管机构和政府的大力支持,正处于合规科技新时代的拐点。在大多数金融机构还在被动地应对 3C(合规性、成本和复制性)时,一些进步的公司遵从 RegTech 3.0 的"召唤",开始进入了一个全新的阶段。这些公司开始寻求复杂性和不确定性的解决方案,并使其转型为数据公司。RegTech 3.0 通过监管数据共享与集成,建立数据驱动的监管和算法监管,最终实现审慎性监管,防范金融风险。

三、合规科技的应用

1. 风险数据的加总和管理

金融监管越来越多地受到数据的驱动,监管机构需要更大力度和更频繁的数据。风险数据指遵守审慎监管规定所需的数据,通常是定量的,并且数据质量上要求是结构化的,定义明确、准确和完整的。

巴塞尔委员会的《有效风险数据加总和风险报告原则》,针对全球系统重要性银行(GSIB)的内部基础设施设定了具体要求以汇总风险数据,具体包括 GSIB 的数据加总应主要基于自动化,并应该包含所使用名词的定义字典,以保证数据定义的一致性等。但在实践中,风险数据的汇总通常是劳动密集型任务。金融机构通常拥有庞大的遗留 IT 系统，由较旧的技术组成。监管和法律要求也可能导致下属机构的系统互不兼容。此外，不同司法管辖区对金融产品定义的不同也使数据难以汇总。例如，如果一个司法管辖区的"短期债务"的定义不包括回购债券协议，而是将其包含在另一大类中，则这些数字将不能汇总。针对上述问题，以下合规技术有助于改进数据的加总和管理：云技术和开放平台可以创建标准化的共享程序功能。共享实用程序可以为单个金融机构中的不同子公司提供服务，如云上的中央数据存储库。当共享实用程序为整个行业的多个组织（如 KYC 实用程序）提供服务时，它将使银行能够优化其核心流程，并且也能够从规模经济效应中获得收益。这些技术可以降低合规成本，提高监管和合规性应用的扩展性和灵活性。这种共享功能还可以推动数据标准化以及监管合规性的简单化。当然，这种共享程序功能也面临一些挑战，主要包括机密性、安全性、维护责任、可靠性和数据质量。通过识别大型数据集中复杂的非线性模式，基于机器学习的数据挖掘算法可以帮助银行组织和分析大量非结构化数据。数据挖掘算法通常对于探索高容量或高维数据非常有效。通常地，该算法也是为通用应用程序设计的，可以处理非结构化数据。

2. 建模和预测分析

在建模和预测分析上，压力测试是金融机构面临的最苛刻的监管要求之一。金融机构应使用包括定量分析和定性分析在内的多视角技术来实现其压力测试计划。比如，一家美国投资公司曾需要每个业务部门对受到 2600 个宏观经济变量影响的收入流进行建模分析，以确定这些变量中最为关键的变量，然后纳入该集团的风险管理模型。

合规科技可以帮助金融机构改进风险模型，创建更准确和更精细的统计分析方法。机器学习可以识别大型数据集中的复杂非线性模式，并制定更准确的风险模型。通过机器学习开发的新型模型提供了比以前更深入的数据洞察力。

3. 交易监控与身份验证

反洗钱、反恐基金和制裁条例要求金融机构向监管机构报告其交易数据，并要求这些金融机构根据交易中的元数据识别和标记可疑交易。金融机构需要对交易进行事后检查，并实时监控，阻止或报告所有非法交易。因为大部分的支付交易，特别是国际上的交易是在不同银行系统内进行的，故这些系统的运作十分复杂。缺乏统一的全球支付标准意味着不同的系统使用不同的元数据，或者意味着将元数据提交到交易系统的能力不同，例如，字段大小限制的不一致，就会使得一个系统中的交易信息成为另一个系统的噪声。这些问题使得用于识别可疑交易的元数据解释过程变得复杂化。

反洗钱、反恐基金和制裁条例也规定了"客户尽职调查"（CDD）要求。了解您的客户（KYC）是 CDD 金融监管的关键领域之一，需要通过分析不同的信息来源（公共和私人）来识别客户和业务合作伙伴（包括自然人和法人）。KYC 标准通常由金融行动特别工作组（FATF）在全球范围内制定，并根据国家法律进行管理和调整。由于 KYC 是跨境的，受到司法解释的复杂性和差异性的影响，因此，许多金融业务（特别是代理银行业务）越来越需要在不妨碍流程有效性的情况下提高 KYC 的效率。

4. 监测组织内部行为和交易任务

监测组织内部行为主要是对组织成员的决策和行为信息进行定性分析和管理。由于金融机构这类公司属于劳动密集型的行业，因此监控组织内部行为是很难实现自动化的。许多金融机构仍在寻找提高检测内部行为和合规监督效率的有效方法。使用量化指标进行公司内部行为检测和风险控制是一种不可逆转的趋势。麦肯锡的相关研究报告中已经提道:现有金融机构的内部监管机构不再接受关于内部风险评价的定性陈述。通过非结构化数据分析与自然语言处理技术相结合的方法,我们可以解决组织内部行为和文化的监控问题。同时,利用机器学习工具可以实现自动化系统输入非结构化数据,例如,自动生成电话呼叫记录、电子邮件和PDF文件等。

金融产品交易受到来自多个方面的监管。金融市场的参与者需要管理他们的风险并拥有适当的风险管理框架。例如,美国证券交易委员会将风险管理要求扩展到包括高频交易员在内的所有参与者。除非已遵守所有关于预先设定的规定,否则不允许超过预先设定信用额度或资本门槛的订单进入市场。金融衍生工具通常是受到单独监管的,例如,欧盟的《欧洲市场基础设施条例》(EMIR)指令和美国商品期货交易委员会(CFTC)规则,这些法规鼓励场外衍生品的标准化,并要求通过中央对手方(CCP)清算标准化衍生品。根据上面讨论的法规,金融机构如果想要在金融市场上进行高效的交易,需要能够实时地处理多种任务的系统。例如,需要这些系统可以实时计算保证金和资本要求,并选择一个合适的中央对手方进行交易。

利用强大的计算引擎允许实时的风险管理和抵押品管理。金融机构也越来越依赖实时计算能力来快速、有效地进行衍生品交易,并满足合规要求。云分析也越来越多地用于实时分析。云分析是一种集成技术架构,可以以千兆字节的规模传输和融合不同的数据类型,具有先进的预测分析功能,将这些技术结合金融机构自身的内部监管框架,从而产生实时分析能力,可以满足监管的实时合规要求。

5. 跟踪监管动态

对于金融机构来说,随时追踪监管部门的新规已经是一项复杂的工作。但是这还远远不够,金融机构需要实时确定适用自身的监管新法规,分析新规对企业的潜在影响,并将相应的报告和合规义务分配给相关的单位,这将是一项复杂的任务。完成这些任务需要大量的人力资源。特别是对于一些大型的金融机构,其分公司和部门位于多个不同的司法管辖区,面临着不断变化的区域性和全球性法规。当不同的监管机构以不同的格式和方式发布各种新法规时,如何相互比较和分析这些法规,以及它们在哪些方面是一致或是不同的,然后在机构内部以高效的方式发布这些新规,这些都是艰巨的挑战。

利用金融科技技术制作的"监管雷达"软件可以在一个包括所有新规的数据库中捕获新法规的流程,允许金融机构评估法规对公司的适用性。然后,它可以将公司当前合规流程所需的法规与任何重叠的现有法规进行比较,以确定是否需要对现有的法规进行变更。最后,它还能确保将新法规中的相关义务分配给相关的金融部门。机器学习可用于分析非结构化数据(例如,电子邮件、口语、PDF和元数据),有利于金融机构更加了解监管动态。

第四节 监管科技

一、监管科技出现的背景

金融与科技融合发展是经济社会信息化水平、智能化水平提高的一个重要方面,同时也是全球金融创新的热点。为了适应这一趋势,全球越来越多的国家开始制定支持金融科技发展的战略规划。但对于金融科技公司的监管难点在于,金融科技公司可以在非常短的时间内完成从规模太小而不必要关注(too-small-to-care)到规模庞大而不能倒闭(too-big-to-fail)的过程(见图10-2)。换言之,盈利能力和市场覆盖力的迅速提高,伴随的是风险的快速膨胀,这对监管者的反应速度和应对能力都是很大的挑战。通常监管者扮演的都是较为审慎的角色,平稳有序、有迹可循的增长对监管者建立监管模型是非常有帮助的,但很明显金融科技并不符合这个特点,所以要借助更多的科技手段来帮助监管者实现监管目标。

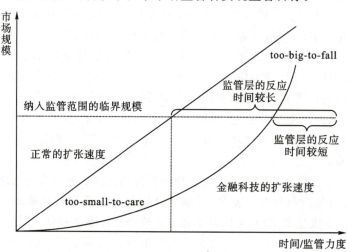

图10-2 市场规模与监管需求

二、监管科技的概念

2017年,新加坡金融管理局(MAS)孟文能(Ravi Menton)在其演讲中提到,技术并非仅能被监管实体使用,监管者也可以使用新的技术来提高监管和监测的有效性与高效性,并将"supervisory"和"technology"合成为监管科技(SupTech)一词。2018年,巴塞尔委员会认为监管科技主要是指监管主体运用技术手段驱动的监管创新。同年,国际清算银行认为监管科技是指监管机构使用创新技术支持监管。总体而言,以上定义均将监管科技的运用主体定位为监管机构。

三、监管科技的应用

从2014年起,英国的FCA和美国的金融业监管局(FINRA)等机构就开始陆续利用监管科技进行风险防控,我国也逐步跟进,2016年深交所构建了基于人工智能和大数据技术的监察系统,用以进行实时监控、调查分析和风险监测。监管科技的逐步应用使金融监管部门的监管能力进一步增强,为规范市场、保护投资者利益做出了卓越的贡献。监管科技具体的运用可以分为数据收集和数据分析两大方面。数据收集方面的运用主要是形成报告、虚拟助手和数据管理;数据分析方面的运用主要有市场监管、不端行为分析,以及微观和宏观审慎监管(见图10-3)。

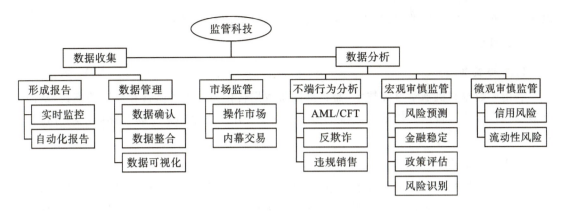

图 10-3 监管科技的应用分类

(一)数据收集

1. 形成报告

目前,形成报告所涉及的主要应用是被监管机构的自动化报告以及市场交易行为监测报告。一是被监管机构的自动化报告。例如,奥地利中央银行搭建了自动化报告平台,参与主体有被监管银行、监管机构以及由 7 家大型银行集团共同建立的中间平台公司。银行将基础数据导入中间平台公司,经标准化的数据转换形成统一的数据格式,并形成简洁而完备的报告,最后推送至奥地利中央银行报告平台。此外,卢旺达中央银行通过"电子数据仓库"定期从被监管机构的信息系统中直接抓取数据,流水线式生成报告,供监管决策参考。二是市场交易行为监测报告。例如,澳大利亚证券投资委员会实时监测澳大利亚的资本市场,调查或监测异常交易行为并启动预警信号。预警信号发出后,系统将通过大数据进行历史分析和交易环境分析,并提交完整的市场分析报告。

2. 数据管理

数据管理包括数据确认、数据整合和数据可视化。数据确认是指使用机器学习等技术,检查所接受数据的完整性、规范性和准确性,有效提升数据质量,帮助监管机构将更多资源应用于数据分析和调查。数据整合是使用大数据等技术,将结构化数据和零碎的非结构化数据整合,有效地支持监管分析,为监管决策提供更加有效的信息。数据可视化是将大量复杂的数据以更加容易被监管机构理解的方式呈现出来。

3. 虚拟助手

有的监管机构研究如何使用聊天机器人自动回复消费者投诉,如英国金融行为监管局在探索使用机器解读法规,推动金融机构合规性建设。

从技术的角度看,区块链技术在数据收集方面有很显著的优势。由于监管机构和金融机构收集的信息涉及具体个人的隐私和金融机构的商业秘密,所以应建立严格、规范的数据使用机制、加密机制和脱敏机制,建立全面、完善的数据收集系统。对于交易的参与人,应结合其银行账户、证券账户等信息,在系统内登记其资金信息和账户信息。由于设计上的透明性,使得区块链可以成为监管机构直接、即时和完全透明的信息传递系统,将所有的交易数据和信息对接到区块链交易系统,金融机构所有的交易都可以记录在分布式分类账上,因此,监管机构可以进行全面、安全、准确的跟踪,而且这些数据和信息都是永久存在的。

(二)数据分析

1. 市场监管

利用大数据和机器学习等技术,监管部门将数据转化为可用于监管和监测的模式,从而创新市场监管方式。目前大数据和机器学习等技术主要用于甄别内幕交易和操纵市场等可疑交易行为。

2. 不端行为分析

诸多监管机构积极运用自然语言处理、机器学习、大数据等技术,分析可疑交易报告,监控洗钱和恐怖主义融资等行为。例如,机器学习算法有助于识别潜在的欺诈行为;随机森林技术可预测投资顾问违规销售金融产品的概率。

3. 微观审慎监管

例如,意大利中央银行使用机器学习算法,通过汇集中央信用登记数据、非金融企业资产负债信息以及其他信息,预测贷款违约概率,提高信用风险评估工作效率。荷兰中央银行着手研究一种自动编码器,监测支付系统中的数据异常,识别银行的流动性问题,以更好地应对银行挤兑。

4. 宏观审慎监管

例如,意大利中央银行运用机器学习等多样化技术手段,通过监测房产广告数量来预测房价,通过即时推送信息等来预测通货膨胀,识别宏观金融风险;美联储及欧洲央行等对被监管机构的日常数据和其他数据进行自动分析,形成"热图"等数据可视化信息,突出潜在的金融稳定性问题。

从技术的角度来看,人工智能、区块链、云计算和大数据均可以在数据分析方面发挥作用。监管机构可以借助人工智能、区块链、云计算和大数据等技术,评估金融机构乃至具体个人的风险。区块链下的结算体系是全方位的数据库,结合金融机构的既有交易信息,通过云计算的方式进行数据分析,可以较好地实现对特定机构的风险水平等核心信息的分析。在此基础上,监管机构可以依据既有的监管规则和监管经验,为金融机构划定风险预警线,一旦金融机构的风险可能会触及风险预警线,或者依据大数据分析,虽然金融机构尚未触及风险预警线,但有其他迹象表明其可能会面临风险的,监管机构可以介入监管,并采取相应的措施。

阅读材料 10-1

监管科技在证券发行监管中的运用

金融危机爆发后,美国证券交易委员会(SEC)开始将机器学习运用于监管,主要是基于一些简单的文本分析方法。在最初的测试中,SEC 通过文本分析方法审查了企业发行人的申报文件,以确定是否能够预见到导致金融危机的信用违约互换合约的使用和增加所带来的一些风险,用来衡量公司发行人在文件中提到的这些合同的频率。到后来,SEC 开始使用自然语言处理,将注册过程中发现的问题进行算法"训练",以了解注册过程中能够反映出的欺诈或不当行为的数据模式、趋势及语言。近年来,美国纳斯达克交易所基于区块链的私人证券交易系统 Linq 上线,Linq 能够在 IPO 之前对非上市公司股票的所有权进行监测、记录和存储。通过使用分布式账簿等方法将企业股票发行、增资配股、分红等信息转化为数字化的形式记录上链,提供证券发行和转让的全部历史记录,并提高可审计性。

2015年,纳斯达克Linq宣布首次通过区块链技术发行证券,使得每笔交易具有即时结算属性,此举将会对现有金融体系带来变革,每年将节省数十亿美元的成本。

思考题

1. 金融科技发展中的风险是什么?
2. 金融科技如何改善风险管理?
3. 什么是合规科技?具体的应用是什么?
4. 什么是监管科技?具体的应用是什么?

参考文献

[1] 伯顿,隆贝拉. 货币银行学:金融体系与经济[M]. 水润东,辛呈风,徐敬桦,等译. 北京:经济科学出版社,2004.

[2] 胡庆康. 现代货币银行学教程[M]. 上海:复旦大学出版社,2010.

[3] 甘志祥. 物联网的起源和发展背景的研究[J]. 现代经济信息,2010(01):157-158.

[4] 于戈斯,哈里斯基. 赢在云端:云计算与未来商机[M]. 王鹏,谢千河,石广海,译. 北京:人民邮电出版社,2012.

[5] 史燕平. 国际金融市场[M]. 2版. 北京:中国人民大学出版社,2010.

[6] 舍恩伯格,库克耶. 大数据时代:生活、工作与思维的大变革[M]. 周涛,译. 杭州:浙江人民出版社,2012.

[7] 马梅. 支付革命:互联网时代的第三方支付[M]. 北京:中信出版社,2014.

[8] 盛佳,柯斌,杨倩. 众筹[M]. 北京:机械工业出版社,2014.

[9] 王忠. 大数据时代个人数据隐私规制[M]. 北京:社会科学文献出版社,2014.

[10] 易纲,吴有昌. 货币银行学[M]. 上海:上海人民出版社,2014.

[11] 蔡立志,武星,刘振宇. 大数据测评[M]. 上海:上海科学技术出版社,2015.

[12] 纳拉亚南. 区块链技术驱动金融[M]. 北京:中信出版社,2016.

[13] 程茵. 概说物联网的起源和现况[J]. 无线互联科技,2014(05):28.

[14] 长铗,韩锋,等. 区块链:从数字货币到信用社会[M]. 北京:中信出版社,2016.

[15] 达科斯塔. 重构物联网的未来[M]. 北京:中国人民大学出版社,2016.

[16] 廖岷. 全球金融科技监管的现状与未来走向[J]. 新金融,2016(10):12-16.

[17] 格林加德. 物联网[M]. 北京:中信出版社,2016.

[18] 唐莉,程普,傅雅琴. 金融科技创新的"监管沙盘"[J]. 中国金融,2016(20):76-77.

[19] 程军,何军,袁慧萍,等. 金融科技风险与监管对策[J]. 中国金融,2017(24):70-71.

[20] 刘念,林琳,伍立杨. 监管科技与金融科技发展[J]. 中国金融,2017(24):66-67.

[21] 刘晓星. 金融发展与金融科技的初心和本源[J]. 探索与争鸣,2017(12):39-42.

[22] 乔海曙,杨彦宁. 金融科技驱动下的金融智能化发展研究[J]. 求索,2017(09):53-59.

[23] 苏培科. 让金融科技回归理性[J]. 中国金融,2017(18):104.

[24] 周伟,张健,梁国忠. 金融科技重构未来金融生态[M]. 北京:中信出版社,2017.

[25] 尼克莱蒂. 金融科技的未来金融服务与技术的融合[M]. 北京:人民邮电出版社,2018.

[26] 车安华,马小林. 银行业金融科技发展问题探讨[J]. 征信,2018,36(07):82-85.

[27] 舍瑞尔,彭特兰. 金融科技前沿全球数字化变革的探索之旅[M]. 北京:经济科学出版社,2018.

[28] 刘晶,温彬. 银行金融科技转型之道[J]. 中国金融,2018(24):59-60.

[29] 牟乃密,王晓永,周书恒. 顺应金融科技发展趋势[J]. 中国金融,2018(24):67-68.

[30] 王忠民. 央行与金融科技[J]. 中国金融,2018(23):54-55.

[31] 修永春. 金融科技与普惠金融:征信业的变革与挑战[J]. 新金融,2018(10):52-55.

[32] 张德茂,蒋亮. 金融科技在传统商业银行转型中的赋能作用与路径[J]. 西南金融,2018(11):13-19.

[33] 余丰慧. 大数据、区块链和人工智能的应用与未来[M]. 杭州:浙江大学出版社,2018.

[34] 杨涛,贲圣林,杨东,等. 中国金融科技运行报告(2018)[M]. 北京:社会科学文献出版社,2018.

[35] 柏木亮二. 金融科技指引未来[M]. 北京:人民邮电出版社,2019.

[36] 邓辛. 金融科技模式变革与业务创新[M]. 上海:上海财经大学出版社,2019.

[37] 证券信息技术研究发展中心(上海). 证券行业金融科技探索与实践[M]. 上海:上海人民出版社,2019.

[38] 张宁,陈辉,赵亮. 中国金融科技创新发展指数报告(2018)[M]. 北京:经济科学出版社,2019.

[39] 周蓉蓉. 我国金融科技发展现状、困境与战略路径[J]. 新金融,2020(10):55-59.

[40] 郑茜文,巩越. 我国金融科技监管改革与策略选择:基于英国实践的考察与启示[J]. 新金融,2020(10):60-64.

[41] 李向前,贺卓异. 金融科技发展对商业银行影响研究[J]. 现代经济探讨,2021(02):50-57.

[42] 孙志红,张娟. 金融科技、金融发展与经济增长[J]. 财会月刊,2021(04):135-142.

[43] 于凤芹,于千惠. 金融科技影响商业银行盈利能力的机制分析[J]. 金融与经济,2021(02):45-52,62.

[44] 涂强楠,何宜庆. 数字普惠金融、科技创新与制造业产业结构升级[J]. 统计与决策,2021,37(05):95-99.

[45] 郑丁灏. 论金融科技的穿透式监管[J]. 西南金融,2021(01):14-25.